Betriebs- und verkehrswirtschaftliche Forschungen
Herausgeber:
Prof. Dr. Konrad Mellerowicz, Berlin; Prof. Dr. Paul Deutsch, Leipzig;
Dr. jur. Dr. phil. Walter Rohrbeck, Berlin
Heft 4

Leistungsmessung im Betriebe
Möglichkeiten und Grenzen

Von
Dr. rer. pol. Margret Momburg
Diplom-Kaufmann

Walter de Gruyter & Co.
vormals G. J. Göschen'sche Verlagshandlung — J. Guttentag, Verlagsbuchhandlung — Georg Reimer — Karl J. Trübner — Veit & Comp.
Berlin 1939

Archiv-Nr. 131 539

Druck von Wilh. Postberg, Bottrop.
Printed in Germany.
B 20.

Inhaltsverzeichnis.

Verzeichnis der verwendeten Abkürzungen.

A W F	=	Ausschuß für wirtschaftliche Fertigung.
F f H	=	Forschungsstelle für den Handel.
R K W	=	Reichskuratorium für Wirtschaftlichkeit.
V D Eh	=	Verein Deutscher Eisenhüttenleute.
V D I	=	Verein Deutscher Ingenieure.
Z. f. O.	=	Zeitschrift für Organisation.
Z. f. hw. F.	=	Zeitschrift für handelswissenschaftliche Forschung.

Einleitung.

Aufgabe der Wirtschaft ist Bedarfsdeckung. Soll diese optimal erfüllt, soll mit den vorhandenen Mitteln die bestmögliche und weitestgehende Versorgung der Gemeinschaft erzielt werden, so ist höchste Wirtschaftlichkeit der Betriebe erforderlich, denn die Betriebe sind die Träger der Wirtschaft, sind die Treuhänder des Volksvermögens. Von ihrer Leistung ist die Versorgung der Gemeinschaft abhängig.

Wirtschaftlichkeit im Betrieb setzt ein ständiges Anpassen an die Änderungen und Wandlungen der Nachfrage, an den Stand und die Entwicklung der Technik, an die Ergebnisse und Erkenntnisse der Wissenschaft, kurz setzt höchste betriebliche Elastizität voraus. Wenn Stillstand Rückgang ist, so gilt das in erster Linie für den Betrieb. Denn Wesen der Wirtschaft ist Dynamik. Jedes Beharren auf einem einmal erreichten Stand läuft ihrer Natur zuwider.

In einer freien Wirtschaft ist eine derartige elastische Betriebsführung natürlicherweise gegeben, denn Wettbewerbs- und Preisbildungsfreiheit haben die Wirkung eines dauernden gegenseitigen Sichantreibens der einzelnen Wirtschaftenden untereinander. Wer die Anzeichen des Marktes nicht zu sehen oder zu würdigen versteht, wer sich dem Fortschritt verschließt, bleibt zurück, die Entwicklung geht rücksichtslos über ihn hinweg.

Anders liegen dagegen die Dinge, wenn die wirtschaftsbestimmenden Faktoren: Angebot, Nachfrage und Preis nicht sich selbst überlassen bleiben, sondern in bestimmter Weise gelenkt und geregelt werden.

Zunächst mangelt es einem Wirtschaftseingriff nur zu leicht an der erforderlichen Elastizität. Jede Bindung, jede Regelung trägt die Tendenz zur Verallgemeinerung, zur Beharrung und Erstarrung in sich, und schon darin liegt ein nicht wegzuleugnender Keim der Unwirtschaftlichkeit.

Dazu kommt, daß der dem Einzelbetrieb als Regel und Richtschnur dienende Betriebserfolg in einer gebundenen Wirtschaft nicht mehr als absoluter und unbedingter Maßstab der Wirtschaftlichkeit angesehen werden kann. Denn in demselben Maß, wie die funktionale Abhängigkeit von Preis, Angebot und Nachfrage gestört, wie der Preismechanismus durch Eingriffe von außen außer Kraft gesetzt und der Zugang zum Gewerbe geregelt wird, muß der Markt seine Fähigkeit automatischer Bereinigung von nicht leistungsfähigen Betrieben und entsprechend der Erfolg seine wirtschaftliche Maßstäblichkeit verlieren.

Darum ist in einer gebundenen Wirtschaft — gleichgültig, ob es sich um eine durch die Wirtschaftenden selbst beschränkte oder um eine staatlich geregelte Wirtschaft handelt — im Interesse der Gemeinschaft wie auch des einzelnen Betriebes erforderlich, den Wirtschaftlichkeitsstandpunkt besonders zu betonen, vor allem die automatischen Wirkungen des freien Marktes: Dynamik, Fortschritt und objektive Wirtschaftsmaßstäbe zu ersetzen und zu erhalten zu suchen.

Möglichkeiten hierzu sind, abgesehen von der besonderen Betonung und aktiven Förderung der Gemeinschaftsidee als unentbehrlicher Voraussetzung, grundsätzlich verschiedener Art vorhanden.

Sie liegen einmal in der Hand des Staates: in der Förderung und Überwachung von Berufsausbildung und -auslese, in der Unterstützung von öffentlicher Forschung und Lehre auf den Gebieten der Technik und Wirtschaft, in der Förderung von Markt- und Betriebsanalyse, allgemeiner Wirtschafts- und Konjunkturbeobachtung und sonstiger ziffernmäßig exakten Wirtschaftsforschung, sie liegen ferner vor allem in der bewußten Durchsetzung des Leistungsprinzips, wie es der Nationalsozialismus als einen Hauptpunkt auf sein Programm geschrieben hat und der heutige Staat tatkräftig verfolgt.

Weitergehend und daher vor allem zu betonen scheinen uns jedoch die im Bereich des Einzelbetriebes liegenden Möglichkeiten zu sein, da dieser die unmittelbare Einsicht und Einwirkungsmöglichkeit besitzt.

Wir denken hier einmal an die genaue Überwachung der betrieblichen Wirtschaftlichkeit durch Analyse aller Mengen- und Wertbewegungen, also an den Ausbau eines exakten, umfassenden Rechnungswesens, das die erforderliche Maßstäblichkeit in sich trägt und zur Kontrolle der Vergangenheit wie zur sinnvollen Lenkung der Zukunft gleicherweise geeignet ist.

Wir denken ferner vor allem an die Einwirkung auf die Gefolgschaft, wie sie weitgehend in der Hand des Betriebes liegt: an die Hebung und Weckung des Betriebsinteresses, an die Erziehung zu eigenverantwortlicher Mitarbeit, kurz an die Beeinflussung von Leistungseinsatz, Leistungswillen und Leistungsbewußtsein in der Gefolgschaft. Der im Betrieb herrschende, weitgehend von der Betriebsführung abhängige Arbeitsgeist ist ein nicht zu unterschätzender Wirtschaftlichkeitsfaktor.

Diese Tatsache scheint uns gerade in einer gebundenen Wirtschaft an Bedeutung zu gewinnen. Denn der Betrieb hat die Möglichkeit, durch die Weckung eines entsprechenden Arbeits- und Betriebsgeistes die auf dem Markt verloren gegangene Konkurrenz bis zu einem gewissen Grade im Betrieb wieder aufleben zu lassen.

Innerbetriebliche an Stelle außerbetrieblicher Konkurrenz sollte daher eine der Hauptdevisen gebundener Wettbewerbswirtschaft sein. Auf jeden Fall liegt hierin eine wirksame Möglichkeit, Wirtschaftsfortschritt und Wirtschaftsentwicklung zu erhalten und zu fördern.

Der Ruf „Sportgeist im Betriebe" ist auch früher schon vereinzelt laut geworden, ohne jedoch zündend und durchschlagend gewirkt zu haben. Heute, wo unsere Wirtschaft den Stempel der Regelung und Bindung trägt, sollte er dagegen aus gemeinwirtschaftlichen Gründen zu einem allgemein betonten Grundsatz und einer nachdrücklich verfolgten Forderung an die Betriebe werden!

Alle auf dieses Ziel gerichteten, wirklich wirksamen betriebspolitischen Maßnahmen setzen aber eins voraus: ein jederzeitiges, genaues Wissen um die Einzelleistungen. Ohne ein klares Durchschauen des Ist nach Ursache und Wirkung ist grundsätzlich keine zuverlässige, zielsichere Betriebspolitik möglich! Daher sind zunächst die zugrunde liegenden Fragen der Leistungserfassung und objektiven Leistungsbeurteilung zu klären, bevor an eine Auswertung in der oben gekennzeichneten Richtung gedacht werden kann. Die Untersuchung dieser Grund- und Kernfragen, und damit die Vorbereitung der angedeuteten, uns so wichtig erscheinenden betriebspolitischen Möglichkeiten, hat sich die folgende Arbeit zur engeren Aufgabe gestellt. Sie glaubt, damit heutigen Wirtschaftsbedürfnissen und -voraussetzungen besonders Rechnung tragen zu können.

Allgemeiner Teil.

I. Begriff der Leistungsmessung. Inhalt und Abgrenzung der Arbeit.

Unter Leistungsmessung soll nachstehend das größenhafte Erfassen von Tätigkeitsergebnissen, das Sammeln exakter Ziffernunterlagen zur Beurteilung von Aufgabenerfüllung und Einzelarbeitserfolgen im Betrieb verstanden werden.

Der Begriff „Leistung" ist kein eindeutiger. Man kann darunter sowohl eine Tätigkeit als auch ein Tätigkeitsergebnis verstehen. Unter dem Gesichtspunkt der Leistungserfassung hat man in der Regel das Tätigkeitsergebnis im Auge.

Man kann unter „Leistung" ferner einen quantitativen wie einen qualitativen Begriff verstehen.

Im ersten Fall ist Leistung = Arbeitsmenge in der Zeiteinheit, also eine exakt bestimmbare, formelmäßige Größe. Als solche entspringt sie der Begriffswelt der Mechanik, die Leistung = $\frac{\text{Kraft} \cdot \text{Weg}}{\text{Zeit}}$, Kraft · Weg = Arbeit, also Leistung = $\frac{\text{Arbeit}}{\text{Zeit}}$ setzt.

Im zweiten Fall ist „Leistung" nur im Rahmen einer bestimmten Aufgabenstellung oder Beurteilungsgrundlage zu verstehen. Man muß von künstlerischer oder wissenschaftlicher, technischer, körperlicher oder sportlicher Leistung sprechen, je nach dem Aufgabengebiet, welches man im Auge hat.

In diesem zuletzt gekennzeichneten, funktionellen Sinn: Leistung = Wirkungsgrad aufgabenbezogener Tätigkeit wird der Leistungsbegriff auch nachstehend gebraucht. Die Art einer Tätigkeit ist zunächst völlig gleichgültig, nur auf die Zielsetzung, die Aufgabenstellung kommt es an. Als solche ist im Betrieb eine bei weitem vorherrschend, das ist die wirtschaftliche. Leistungsmessung im Betrieb ist Wirtschaftlichkeitsmessung!

In Verbindung mit diesem qualitativen Leistungsbegriff kann auch das „Messen" nicht lediglich als ein körperlich-mechanischer Vorgang, als ein Zählen oder Registrieren mit Hilfe technischer Instrumente verstanden werden, wie es der Vorstellungswelt des Ingenieurs entspricht, sondern es muß darin der Ausdruck größenhaften Erfassens schlechthin, der Inbegriff des Bezifferns gesehen werden, so daß darunter ein Werten und Bewerten ebensogut fällt wie ein Zählen oder technisches Messen. In Hinblick auf eine Leistungsbeurteilung kommt es lediglich auf ausreichend sichere und zuverlässige Ziffern an, die Art ihrer Ermittlung ist belanglos.

Das mag zur reinen Begriffsklärung genügen. Der nähere Inhalt und die Abgrenzung der Arbeit gehen bereits weitgehend aus den einleitenden Ausführungen hervor.

Zunächst wurde dort schon darauf hingewiesen, daß die Frage der Leistungsmessung hier rein betriebswirtschaftlich behandet werden soll. Es wird der Standpunkt der Betriebsführung eingenommen. Außerbetriebliche Interessen, wie die der Kreditgeber, Lieferanten, des Steuergläubigers: Staat oder sonstiger außer- oder überbetrieblicher Stellen werden nicht oder höchstens mittelbar berücksichtigt.

Ferner soll die nachstehende Betrachtung eine rein innerbetriebliche sein. Auf zwischenbetriebliche Fragen, wie sie sich gerade in letzter Zeit hinsichtlich betrieblicher Leistungskontrolle und Leistungssteigerung entwickelt haben, soll nicht eingegangen werden. Darauf kann um so eher verzichtet werden, als gerade die Arbeit auf diesem Gebiet in letzter Zeit erhebliche Anregung und Förderung erfahren hat und noch fortlaufend weiter erfährt[1]).

Ferner ist einleitend bereits betont worden, daß nachstehend das einzelne Betriebsglied, der Mensch im Betrieb, als Aufgabenträger angesehen werden soll. Der Produktionsfaktor „Maschine" tritt dahinter zurück oder wird doch nur mittelbar herangezogen. Hieraus darf keineswegs geschlossen werden, daß etwa die Bedeutung der Maschine nicht voll anerkannt werde. Im Gegenteil, die Maschine ist aus dem modernen Produktionsprozeß gar nicht fortzudenken, ja die Lösung der Aufgaben des zweiten Vierjahresplanes ist ohne eine maschinelle Intensivierung kaum denkbar. Dennoch tritt die Maschine bei der hier aufgeworfenen Fragestellung zurück, denn sie kann immer nur totes Werkzeug, nur Hilfsinstrument in der Hand des Menschen sein. Jede Anregung, die Dynamik, der Fortschritt, kann nur von diesem ausgehen. Unter den einleitend betonten Gesichtspunkten steht daher der

[1]) Es sei hier nur auf den Erlaß des Reichswirtschaftsministers vom 12. 11. 36 verwiesen, der den Organisationen des ständischen Aufbaus die Durchführung zwischenbetrieblicher Vergleiche zur Pflicht gemacht hat, sowie die hierauf aufbauenden Erlasse vom 11. 11. 37 und 16. 1. 39 (s. Anm. 2 S. 21), ferner auf die Arbeiten des Reichskuratoriums f. Wirtschaftlichkeit (RKW), der Forschungsstelle f. den Handel (FfH) sowie einiger weiterer Wirtschaftsgruppen und -verbände, die alle auf eine stärkere Betonung der wirtschaftlichen Durchleuchtung der Betriebe, speziell auf dem Wege zwischenbetrieblichen Vergleiches, gerichtet sind.

Mensch im Betrieb im Mittelpunkt der Betrachtung, abgesehen davon, daß Überwachung und Kontrolle der Maschinenleistung reine Aufgabe des Ingenieurs ist.

Schließlich sei noch erwähnt, daß auch alle die Möglichkeiten hier nicht zur Erörterung stehen, die der Prüfung und Beurteilung der Leistungsfähigkeit eines Menschen dienen, also die Verfahren der Eignungsprüfung, Fähigkeitsanalyse usw. Diese liegen auf einer völlig anderen Ebene. Sie sind für die Personalauslese des Betriebes eine wertvolle Hilfe, stehen aber zu den Gesichtspunkten unmittelbaren Leistungsansporns und einer Steigerung des Leistungsinteresses in keiner oder doch nur mittelbarer Beziehung. Um diese zu verfolgen, ist von tatsächlich erreichten und nicht von möglicherweise erreichbaren Leistungen auszugehen.

II. Die Methoden betrieblicher Leistungsmessung: Überblick.

1. Das Verfahren der Leistungsmessung: allgemein gesehen.

Die zuverlässige Beurteilung laufender Leistungen[1]) setzt, allgemein gesehen, ein Doppeltes voraus:

1. genaue Ist-Ergebnisse einer Periode, Verrichtung usw., je nach der Abgrenzung;
2. maßstäbliche Vergleichsgrößen als Grundlage ihrer Beurteilung.

Entsprechend muß der Vorgang der Leistungsmessung als aus zwei Teilvorgängen bestehend angesehen werden:

1. der Ermittlung des Leistungsumfangs, des Leistungs-Ist;
2. der Ermittlung des Leistungsgrades, des Tätigkeitserfolges.

Erst beides zusammen gibt die erforderliche Erkenntnis- und Beurteilungsgrundlage.

Die Ermittlung des Leistungsumfangs ist grundsätzlich von Art und Zielsetzung einer Tätigkeit abhängig. Es kann ein Zählen oder technisches Messen, kann aber auch ein Abwägen, ein Werten oder Bewerten, sein.

Gezählt und gemessen werden kann überall dort, wo eine Tätigkeit homogener Art ist. Das ist bei mehr oder weniger allen vorwiegend ausführenden Arbeiten der Fall. Diese verlangen nur mechanisch-körperliche Tätigkeit. Der Arbeitsgegenstand ist ein einheitlicher,

---

[1]) Nachfolgend wird in erster Linie an die laufenden, sich täglich wiederholenden Leistungen gedacht, nicht dagegen an Einzel- und Sonderleistungen, wie besondere technische Erfindungen, wertvolle organisatorische Anregungen oder sonstiger überragender Leistungseinsatz und Zufallserfolg auf irgendeinem betrieblichen Gebiet. Einmal entbehren derartige „einmalige Leistungen" der notwendigen Einheitlichkeit, so daß sie nicht allgemein und grundsätzlich genug behandelt werden können. Zum anderen pflegen sich diese in der Regel von selber Bahn zu brechen und entsprechend Anerkennung, zumindest Kenntnisnahme zu finden. Dagegen ist es die tägliche Pflichterfüllung, die Erledigung der laufenden Aufgaben und Ausübung der vorgeschriebenen Funktionen, die der dauernden Anregung bedürfen, um das Interesse wachzuhalten und auf diese Weise bestmöglich erfüllt zu werden. Diese tägliche Aufgabenerfüllung wird daher nachstehend zum Ausgangspunkt genommen, ganz abgesehen davon, daß damit ja auch Sonderleistungen bis zu einem gewissen Grade, nämlich im Rahmen der Aufgabenstellung, erfaßt werden.

konkreter und das Arbeitsergebnis infolgedessen mengenmäßig erfaßbar. Anders liegen dagegen die Dinge bei geistig-schöpferischer, dispositiver Arbeit. Hier ist die Gedankenführung, der Ideengehalt das Entscheidende. Die Tätigkeit ist heterogener Art, das Arbeitsergebnis, wenigstens in seinem entscheidenden Teil, ein abstraktes. Unter diesen Voraussetzungen kommt lediglich ein Werten als Mittel größenhafter Leistungserfassung in Frage.

Mit einem Werten und Bewerten verbindet sich sehr leicht die Vorstellung der Ungenauigkeit und Willkür. Das ist zweifellos berechtigt, falls diese zu subjektiv erfolgen. Jedes subjektive Werturteil kann aber auf eine breitere Basis gestellt und dadurch bis zu einem gewissen Grade objektiviert werden. Wir denken hier z. B. an die Bewertungen im Sport, bei öffentlichen, künstlerischen oder wissenschaftlichen Wettbewerben, bei Berufs- und Leistungswettkämpfen usw. Hier wird zweifellos durch die Mehrzahl unabhängig voneinander abgegebener Einzelurteile (Schiedsrichterkolleg) eine ausreichende Objektivität und Maßstäblichkeit erzielt. Das beste Beispiel liefert aber zweifellos der Marktzeitwert, der Preis. Dieser kann, wenigstens unter den Voraussetzungen freier Marktverhältnisse, als ein nahezu „objektiver Wert" angesehen werden, da er die Wertschätzungen aller Nachfragenden und Anbieter enthält. Da der Marktpreis bei den meisten wirtschaftlichen Wertungen als Regel und Richtschnur im Hintergrund steht oder doch zumindest mittelbar als Anhalt dienen kann, sind die Voraussetzungen wirtschaftlicher Wertung als besonders günstig und unbedenklich anzusehen.

Die Ermittlung des Leistungsgrades ist entscheidend abhängig von der festgelegten Soll-Größe. Von einer, eine zuverlässige Leistungsbeurteilung garantierenden Soll-Größe muß man verlangen, daß sie Arbeitseinsatz, Arbeitseignung und Arbeitswillen des einzelnen Funktionsträgers klar erkennen läßt. Hierzu ist erforderlich, daß sie einmal den jeweiligen Arbeitsbedingungen, d. h. den dem einzelnen nicht unterliegenden Einflüssen, Rechnung trägt, zum anderen aber auch die unter diesen Bedingungen mögliche Leistung fordert.

Als Vergleichsmaßstab für das Ist stehen grundsätzlich Größen dreierlei Art zur Verfügung:

1. das in Vergangenheit oder Gegenwart von demselben oder einem anderen Funktionsträger erreichte Ist;
2. der aus einer Reihe von Ist-Größen ermittelte Durchschnitt;
3. eine objektiv ermittelte, wissenschaftlich begründete Norm.

Auf Grund der vorangestellten Anforderungen liegt auf der Hand, daß die dritte die zuverlässigste und damit die grunsätzlich allein vertretbare Vergleichsgröße ist. Im Fall 1 und 2 spielt der Zufall eine viel zu große Rolle. Diese beiden Möglichkeiten können immer nur als unvollkommene

Notlösungen angesehen werden. Eine wirklich befriedigende Beurteilungsgrundlage kann nur die exakt ermittelte, objektive Norm geben.

2. Charakterisierung und Gliederung betrieblicher Tätigkeiten.

Wenn wir diese allgemeinen Erkenntnisse über die Ermittlung von Leistungsumfang und Leistungsgrad auf die speziellen Verhältnisse des Betriebes anwenden wollen, so müssen wir zunächst die betrieblichen Tätigkeiten einer kurzen Untersuchung unterziehen.

Im modernen Großbetrieb stehen grundsätzlich Arbeitsanordnung und Arbeitsausführung als verselbständigte Funktionen nebeneinander.

Wenn wir hier von ausführender Arbeit sprechen, so verstehen wir darunter einmal die Arbeitsausführung im Betrieb, also die unmittelbare Fertigung des Werkstücks, die Erledigung des Auftrags usw., ferner die hierfür erforderlichen Hilfsarbeiten wie Verpackung, Transport, Versand usw. Der moderne Produktionsablauf pflegt technisch und organisatorisch so gestaltet zu sein, daß diese Tätigkeiten alle mehr oder weniger rein ausführenden, mechanischen Charakter haben.

An dieser Stelle sei grundsätzlich darauf hingewiesen, daß rein ausführende, rein mechanische Tätigkeiten wohl praktisch überhaupt nicht vorkommen. Selbst bei der mechanisiertesten Fertigung, der Arbeit am fließenden Band oder an modernen Großmaschinen und Automaten, ist immer noch in Form von selbständigem Eingreifen bei unvorhergesehenen Störungen und Zwischenfällen, von dauernder Überwachung der Produktqualität, von Nachfüllen, Regulieren usw. ein „Leitungsreservat"[2]) gegeben. Der menschliche Geist kann und darf auch nie völlig ausgeschaltet werden. Das macht ja den Menschen als Arbeitskraft der Maschine so unerreichbar überlegen und die Arbeit überhaupt erst arbeitswert. Immerhin kann dieses dispositive Element so zurücktreten, daß es den Gesamtcharakter einer Tätigkeit nur verhältnismäßig gering bestimmt und infolgedessen auch für die Zwecke einer Leistungsbeurteilung nicht gesondert berücksichtigt zu werden braucht. Außerdem kommt es in der Regel von selbst in dem Leistungsumfang mit zum Ausdruck.

Zu den ausführenden, mechanischen Tätigkeiten in dem gekennzeichneten Sinn sind neben den bereits erwähnten Betriebsarbeiten ferner eine Reihe von Büroarbeiten zu zählen, so das Bedienen von Buchungs-, Adressier-, Rechen-, Schreib- und sonstigen Büromaschinen, wie sie heute in jedem neuzeitlich eingerichteten Büro zu finden sind, ferner das Registrieren, Sortieren, Ablegen, Ausfüllen von Formularen u. ä. m. Auch in Verwaltung und Büro gibt es heute eine Reihe von Tätigkeiten, die

---

[2]) S. Nordsieck, Grundlagen der Organisation, Stuttgart, 1934, S. 87; s. a. Nicklisch, Die Betriebswirtschaft, Stuttgart 1932, S. 250.

nur ein Mindestmaß an Gedankenarbeit erfordern, wenigstens nach einer gewissen Einarbeitungszeit rein mechanischen Charakter haben und daher den w. o. skizzierten Betriebsarbeiten dem Charakter nach gleichzusetzen sind.

Diesen ausführenden Tätigkeiten gegenüber steht die dispositive Arbeit im Betrieb. Als Typ und Repräsentant hierfür wollen wir die Abteilungsleitung ansehen, ohne dabei zunächst eine besondere Betriebsabteilung im Auge zu haben, also die Abteilungsleitung schlechthin. Man könnte natürlich eine Reihe typisch selbständiger und eigenverantwortlicher Tätigkeiten im Betrieb anführen, wie das wissenschaftliche Forschen und Experimentieren im Laboratorium, das Arbeiten im Fortschritts- und Versuchsbüro und dgl. mehr. Diese stellen jedoch alle mehr oder weniger nur Einzelbeispiele geistiger und schöpferischer Betätigung dar, die nicht mit der notwendigen Allgemeingültigkeit und Grundsätzlichkeit behandelt werden können. Um dies zu erreichen, muß schon von einer typischen, umfassenden Tätigkeit ausgegangen werden. Und als Typ betriebsdispositiver Tätigkeit scheint uns die Abteilungsleitung am geeignetsten zu sein; sie umfaßt auf der einen Seite nur einen betrieblichen Teilbezirk, ist aber auf der anderen Seite für das Gesamtgeschehen in seinem Rahmen verantwortlich.

Funktion leitender Tätigkeit im Betrieb ist einmal die Arbeitsanordnung, die Anweisung von Arbeitsplatz, -werkzeug und -material, die Selbsterledigung schwieriger und problematischer Fälle, wie das Verhandeln mit kritischen Kunden, die Schlichtung von Streitigkeiten und dgl. mehr. Aufgabe ist ferner die genaue und sorgfältige Arbeitskontrolle, das Verfolgen von gegebenen Anweisungen, von Zeit- und Materialsparsamkeit, Produktgüte usw. Und Aufgabe ist nicht zuletzt die Sorge für dauernde Leistungssteigerung und -verbesserung, für das Straffen der Organisation, die Verbesserung der Technik und die gute Zusammenarbeit mit der Gefolgschaft. Die Leitung hat die entscheidenden Mittel und Befugnisse, Fortschritt und Entwicklung zu fördern. Diese Mittel entsprechend zu nutzen, wird ihr daher, wenigstens im Rahmen des eigenen Verantwortungsbereichs, zur besonderen Pflicht.

All die angeführten Aufgaben sind rein geistiger Art, verlangen selbständige, häufig recht gewagte Gedankenführung und eigene Überlegung und stehen damit in direktem Gegensatz zu der „reinen Arbeitsausführung".

Diesen beiden angedeuteten „Tätigkeitstypen" lassen sich die Tätigkeiten im Betrieb nun nicht alle ohne weiteres unterordnen, sondern es gibt eine Reihe, die wir gleichsam als „Mischformen" bezeichnen könnten, da sie sowohl ausführende als auch dispositive Elemente enthalten. Der ausführende Charakter liegt vor allem in dem weitgehenden Befolgen von Arbeitsanordnungen und -anweisungen, das dispositive Element dagegen in der Natur der Tätigkeit begründet, die von sich aus eine gewisse selbständige Gedankenführung und Eigendisposition verlangt.

Wir denken hier vor allem an eine Reihe charakteristischer Büroarbeiten, wie das Führen der Korrespondenz, Auswerten der Statistik, Tätigkeiten in Einkauf, Werbung und Verwaltung; wir denken ferner auch an eine Reihe von Betriebsarbeiten, wie das Konstruieren von Modellen, Ausführen von Spezialaufträgen, überhaupt jede Einzelfertigung, denken schließlich auch an Tätigkeiten von Betriebs- und Verwaltungsassistenten und dgl. mehr.

Dennoch können wir darauf verzichten, diese vorerwähnten Tätigkeiten gleichsam als „3. Typ" zu berücksichtigen, denn in den meisten Fällen spricht der entscheidende Beurteilungsgesichtspunkt für das Überwiegen einer Richtung. Entweder auf Geschwindigkeit und Sorgfalt wird das Hauptgewicht gelegt und man wird daran den ausführenden Charakter einer Tätigkeit erkennen, oder aber die Idee, der wirtschaftliche Erfolg sind das Maßgebende, und man wird daraus auf den eigenverantwortlichen, dispositiven Charakter einer Tätigkeit schließen[3]).

Darum ist es für unsere Zwecke hier überflüssig, noch einen weiteren Tätigkeitstyp einzuführen. Das Überwiegen dieser oder jener Merkmale rechtfertigt das Anwenden der entsprechenden Verfahrensweisen. Dazu ist eine Ergänzung auch nach der anderen Richtung natürlich jederzeit möglich.

Die grundsätzliche Trennung zwischen ausführender und leitender, dispositiver Tätigkeit wird daher zum Ausgangspunkt der folgenden Ausführungen genommen, abgesehen davon, daß sich die Untersuchung bei dieser Zweiteilung wesentlich besser durchführen läßt. Es ist das Vorrecht wissenschaftlicher Untersuchung, von Typen[4]) auszugehen. Die Anwendung auf die speziellen Voraussetzungen des Einzelfalles, insbesondere die Typenmischung, muß mehr oder weniger der Praxis überlassen bleiben.

3. Möglichkeiten der Leistungsmessung im Betriebe.

Wenn wir auf Grund vorstehender Charakterisierung und Typisierung betrieblicher Tätigkeiten Möglichkeiten einer Leistungsmessung im Betrieb entwickeln wollen, so ist als erstes festzustellen, daß für die „reine Arbeitsausführung" die Möglichkeit des Zählens und technischen Messens, also einer Mengenkontrolle, besteht. Das Arbeitsergebnis ist bei diesen Tätigkeiten konkret erfaßbar und entsprechend mengenmäßig zu beziffern.

Anders liegen die Dinge im Fall dispositiver Tätigkeit. Hier besteht nur die Möglichkeit des Wertens, wie wir bereits weiter oben gesehen haben. Dabei steht der Wertungsgesichtspunkt außer allem Zweifel:

---

[3]) Schon die tariflichen Berufsgliederungen bzw. betrieblichen Arbeitsordnungen (s. hierzu den Überblick bei Nicklisch, Die Betriebswirtschaft, a. a. O. S. 298) zeigen in der Regel ziemlich klar den überwiegenden Tätigkeitscharakter.

[4]) Diese können unter Umständen auch Idealtypen sein.

Die sparsame Mittelverwendung und Kostenökonomie, kurz der wirtschaftliche Arbeitserfolg, ist bei ausführender und leitender Tätigkeit im Betrieb gleicherweise entscheidend[5]).

Für den Betrieb bestehen grundsätzlich zwei Möglichkeiten, Meßwerte dispositiver Leistungen zu ermitteln, nämlich:

1. das allgemeine, übliche Verfahren der Leistungswertung;
2. eine spezielle, aus der betrieblichen Rechnungsführung sich ergebende Methode.

Das allgemeine Verfahren der Leistungswertung kann etwa in der Weise gekennzeichnet werden, daß eine Reihe für entscheidend erachteter Leistungskriterien bestimmt, gegeneinander abgewogen und auf einen einheitlichen Nenner gebracht wird, so daß im Endergebnis eine summarische Meßziffer vorliegt.

Da bei der einheitlichen Bezifferung in der Regel nichts anderes übrig bleibt, als sich einer neutralen Maßgröße zu bedienen, pflegt Leistungswertung dieser Art gewöhnlich „Punkt"wertung zu sein. Dabei muß der „Punkt" als eine nur für den Einzelfall bestimmte und gültige Maßeinheit ohne irgendwelche Allgemeinbedeutung angesehen werden[6]).

Das anschaulichste Beispiel dieser Methode der „Punktwertung" liefert zweifellos der Sport. Hier ist sie deswegen an der Tagesordnung, weil vielfach mehrere verschiedene Beurteilungsgesichtspunkte oder verschiedenartige Leistungen zu einem einheitlichen Ausdruck zusammengefaßt, oder auch mengenmäßig nicht bestimmbare Leistungen (Kür, Kunstsport) exakt erfaßt werden müssen.

So wird z. B. bei jedem leichtathletischen oder turnerischen Mehrkampf, bei jeder Vielseitigkeitsprüfung, beim Kunst- und Kampfsport und beim turnerischen Spiel nach Punkten gezählt. Ähnlich wird auch in den übrigen Fällen einer Leistungswertung, z. B. bei öffentlichen Leistungswettbewerben, Berufswettkämpfen und dgl. mehr verfahren. Auch hier wird nach Punkten gezählt. Denn die Öffentlichkeit hat Anspruch auf eine

---

[5]) Dem ausschließlichen Befolgen wirtschaftlicher Gesichtspunkte sind, wie bei der Gesamtwirtschaftsführung, so auch bei der Leistungsbeurteilung im einzelnen, natürlich aus gemeinwirtschaftlichen, sozialen oder sonstigen außer- und innerbetrieblichen Belangen Schranken gesetzt. Praktisch wird diesen auch durchaus Rechnung getragen. Besondere Anstrengung, Fleiß, Gefolgschaftstreue und langjährige Dienste pflegen stets Anerkennung zu finden. Es sei z. B. nur auf die Ehrung der Olympiasieger an ihren Arbeitsstätten hingewiesen, die dies mit aller Deutlichkeit beweist. Grundsätzlich kann jedoch immer nur der wirtschaftliche Wertungsgesichtspunkt als maßgeblich anerkannt werden. Alles andere muß der Beurteilung und Behandlung des Einzelfalles überlassen bleiben.

[6]) S. jedoch den Versuch von Bedeaux, Ausf. S. 37 ff.

denkbar gerechte und objektive Beurteilung, und hierfür ist die getrennte Erfassung und Wertung von Einzelelementen die beste Garantie.

Wir können demnach die Punktwertung, im Sinn einer zusammenfassenden Wertung von Einzelkriterien, einer „summierenden Leistungswertung", als die charakteristische Form der Messung dispositiver, mengenmäßig nicht kontrollierbarer Leistungen ansehen.

Speziell der Betrieb hat, abgesehen von dieser, noch eine weitere Möglichkeit, die anordnende und dispositive Tätigkeit in seinem Rahmen zu kontrollieren. Diese liegt in seinem Rechnungswesen, insbesondere in Ausbau und Auswertung der internen Betriebsrechnung, die ihrem Inhalt und Wesen nach Kostenrechnung ist. Mit ihrer Hilfe kann unter anderem auch das so wichtige Teil der Leistungsüberwachung und -beurteilung der Betriebsglieder, insbesondere der Betriebs- und Abteilungsleitung, erfolgt werden, ohne daß die hierdurch erforderliche Umstellung so erheblich wäre. Es bedarf hierzu lediglich eines Ausbaus der Kostenstellenrechnung, der Kostensammlung auf verselbständigte betriebliche Funktionskreise und Verantwortungsbezirke. Nicht mehr die Arten- und Trägerrechnung dürfe im Vordergrund stehen, sondern neben sie muß mindestens gleichberechtigt, wenn nicht sogar bevorzugt, die Stellenrechnung als Mittel der Betriebskontrolle und Betriebsdurchleuchtung treten.

Die Praxis hat diesem Gesichtspunkt bisher wenig Rechnung getragen, wie sie überhaupt das Rechnungswesen ziemlich stiefmütterlich behandelt und vernachlässigt hat. Die Literatur hat dagegen schon wiederholt Anregungen in dieser Richtung gegeben. Der Kontrollgesichtspunkt spielt bei allen betriebs- und kostenrechnerischen Betrachtungen eine Hauptrolle. Es ist allerdings eine weitere Frage, wie weit dabei bereits der Gedanke einer Verantwortungsrechnung, einer persönlichen Leistungsrechnung, verfolgt wird. Gewöhnlich wird nicht so weit gegangen. Auf jeden Fall soll diese grundsätzliche Möglichkeit hier untersucht, in ihren Voraussetzungen und Bedingungen geprüft, sowie in ihren Grenzen gekennzeichnet werden.

Im Gegensatz zu der vorerwähnten summierenden handelt es sich bei der letztgenannten um eine „analysierende Methode der Leistungswertung", denn ihr Wesen liegt darin, aus den Kosten, die das betriebliche Gesamtgeschehen umfassen, die von Betrieb und Abteilung eigentlich verantwortlichen Werte herauszukristallisieren.

So haben wir für die Leistungsmessung im Betrieb grundsätzlich drei Möglichkeiten erkannt:

1. Zähl- und technische Meßverfahren als Kontrollmittel für die Arbeitsausführung.
2. die Punktwertung als Methode summierender Leistungswertung.

3. Ausbau und Auswertung der Betriebsabrechnung als Methode kostenrechnerischer, analysierender Leistungskontrolle.

Die wertenden Meßmethoden kommen in erster Linie für die Beurteilung dispositiver Betriebsarbeit in Frage.

Diese gekennzeichneten Methoden im einzelnen zu untersuchen, ihre Durchführungsmöglichkeiten zu zeigen und ihre Grenzen zu prüfen, soll Gegenstand des Hauptteils dieser Arbeit sein.

III. Anwendungs- und Auswertungsmöglichkeiten.

Wenn auch das Verfahren der Leistungsmessung im Mittelpunkt nachfolgender Untersuchung steht, so soll doch auch ihre betriebspolitische Bedeutung nicht unerwähnt bleiben. Daher sei der Entwicklung der Methoden ein kurzer Überblick über ihre Anwendungs- und Auswertungsmöglichkeiten angefügt.

Stellen wir zunächst wiederum den Gesichtspunkt des Leistungsansporns in den Vordergrund. Hierunter ist als erstes festzustellen, daß bereits die Tatsache exakter Leistungserfassung, ganz abgesehen von der Auswertung, in der Regel leistungssteigernd und leistungsstabilisierend wirkt. Selbst dann, wenn eine Kontrolle nur stichprobenweise, nur auf dem Wege gelegentlicher, unvorhergesehener Prüfungen vorgenommen wird, trifft das zu. „Es genügt (zur Erhöhung der Ausbringung), daß überhaupt Kritik auch nur möglich wird, wenn sich die Tätigkeit gewissermaßen hinter Glasscheiben abspielt", wie Rummel treffend bemerkt[1]).

Diese Wirkung liegt darin begründet, daß es dem Verantwortungs- und Ehrgefühl eines jeden widerspricht, sich Schlendrian konkret und objektiv beweisen zu lassen. Die Furcht vor, wenn auch nicht bestimmten, so doch möglichen materiellen Folgen mag noch als verstärkendes Moment hinzukommen. Auf jeden Fall ist diese psychologische Wirkung schon der Kontrolltatsache unleugbar.

Dieser grundsätzlich anspornenden Wirkung kann noch wesentlich größerer Nachdruck verliehen werden durch einen Leistungsvergleich, sei es zwischen verschiedenen Perioden, um Entwicklung und Trend des einzelnen zu verfolgen, sei es zwischen verschiedenen Funktionsträgern. Das Streben, hinter dem Mitarbeiter nicht zurückzubleiben, ja, diesen nach Möglichkeit noch zu überflügeln, spornt dauernd an, oder ist doch zumindest geeignet, der natürlichen Tendenz allmählicher Leistungsverringerung entgegenzuwirken.

Der Leistungsansporn bekommt dann nachhaltigste Wirkung, wenn er nicht, wie bisher angenommen, nur ideell, sondern darüber hinaus auch materiell gestützt wird, also in den Fällen der Leistungsentlohnung. Dabei wird sowohl an den Akkord als auch an die verschiedenen Formen des leistungsbedingten Korrektivums wie Gewinnbeteiligung, Bonus, Prämie, Tantieme u. ä. m. gedacht. Es ist immer wie-

---

[1]) S. Rummel, Der Einfluß betriebswirtschaftlicher Gedankengänge auf die Stoffwirtschaft; Stahl und Eisen 1936/8, S. 221.

der die Erfahrung von den Betrieben gemacht worden, daß eine leistungsbedingte Entlohnung außerordentlich leistungssteigernd wirkt[2]).

Die entschiedenste Konsequenz hieraus haben zweifellos die amerikanischen Betriebe gezogen. Das Aufstellen von „wage incentive plans" wird drüben als eines der wirksamsten Mittel und eine Grundvoraussetzung wirtschaftlicher Betriebsführung angesehen. Infolgedessen ist man bestrebt, möglichst jede Abteilung, jeden Funktionsträger in einen derartigen Lohnplan einzubeziehen[3]). Die Folge muß ein bis ins Einzelne ausgeklügeltes und überaus kompliziertes Lohnberechnungssystem sein. In der Tat übertreffen ja auch die in Amerika angewandten Leistungs- und Lohnberechnungsverfahren an Vielgestaltigkeit und Mannigfaltigkeit die aller anderen Länder[4]).

Auch in Deutschland hat die Idee des materiellen Leistungsanreizes, abgesehen von der Akkordentlohnung, hier und dort in Form von Spar-, Güte-, Produktionsprämien usw. ihren Niederschlag gefunden. Doch ist sie bei weitem nicht mit der Nachdrücklichkeit und Konsequenz verfolgt worden wie in Amerika. Das mag zum guten Teil in der unterschiedlichen Arbeitsideologie und -einstellung hüben und drüben begründet liegen: dort nüchterne Sachlichkeit, äußerste Objektivität, die Kennzeichen des durchrationalisierten Großbetriebes, der modernen Massen- und Fließfertigung, hier viel stärkere Bindung des einzelnen an den Betrieb, das bewußte Betonen der Schicksalsgemeinschaft, wie es im kleineren Betrieb viel eher zu wahren ist. So mag hier aus ideeller Einstellung heraus schon ein gut Teil dessen geleistet werden, wozu es drüben eines materiellen Anreizes bedarf.

Dennoch muß zugegeben werden, daß eine Leistungsentlohnung als Mittel des Leistungsanreizes und -ansporns überaus wirksam und nach-

---

[2]) In diesem Zusammenhang dürfte ein Beispiel aus der Praxis der Fa. Bosch A.-G., Stuttgart, von Interesse sein (s. der Bosch-Zünder v. 31. 12. 1930: Der Nutzen der Prämienarbeit in Büros). Diese Firma hat nach Einführung von Büroprämien für Maschinenschreiberinnen in 10 verschiedenen Abteilungen die folgenden Ergebnisse festgestellt:

Abteilung:	1	2	3	4	5	6	7	8	9	10
Verstrichene Zeit seit Prämieneinführung in Monaten:	3	4	4	4	5	14	16	17	18	31
Leistungssteigerung in %:	32	14	72	10	8	33	35	51	211	104

Dazu wird bemerkt, daß in der Aufstellung sämtliche Abteilungen aufgeführt sind, in denen Maschinenschreibprämien eingeführt wurden, „so daß der etwaige Einwand, daß Paradebeispiele aufgezeigt würden, von vornherein hinfällig ist".

Die Zahlen sprechen für sich und wären durch eine Reihe ähnlicher Ergebnisse noch zu stützen.

[3]) Über die Durchführung des „wage incentive"-Gedankens in Amerika liegen einige ausführliche Darstellungen amerikanischer Autoren vor, z. B. Lytle, Wage incentive methods, New York 1929; ferner Bloomfield, Financial incentives for Employees and Executives, New York 1923, und einige andere mehr.

[4]) Es sei hier nur auf den ausführlichen Überblick im Handbuch für Industrielle Werkleitung (Alford-Frölich), S. 955 ff. verwiesen.

haltig, ja in dieser Hinsicht wohl kaum zu überbieten ist. Da außerdem diese Form der Lohnberechnung auch, wenigstens in den Grenzen des sozial Tragbaren, als durchaus gerecht, ja in Verfolgung des Leistungsprinzips geradezu als wünschenswert angesehen werden muß[5]), scheint uns diese Möglichkeit besondere Betonung zu verdienen[6]).

Außer dem Leistungsansporn können Leistungsziffern ferner einer Reihe weiterer Ziele dienen, so insbesondere der Kontrolle und Verbesserung der Arbeitsorganisation. Wir denken hier als erstes an eine zweckmäßige Personalorganisation, insbesondere eine geeignete Stellenbesetzung. Diese Frage stellt nicht nur vor die Entscheidung: geeignet oder ungeeignet, Weiterbeschäftigung oder Entlassung, sondern mindestens ebenso wichtig ist die Wahrnehmung all der Möglichkeiten des Stellenwechsels, des Arbeits- und Platzaustauschs usw. innerhalb des Betriebes, um die vorhandenen Eignungen und Fähigkeiten voll auszunutzen. Es bedarf vielfach nur interner Umbesetzungen, um den gewünschten, erforderlichen Leistungsstand zu erreichen oder womöglich noch zu übertreffen, indem nicht genutzte Fähigkeiten dem Betrieb dienstbar gemacht werden.

Grundlage und Voraussetzung ist auch hierfür ein genaues Wissen um die Einzelleistung. Zwar mögen psychotechnische Eignungsprüfungen, Schriftdeutungen und sonstige Mittel der Fähigkeitsanalyse bereits wertvollen Anhalt in dieser Richtung geben. Hundertprozentige Sicherheit haben jedoch nur die Ergebnisse der Praxis für sich. Daher scheint uns die Auswertung von Leistungsziffern auch für die Zwecke von Arbeitseinsatz und Arbeitsverteilung durchaus von Bedeutung zu sein, ganz abgesehen von der Tatsache, daß in der Aussicht auf evtl. Beförderung, Stellenverbesserung oder sonstige arbeitsorganisatorische Maßnahmen ein weiterer Leistungsansporn für den Arbeitsausführenden liegt.

Abgesehen von der Personalorganisation können mit Hilfe von Leistungsziffern bis zu einem gewissen Grade auch Arbeitsbedin-

---

[5]) Voraussetzung ist natürlich außerdem die richtige Bestimmung des Lohnsatzes. Gerechte Entlohnung setzt immer ein Doppeltes voraus: einmal zuverlässige Leistungserfassung, zum anderen gerechte Leistungswertung. Diese zeigt sich in dem Lohnsatz je Arbeits- bzw. Leistungseinheit. Zu dem letzten Problem s. insbesondere Nicklisch, Die Betriebswirtschaft, a. a. O. S. 270 ff.

[6]) Die gleiche Ansicht betont vor allem Michel, s. „Wirtschaftlichkeit durch Erfolgshonorar im Betrieb"; Der Textilbetrieb (Vogel-Verlag, Pößneck) 1934/9, ferner Schmalenbach, Die Tantieme vom Betriebsgewinn, in: Dynamische Bilanz, Lpzg. 1933. Dabei wird als selbstverständliche Voraussetzung angesehen, daß jede Möglichkeit einer Übertreibung und die damit verbundene Gefahr einer Schädigung irgendwelcher Art von vornherein durch die Bemessung der Prämie bzw. des Soll unterbunden wird. Wie überall, so kann es sich auch hier nur darum handeln, die natürlichen Kräfte zu wecken und der Gemeinschaft dienstbar zu machen. Jede Überspannung ist ungesund und daher ebenso zu vermeiden, wie der natürliche Kräfteeinsatz zu fördern ist. Jedoch wird das Gemeinschaftsdenken von selbst zum Einhalten der erforderlichen Grenzen führen.

gungen und Arbeitsverfahren beurteilt und überwacht werden. Allerdings müssen zu diesem Zweck die individuellen Einflüsse des einzelnen Funktionsträgers, sein Arbeitseinsatz und seine Fähigkeit, ausgeschaltet werden. Eine Analyse und Ursachenforschung, wie sie zur gerechten Arbeitsbeurteilung notwendig ist, muß jedoch beide Einflüsse ohne weiteres trennen können. Als Beispiel sei an dieser Stelle nur auf die Praxis des Handels hingewiesen. Die F. f. H. stützt sich bei ihren betriebsvergleichenden Untersuchungen in erster Linie auf „Leistungskennziffern". Diese werden einerseits zur Beurteilung des Leistungseinsatzes der Belegschaft ausgewertet, ebenso sind sie aber auch, entsprechend der im Handel herrschenden Lohn- und Arbeitsintensität, Hauptgrundlage für die Kontrolle und Beurteilung der Betriebsorganisation sowie der sonstigen Betriebsbedingungen. In allen diesen Fällen mehrfacher Auswertungsmöglichkeiten kommt es immer nur darauf an, den zu untersuchenden Faktor als einzige Variante herauszustellen und alle übrigen Einflußfaktoren durch Übereinstimmung auszuschalten.

Abgesehen von diesen Auswertungsmöglichkeiten bringt auch das Verfahren der Leistungsmessung an sich dem Betrieb wesentliche Vorteile.

Zunächst geht mit dem Einführen exakter, größenhafter Leistungserfassung in der Regel eine grundlegende Durchrationalisierung des gesamten Produktions- und Arbeitsablaufs Hand in Hand. Anlaß hierzu gibt die Bestimmung von Soll-Größen, vorausgesetzt, daß diese nicht oberflächlich geschätzt, sondern auf Grund der vorliegenden Arbeitsbedingungen objektiv und exakt ermittelt werden. Dabei werden Leerlauf, Überschneidungen und sonstige Verlustquellen von selbst aufgedeckt und so der Betriebs- und Arbeitsorganisation wertvolle Ansatzpunkte gewiesen[7]).

Außerdem sei kurz auf die Bedeutung exakt ermittelter Soll-Ziffern für Kalkulation, Planung, Terminfestsetzungen und die sonstige zeitliche oder wertmäßige Vorausschau des Betriebes hingewiesen. Je bessere und zuverlässigere Zahlenunterlagen hierfür zur Verfügung stehen, um so sicherer kann die Betriebsführung disponieren. Ein gut ausgebautes Leistungsmeßverfahren vermag zweifellos das seine dazu beizutragen[8]).

Es sei an dieser Stelle auf das Anführen weiterer Vorteile und Auswertungsmöglichkeiten von Leistungsziffern verzichtet, zumal wir von vornherein den Gesichtspunkt des Leistungsansporns und der Weckung eines produktiven Arbeitsgeistes im Betrieb als entscheidend herausgestellt haben. Die weiteren Hinweise mögen jedoch bereits gezeigt haben, daß die laufende Erfassung der Einzelleistungen im Betrieb die Arbeitszusammenhänge wesentlich besser durchschauen, Ursache und Wirkung erkennen und damit Zielsicherheit und Erfolgsaussicht der Betriebsführung erheblich größer werden läßt.

---

[7]) S. a. die Ausführungen über die Soll-Größenbestimmung, S. 42 ff.

[8]) Als anschauliches Beispiel s. Rummel: Kopfleistung und Arbeitsplanung, Düsseldorf, Stahleisen 1938.

IV. Geschichtliche Entwicklung des heutigen Standes betrieblicher Leistungsmessung.

Die Praxis der Leistungsmessung ist keineswegs jüngsten Datums, sie ist vielmehr ebenso alt wie die der Leistungsentlohnung, deren Grundlage sie ja ist. An Hand dieser läßt sie sich daher auch am besten zurückverfolgen.

Eine Lohnbemessung nach der Leistung finden wir bereits in den Anfängen arbeitsteiliger Wirtschaft, im Altertum. So wurden z. B. im alten Ägypten die Regulierungsarbeiten am Nil nach einem bestimmten Kubikmaß (Nubien) ausgehobener und fortgeschaffter Erde, im alten Rom die Wollenweber nach Pfund Wolle, die Schafscherer nach der Zahl der geschorenen Schafe bezahlt usw., wenn auch im Rahmen der freien Lohnarbeit der Zeitlohn überwogen haben dürfte. Etwa das gleiche läßt sich für Deutschland feststellen. Auch hier haben sich mit den Anfängen von Tausch- und Marktwirtschaft, also um die Wende des 14. Jahrhunderts, Zeit- und Leistungslohn nahezu nebeneinander entwickelt[1]).

In der Folgezeit wird jedoch, in besonderer Betonung handwerklicher Arbeitsqualität, der Leistungslohn nahezu völlig wieder verdrängt. Erst die Entwicklung der Technik, der Übergang von rein manueller zu maschineller Fertigung, schafft hier grundlegenden Wandel. Zwei Gesichtspunkte sind es, die jetzt zu einem starken Betonen einer Lohnbemessung nach der Leistung führen: einmal das Streben nach Steigerung der Arbeitsgeschwindigkeit im Interesse möglichst schnellen Kapitalumschlags und baldiger Kapitalamortisation, zum anderen der Versuch der Risikoabwälzung im

---

[1]) Über die Frage des zeitlichen Vorrangs herrscht nicht völlige Einigkeit. Von einer Seite wird behauptet, daß der Zeitlohn der ursprüngliche in Deutschland gewesen sei und sich hieraus erst später, etwa Ende des 14. Jahrhunderts, der Leistungslohn entwickelt habe. Dem wird von anderer Seite entgegengehalten, daß für gewisse Gewerbezweige, z. B. das Textilhandwerk, der Stücklohn mit mindestens ebenso großer Berechtigung als die ursprüngliche Lohnbemessungsform angesehen werden kann. Für die letzte Ansicht spricht namentlich die Tatsache, daß Meister und Geselle in den Anfängen arbeitsteiliger Wirtschaft die gleiche soziale Stellung und entsprechend auch die gleiche Arbeitsstellung gegenüber dem Kunden hatten, was eine Entlohnung nach der Leistung, d. h. nach Art und Zahl der gefertigten Stück, als das Natürliche erscheinen läßt. Wie dem auch sei, auf jeden Fall ist eine Entlohnung nach der Leistung in Deutschland bis in die Anfänge des 14. Jahrhunderts zurückzuverfolgen, so vor allem im Bergbau, im Handwerk, vereinzelt auch in der Schiffahrt.

Zuge der sich immer vermehrenden Betriebsgröße und anwachsenden Kapitalintensität. Beide Ziele glaubt man auf dem Wege der Leistungsentlohnung wirksam verfolgen zu können.

Die Lohnbemessung nach der Leistung wird damit zu einem ausgesprochenen Mittel der Betriebspolitik, während sie sich bisher mehr oder weniger aus der Natur des Arbeitsverhältnisses ergab. Damit vollzieht sich zugleich auch ein grundlegender Wandel in dem Verfahren der Leistungsmessung. War bisher ein Zählen, Wiegen oder Messen, je nach Art und Gegenstand, ausreichend, so verlagert sich nunmehr das Schwergewicht von dem Erfassen des Absoluten, des Leistungsumfangs, auf das Erfassen des Relativen, der Abweichung von einem „vorgegebenen Soll". Infolge der veränderten Produktionsbedingungen kann das Leistungsmaß nicht mehr dem Wollen und Können des einzelnen überlassen bleiben, sondern es muß ein bestimmtes Mindestmaß verlangt werden. Die Bestimmung der Soll-Leistung wird damit zu einem völlig neuen Problem der Leistungsmessung, das auch die Folgezeit weitgehend beschäftigt.

Da in den Anfängen maschineller Produktion vor allem eine Steigerung der Arbeitsgeschwindigkeit angestrebt wird, entwickeln sich zunächst Verfahren zur Bestimmung von Soll-Leistungsmengen und -zeiten. Diese sind anfangs sehr roh. Die vorgegebenen Größen beruhen auf vagen Schätzungen und entbehren der konkreten Grundlage. Die Folgen dieses Vorgehens können nicht ausbleiben. Sie zeigen sich bereits um die Jahrhundertwende in dem steigenden Mißtrauen und der völligen Ablehnung, die allen Bestrebungen der Leistungsentlohnung und Leistungskontrolle entgegengebracht werden, und kommen in der Revolution mit aller Wucht zum Ausdruck. Man beurteilt die Methoden nach ihren Mißständen. Die Folge nicht rechtzeitig beseitigter Willkür und Ungerechtigkeit ist, daß Leistungsmessung und Leistungsentlohnung in der Nachrevolutionszeit nahezu völlig aus den Betrieben verdrängt werden.

Allerdings ist diese Periode nur eine vorübergehende. Der überall sich bemerkbar machende Leistungsrückgang zwingt sehr bald zu einer Wiederaufnahme der aufgegebenen Methoden. Die Rationalisierungsbestrebungen der Nachinflationsjahre lassen diese besonders intensiv wieder aufleben. Doch hat man aus den Fehlern der Vergangenheit gelernt. Das zeigt vor allem die dauernde Verfeinerung und Ausgestaltung der Verfahren der Soll-Zeitermittlung. An die Stelle von Schätzungen treten exakte Messungen. Diese werden durch mannigfaltige Arbeits- und Ermüdungsstudien ergänzt, um so zu möglichst gerechten und objektiven Leistungsnormen zu gelangen. Die Gründung des Refa ist der deutliche Ausdruck und Niederschlag all dieser Bestrebungen, die auch heute noch dauernd weiterverfolgt werden.

Soviel über die Praxis der Leistungsmessung, soweit sie ein rein technisches Problem ist. Sie ist ursprünglich lediglich als solches, als eine Aufgabe des Ingenieurs, gesehen worden, und die Praxis beharrt auch vielfach heute noch auf diesem Stand. Inzwischen hat sich jedoch die

Frage der Leistungsmessung längst von einem technischen Meß- zu einem wirtschaftlichen Rechenproblem erweitert. Denn die Entwicklung der Technik hat nicht nur den Übergang von manueller zu maschineller Fertigung, sondern damit zugleich die Weitung der betrieblichen Dimensionen, den Übergang von der kleinbetrieblichen Einzel- zu der großbetrieblichen Massenfertigung gebracht, und damit haben sich die Voraussetzungen und Bedingungen der Betriebsführung grundlegend gewandelt. Es ist im Großbetrieb nicht mehr möglich, durch persönliches Verfolgen und eigene Inaugenscheinnahme den Arbeitsablauf ausreichend zu übersehen und zu überwachen. Zu diesem Zweck muß die Betriebszahl, das betriebliche Rechnungswesen, als Mittler eingeschaltet werden. Größenhaftes Erfassen aller Betriebsvorgänge wird zur unentbehrlichen Stütze und Voraussetzung zielsicherer Betriebspolitik. Dazu kommt eine dauernde Verschärfung der Konkurrenz, eine Erschwerung der betrieblichen Existenz, die ebenfalls in dieser Richtung wirken, denn sie zwingen zu einer Verstärkung aller Maßnahmen der Kontrolle und Leistungssteigerung.

Unter diesen Voraussetzungen sind technische Meßverfahren allein nicht mehr ausreichend, sondern sie müssen durch wirtschaftliche Wertung ergänzt werden. Der technische Arbeitsablauf muß durch ein entsprechend ausgebautes Rechnungswesen seine wirtschaftliche Kontrolle und Beurteilung finden. Und entsprechend müssen auch die Leistungen im Betrieb wirtschaftlich beurteilt werden. Mengen und Zeiten reichen als Maßstab nicht mehr aus, sondern zur Ergänzung müssen Werte, Kosten- oder Leistungswerte, herangezogen werden.

Die Entwicklung in dieser letzterwähnten Richtung steckt noch sehr in den Anfängen. Allerdings sind in dieser Hinsicht Wissenschaft und Theorie der Praxis weit voraus. Von ihr sind bereits wertvolle Anregungen gegeben worden. Alle diese Anregungen haben jedoch in der Praxis noch verhältnismäßig geringen Widerhall gefunden. Erst die Krisenerfahrungen haben auch hier die notwendige Einsicht und das Verständnis für die angedeuteten Fragen geweckt, so daß man jetzt langsam beginnt, Versäumtes nachzuholen und den Anforderungen des Tages Rechnung zu tragen.

In jüngster Zeit wird vor allem von öffentlicher Seite in diese Richtung gewirkt. Das hat verschiedene Gründe. Die staatliche Wirtschaftslenkung, insbesondere die Preisregelung und -überwachung, zwingt zu möglichst genauer Einsicht in die Wirtschaftsführung der Betriebe; die Aufgaben des Vierjahresplans und wehrwirtschaftliche Belange machen den äußersten Einsatz aller Kräfte notwendig; das führt von selbst zu einer Betonung betrieblicher Rechnungsführung, in der man ein wertvolles Hilfsmittel hierfür sieht[2]).

---

[2]) Deutlicher Beweis hierfür ist der gemeinsame Erlaß von Wirtschaftsminister, Preiskommissar und Beauftragtem für den Vierjahresplan vom 11. Nov. 37. Dieser Erlaß schreibt, in konsequenter Verfolgung eines geordneten,

Gerade auch der Gedanke des Leistungsansporns, der Hebung und Weckung des Arbeitsinteresses bei der Gefolgschaft und damit der Belebung eines produktiven Arbeitsgeistes in den Betrieben, hat in der jüngsten Zeit zu konkreten, auf Gemeinschaftsarbeit fußenden Vorschlägen geführt, die auch nachfolgend entsprechende Berücksichtigung finden[3]). Diese beweisen einmal deutlich die Aktualität der hier aufgeworfenen Fragen und bestätigen ferner bis zu einem gewissen Grade auch ihre praktische Durchführbarkeit. Allen diesen, sicher nicht zu unterschätzenden Vorschlägen fehlt jedoch mehr oder weniger die Geschlossenheit. Sie stellen alle nur Einzelbeispiele und -anregungen, gelegentliche Hinweise und Andeutungen ohne eine zusammenfassende und grundsätzliche Erörterung dar. Eine solche grundsätzliche Untersuchung und Prüfung der Methoden der Leistungsmessung hat sich die folgende Arbeit zur Aufgabe gesetzt. Sie glaubt, damit eine noch vorhandene Lücke in der Literatur ausfüllen und das Streben nach immer zielsichererer und leistungsbetonterer Betriebspolitik unterstützen zu können.

---

betrieblichen Rechnungswesens (s. Erl. d. Wirtschaftsministers v. 12. Nov. 36) den Organisationen der gewerblichen Wirtschaft die Befolgung von einheitlichen Buchhaltungsrichtlinien bei der Ausgestaltung ihrer Rechnungsorganisation vor. Im weiteren Zuge dieser Bestrebungen sind am 16. Jan. 1939 auch entsprechende Kalkulationsrichtlinien erlassen worden (Einzelheiten s. RKW-Mitteilungen v. Nov. 1937 und Jan. 1939). Einheitlichkeit und Vergleichbarkeit des betrieblichen Rechnungswesens ist das allen diesen Vorschriften zugrunde liegende Ziel.

[3]) S. die Denkschrift der Vela „Durchsetzung des Leistungsprinzips in Wirtschaft und Verwaltung", 1933 überreicht von der Reichsarbeitszelle III (Reichsverband der Wirtschaftsleiter).

Hauptteil:

Darstellung und Kritik der Methoden.

I. Zähl- und technische Meßverfahren als Kontrollmittel der Arbeitsausführung.

1. Die Beurteilungsgesichtspunkte der Arbeitsausführung.

a) Arbeitsgeschwindigkeit.

Bei der Beurteilung ausführender Betriebsarbeit pflegt heute in den meisten Fällen das Schwergewicht auf der Arbeitsgeschwindigkeit zu liegen. Das Betonen des Faktors Zeit, das darin zum Ausdruck kommt, hat einen doppelten Grund:

1. ist die Zeit einer der wichtigsten Kostenfaktoren des modernen anlageintensiven Großbetriebes; die zunehmende Mechanisierung und Maschinisierung des Produktionsprozesses, die Anlagenerweiterung und die moderne Organisationstechnik haben die Kosten immer mehr zeitgebunden gemacht (verhältnismäßig starkes Anwachsen von Abschreibungen, Zinsen, Versicherungen usw.) und so die intensive Zeitnutzung zu einem dringenden Gebot der Stunde werden lassen.
2. liegt das Schwergewicht neuzeitlicher, industrieller Produktion grundsätzlich nicht mehr auf dem Einzelfabrikat, dem Stück, sondern auf der Fertigungsmenge, der Serie. Im Vordergrund steht der Fabrikationstyp, denn große Aggregate wollen große Mengen produzieren. So ist der ausgesprochene Qualitätsstandpunkt handwerklicher Fertigung dem Mengenstandpunkt industrieller Serien- und Massenproduktion gewichen.

Arbeitszeit und Leistungsmenge beherrschen demnach bei der Beurteilung der Arbeitsausführung im Betrieb heute das Feld. Das gilt nicht nur für die betriebliche Fertigung im engeren Sinne, sondern das trifft ebenso für die Vielzahl betrieblicher Hilfsarbeiten sowie eine Reihe von Bürotätigkeiten zu. Arbeitsteilung und Mechanisierung haben nicht bei der unmittelbaren produktionstechnischen Fertigung Halt gemacht, sondern haben den Gesamtbetrieb durchdrungen und überall grundlegenden Wandel in der Arbeitsausführung geschaffen. Auch in Betriebsverwaltung und Büro spielt heute, infolge der immer weiter um sich greifenden Mechanisierung und Maschinisierung der Arbeitsgänge, die Zeit als Kontrollmaßstab eine nicht zu unterschätzende Rolle.

Man könnte behaupten, daß die zunehmende Zeitabhängigkeit der Kosten, und damit des Gesamtbetriebes, von selbst auch eine gewisse zeitliche Zwangsläufigkeit des Arbeitsablaufs nach sich gezogen habe, daß durch die Einführung des fließenden Bandes, der Gruppenfertigung und sonstiger arbeitstechnischer oder -organisatorischer Maßnahmen das erforderliche Arbeitstempo ausreichend garantiert und damit eine Zeit- und Leistungskontrolle überflüssig würden. Das trifft jedoch keinesfalls oder nur bis zu einem gewissen Grade zu. Dagegen lassen sich namentlich drei Gründe anführen:

1. kann die zeitliche Zwangsläufigkeit, wie sie Fließ- und moderne Maschinenfertigung mit sich bringen, heute noch keineswegs als die allein herrschende Organisationsform betrieblicher Fertigung angesehen werden. Sie mag dem modernen Großbetrieb das Gepräge verleihen, ist in den Durchschnittsbetrieben aber nur im Rahmen gewisser Abteilungen und sich hierfür eignender Fertigungsgänge zu finden. Der Tempobestimmung des Arbeitsausführenden ist zweifellos noch viel Raum gegeben.

2. Selbst bei einem Vorherrschen fließender oder maschineller Fertigung kann aber die nach außen scheinende „zeitliche Zwangsläufigkeit" keineswegs als unbedingt angesehen werden, sondern sie ist in den meisten Fällen noch beeinflußbar. So besteht z. B. durch Abstellen von Maschinen, Drücken des Gruppentempos und dgl. mehr fast überall die Möglichkeit, sich dem zeitlichen Zwang zu entziehen. Zeit- und Leistungskontrolle sind daher auch in diesen Fällen durchaus am Platz. Das beweist u. a. die häufig selbst bei Fließfertigung vorgezogene Akkordentlohnung.

3. Schließlich muß unter dem Gesichtspunkt der Leistungskontrolle schlechthin betont werden, daß die Einführung der Maschine in den Produktionsprozeß die Funktion des einzelnen Arbeitsausführenden und entsprechend auch den Beurteilungsgesichtspunkt seiner Leistung grundlegend gewandelt haben kann. So kann aus der manuellen Fertigung ein Lenken, Leiten oder Bedienen der Maschine, kann aber auch lediglich ein Überwachen des Fertigungsablaufs geworden sein. Entsprechend kann die Arbeitsgeschwindigkeit (nunmehr gemessen an der Maschinenausbringung) der Hauptbeurteilungsgesichtspunkt geblieben sein; dieser kann sich aber auch auf Aufmerksamkeit, Sorgfalt, Geschicklichkeit usw. verlagert haben, und hierfür ergeben sich neue Kontrollmöglichkeiten[1]). Eine Leistungskontrolle wird daher auch in diesen Fällen durchaus nicht überflüssig.

Wie dem auch sei, auf jeden Fall ist festzuhalten, daß die Arbeitsgeschwindigkeit eine wesentliche Rolle im modernen Großbetrieb spielt und entschieden als der vorwiegende Beurteilungsgesichtspunkt betrieblicher Fertigung und Arbeitsausführung angesehen werden muß.

---

[1]) S. die Ausführungen über Sparsamkeits- und Qualitätsmaßstäbe, S. 25 ff.

b) Sparsamkeit und Qualität der Arbeitsausführung.

Abgesehen von der Arbeitsgeschwindigkeit kommen für die Beurteilung der Arbeitsausführung Sparsamkeit und Qualität der Arbeitsausführung in Frage.

Sparsamkeit wird überall dort im Vordergrund stehen, wo der Stoffverbrauch maßgeblichen Anteil an der Produktion hat, so insbesondere bei materialintensiver Fertigung, bei Be- und Verarbeitung wertvoller Rohstoffe, wie in Konfektion, Lederverarbeitung usw., heute vor allem auch bei der Verwendung ausländischer Rohstoffe, die infolge der Devisenknappheit zu sparsamster Haushaltung zwingen. Aber auch bei dem üblichen Energie-, Werkzeug-, Hilfsmaterial- und sonstigen Stoffverbrauch wird der Werteinsatz in der Regel nicht so gering sein, daß eine Überwachung nicht lohnte. Auch hier ist eine Sparsamkeitskontrolle in den meisten Fällen am Platz.

Die Qualität der Arbeitsausführung muß bei aller Spezial-, Einzel- und ausgesprochenen „Qualitäts"erzeugung besonders beachtet werden. Hier ist eine bestimmte chemische oder physikalische Beschaffenheit des Produkts, die Fehlerlosigkeit der abgelieferten Arbeit, kurz die Qualitätsgarantie der wirtschaftlich entscheidende Faktor. Eine Serien- und Massenfertigung wird dieser nie in dem Maß Beachtung schenken können, doch sollte auch sie diesen Gesichtspunkt nicht aus den Augen verlieren!

Das übermäßige Betonen des Faktors Zeit hat eine Zeitlang sehr zu Unrecht zu einer ungebührlichen Vernachlässigung von Sparsamkeit und Qualität geführt. Die Folgen konnten nicht ausbleiben. Sie zeigten sich in Gestalt anschwellender Abfall- und Ausschußziffern, anwachsender Kundenreklamationen und ähnlichem mehr. Die Kostenersparnisse auf der einen wurden durch Verluste auf der anderen Seite praktisch aufgehoben, wenn nicht sogar übertroffen. Dieser Entwicklung ist jedoch sehr bald Einhalt geboten worden. Heute wird in den meisten Betrieben der Sparsamkeits- und Qualitätsstandpunkt neben dem reinen Mengenstandpunkt wieder bewußt betont. Akkordabzüge für Schlechtleistungen, Qualitäts- und Sparsamkeitsprämien wirken erfolgreich in dieser Richtung.

Die Wahrnehmung dieser betriebspolitischen Möglichkeiten setzt jedoch die Lösung eines nicht zu übersehenden Problems voraus, nämlich: Quantität und Qualität bzw. Geschwindigkeit, Sparsamkeit und Produktgüte bestmöglich gegeneinander abzuwägen. Jeder dieser Gesichtspunkte muß die ihm gebührende Berücksichtigung finden. Hier das wirtschaftliche Optimum zu finden ist u. a. eine der schwierigsten Aufgaben des Zeitstudien- und Zeitvorgabemannes. Er muß die Normzeit so bestimmen, daß sie das durchweg günstigste Verhältnis von Quantität und Qualität darstellt. Hierbei wird, entsprechend den Voraussetzungen des jeweiligen Produktionsprozesses, den einzelnen Gesichtspunkten natürlich in ganz verschiedenem Grad Rechnung zu tragen sein. So wird bei gewöhnlicher Serien- und

Massenfertigung die Arbeitsgeschwindigkeit, bei der Verarbeitung hoch-ertigen Materials der sparsame Stoffverbrauch, bei ausgesprochener Qualitätserzeugung dagegen die Qualität der Arbeitsausführung im Vor-ergrund stehen müssen. Es wird immer darauf ankommen, zunächst *den irtschaftlich entscheidenden Beurteilungspunkt* aus-indig zu machen und die *übrigen entsprechend darauf abzu-timmen.*

Was hier speziell für die Normzeitbestimmung gesagt wurde, gilt uch ganz allgemein für die Leistungsmessung und -kontrolle. Diese hat stets en wirtschaftlich entscheidenden Gesichtspunkt zum Beurteilungsmaßstab u nehmen und daher diesen als erstes ausfindig zu machen. Das schließt atürlich nicht aus, daß andere Gesichtspunkte wirtschaftlicher oder außer-irtschaftlicher Natur ergänzend mit herangezogen werden.

2. Die Leistungsmaßstäbe.

a) Die natürliche Maßeinheit.

Wenn wir uns nach geeigneten Maßstäben zur Erfassung der an-eführten Leistungskriterien fragen, so ist festzustellen, daß diese sich weit-chend aus der *Natur des Produktionsprozesses* bzw. *aus rt und Gegenstand einer Tätigkeit ergeben.* Bei nach-olgendem Überblick seien *produktionstechnische Fertigung, etriebliche Hilfsarbeit* und *Bürotätigkeiten* getrennt, a sie sich grundlegend im Arbeitsobjekt unterscheiden.

Der natürliche Maßstab für die *Arbeitsgeschwindigkeit etrieblicher Fertigung* ist die *Produktmenge.* Dabei ist ie *Mengeneinheit* grundsätzlich von *Art und Gegenstand er Produktion* abhängig. Sie ist bei *einstufiger* Produktion ür alle betrieblichen Tätigkeit gleich:

. B. im Stahlwerk die Tonne Ausbringung, im Steinbruch der geladene Feld-ahnwagen, in der Gießerei das Kilogramm Gußware, in der Ziegelei 1000 Stück Ziegel, bei der Maurerarbeit das Quadratmeter Verputz, usw.

Bei *mehrstufiger* Produktion wechselt sie von Stufe zu Stufe:

. B. ist bei der Papierfabrikation Leistungsmaßstab zunächst das Raummeter ür das Entladen und Transportieren des Holzschliffes; das Gewicht (100 kg) ür das Sortieren von Lumpen, ebenso das Gewicht (1000 kg) für die Ver-rbeitung des Halbstoffes (Zellulose, Strohstoff); Gewicht oder Länge (1000 kg der 1000 m) für die Papierherstellung; Anzahl der Bogen (1000 Stück) für ie weitere Bearbeitung: Falzen, Satinieren, Sortieren usw.[2]).

Dabei wird vorausgesetzt, daß es sich um *einheitliche Serien-der Massenfertigung* handelt. Ist das Produkt von Natur aus ıneinheitlich, wie bei aller Einzelfertigung, oder beansprucht es eine zu lange Fertigungsdauer, so ist die Leistungs*menge* als Maßstab unbrauchbar, n ihre Stelle muß die Arbeits*zeit* unmittelbar treten.

---

[2]) S. hierzu Schäfer, Die Technik des Löhnungswesens in der Papier-ndustrie, Z. f. hw. F. Jahrg. 7, S. 303 ff.

Ähnlich wie bei der betrieblichen Fertigung, wenn vielleicht au nicht ganz so günstig, liegen die Dinge bei den betrieblichen Hilf und Büroarbeiten. Auch hier lassen sich in der Regel brauchba Mengeneinheiten als Maßstab der Arbeitsgeschwindigkeit ermitteln.

So kommt z. B. für Transportarbeiten im Betrieb: die Menge des transpo tierten Materials oder die Anzahl der gefahrenen Wagen; für Verpackung arbeiten: die Anzahl der verpackten Gegenstände oder Stück oder die Anza der gepackten Kisten; für Kontrollarbeiten: die Anzahl der kontrollierten Ei heiten usw. in Frage. Für Tätigkeiten im Büro, z. B. Arbeiten an Bür maschinen, ließe sich die Zahl der Buchungen, Adressen, Anschläge, Zeilen od geschriebenen Briefe[3]), für Schreib- oder Rechenarbeiten die Zahl ausgefüllt Formulare, ausgerechneter Posten usw. als Leistungsmaßstab verwende Eventuell wäre weiterhin für die Auftragsabteilung die Zahl der bearbeitete Aufträge, für die Statistik die Zahl der ausgewerteten Aufträge oder Rech nungen als Maßstab einer Geschwindigkeitskontrolle denkbar[4]).

In allen Fällen, in denen eine brauchbare Mengeneinheit nicht z ermitteln ist, bleibt auch hier nur die Möglichkeit, die Arbeitszeit unmitte bar zum Maßstab zu nehmen.

Ist Maßstab der Geschwindigkeit das Arbeitsergebnis, die Leistung menge, so ist Maßstab der Sparsamkeit grundsätzlich der Ver brauch. Bei direkter Arbeit kommt sowohl der Verbrauch a Fertigungs- als auch an Hilfsmaterial (Strom, Werkzeug, Maschiner

---

[3]) In Amerika benutzt man vielfach auch die beschriebene Fläche al Leistungsmaßstab (Näheres bei Leffingwell, Office Management, Principle and Practice, Chicago u. New York 1927, S. 748 ff.). Voraussetzung hierfür sin natürlich weitgehend übereinstimmende Zeilenlänge und -abstand.

[4]) Es ist erstaunlich, in welchem Umfang manche Betriebe auch di Bürotätigkeit heute mengenmäßig kontrollieren. So berichtet z. B. der Leite des Vogel-Verlags, Pößneck (s. „Leistungsanspornende Entlohnungsmethoden' in: Wirtschaftlichkeit v. 20. 2. 38), daß in seinem Betrieb neben den Leistunge der Expedienten und Maschinenschreiber auch die Leistungen in der Werbe der Anzeigenentwurfs- und einigen weiteren Spezialabteilungen mengenmäßi erfaßt werden. In der Werbeabteilung wird z. B. die Zahl de schriftlich angebahnten und durch die anschließende Vertreterarbeit zustande ge kommenen Aufträge zum Maßstab genommen (während die Vertreterleistun nicht nach der Auftragszahl, sondern der Auftragssumme beurteilt wird). In de Anzeigenentwurfsabteilung wird von der Anzahl der von den Auf traggebern angenommenen Entwürfe ausgegangen.

In einem weiteren Aufsatz über „Den Nutzen der Prämienarbeit in de Büros der Robert Bosch A.-G., Stuttgart" (Wirtschaftlichkeit v. 20. 3. 31 wird berichtet, daß auch hier die Leistungen in Lohnrechnung und Statistik, i Modellabteilung, Zeichnerei und einer Reihe weiterer Büroabteilungen mengen mäßig erfaßt werden.

Wir weisen auf diese Beispiele besonders hin, weil gerade die Mengen kontrolle im Büro häufig als äußerst fraglich und schwierig hingestellt wird

teile[5]), bei Hilfsarbeiten dagegen nur der Verbrauch an Hilfsstoffen, wie Verpackungsmaterial, Kohle, Öl usw., in Frage[6]). Sparsamkeitskontrolle kann grundsätzlich Verbrauchskontrolle (Stoffverbrauch je Periode oder Stück), kann aber auch nur Abfallkontrolle sein. Im letzten Fall erübrigt sich das Erfassen des Gesamtverbrauchs.

Abfallkontrolle kann sich wiederum, je nach den Bedingungen des Produktionsprozesses, in doppelter Weise vollziehen: einmal als Kontrolle der Abfallmenge.

Das ist z. B. beim Zuschneiden in der Konfektion oder Lederverarbeitung der Fall, wo Materialverbrauch und -abfall weitgehend von der Geschicklichkeit des Arbeitsausführenden abhängig ist, ferner beim Formfüllen in der Gießerei, wo es auf ein weitgehendes Anpassen des Pfanneninhaltes an die Gußform ankommt, da in der Pfanne zurückgebliebenes Material nicht mehr verwertbar ist.

Abfallkontrolle kann zum anderen Kontrolle der Abfallsubstanz sein, nämlich dann, wenn nur bestimmte Rohstoffbestandteile für einen Arbeitsgang Verwendung finden, der Rest dagegen nur Ausschußwert hat.

Das ist vielfach in der chemischen Industrie der Fall. So wird z. B. der Biersieder in der Brauerei vielfach an dem Extraktgehalt von Trebersaft und Glattwasser[7]), werden Heizer an dem CO_2-Gehalt der abziehenden Rauchgase kontrolliert[8]) usw.

Was schließlich die Qualität der Arbeitsausführung angeht, so kann hierfür bei der betrieblichen Fertigung, je nach Art von Produkt und Produktionsprozeß, ein doppelter Maßstab gefunden werden, nämlich:

---

[5]) So wird z. B. in der Papierindustrie häufig die von der Maschinenbedienung abhängige Gebrauchsdauer der recht wertvollen Maschinensiebe kontrolliert, ja für das Überschreiten einer gewissen Gebrauchsdauer (4 Wochen) sogar eine Siebprämie gezahlt (s. Schäfer, a. a. O.). — Ähnlich wird auch im Siemens-Martin-Prozeß verfahren; hier werden nach der Haltbarkeit des Birnenfutters (gemessen an der Anzahl der Chargen) Sparsamkeitsprämien an den Konvertermann gezahlt (s. Koch, Prämienlöhne, Leipzig 1919, S. 52 f.).

[6]) So wird häufig die Sparsamkeit von Heizern, Maschinisten usw. an dem tägl., wöchentl. oder monatl. Kohlen-, Öl- und Schmiermaterialverbrauch gemessen. Namentlich bei Eisenbahnen ist eine Kohlenkontrolle üblich. Lokomotivführern werden sogar vielfach nach dem Kohlenverbrauch bemessene Sparsamkeitsprämien gezahlt. — Auch in Büros wird in der Regel auf Sparsamkeit gesehen. Eine Büromaterial-Kontrolle ist heute an der Tagesordnung.

[7]) S. Geismann, Löhnungswesen und Selbstkostenberechnung in der Brauerei, Z. f. hw. F., Jahrg. 7, S. 629 ff.

[8]) Ein geringer Prozentsatz an Kohlendioxyd läßt auf viel Luft beim Verbrennungsprozeß und entsprechend auf eine Verschwendung von Wärmeenergie schließen.

1. die **chemische oder physikalische Eigenschaft des gefertigten Gutes**, so z. B. Festigkeit oder Schlackengehalt des erzeugten Roheisens, Phosphorgehalt des Stahls usw., oder
2. Die **Ausschußmenge**, also die auf Grund besonderer betrieblicher Kontrolle oder auch von Kundenreklamationen als unbrauchbar erwiesenen oder zur „2. Wahl" herabgesetzten Stück.

So wird z. B. aus einer amerikanischen Kettenfabrik berichtet[9]), daß die Qualität jeder Kette durch eine besondere Belastungsprobe geprüft und den Arbeitern eine nach der Anzahl der hierbei schadhaft gewordenen (verbogenen, zerbrochenen) Kettenglieder bemessene Qualitätsprämie gezahlt wird.

Ähnliche „Qualitätsprämien" finden wir auch in der Textilindustrie, ferner in Eisenhütten. Sie werden z. B. in Webereien nach der Anzahl der Webfehler, beim Abrösten der Erze nach Grad und Güte der erfolgten Abröstung, beim Puddeln nach der Eigenschaft des Schweißeisens bemessen usw.[10]).

Ebenso wie für die unmittelbare Fertigung lassen sich auch für die **betriebliche Hilfsarbeit** Qualitätsmaßstäbe finden. Diese müssen sich natürlich völlig nach Art und Inhalt der jeweiligen Tätigkeit richten. So wäre z. B. denkbar, die Qualität von Verpackungsarbeiten an der bei der Versendung schadhaft gewordenen Produktmenge (Bruch, verbogene oder verbeulte Stück), bei Instandhaltungsarbeiten an der Haltbarkeit der betreffenden Anlage, bei Kontrollarbeiten an der Zahl der übersehenen Fabrikationsfehler[11]) zu messen und dgl. mehr.

Die Möglichkeiten einer **Qualitätskontrolle im Büro** können auf den einheitlichen Nenner „**Fehlerkontrolle**" gebracht werden. Die Anzahl falsch expedierter Sendungen, falsch ausgestellter Aufträge, irrtümlich eingesetzter Preise, verkehrt ermittelter Rechnungsbeträge und ähnliches sind nur einige hier möglicherweise zugrunde zu legende Maßstäbe[12]).

b) Die Frage der Äquivalenz.

Die sich aus dem Produktionsablauf bzw. aus Art und Gegenstand einer Tätigkeit **ergebenden natürlichen Maßeinheiten** sind

---

[9]) Nach R. F. Miller, Paying quality premiums; Industrial and Factory Management 1929, S. 1346.

[10]) Näheres s. bei Koch, Prämienlöhne, a. a. O. S. 50 ff.

[11]) In einem Aufsatz von C. Brown (Management a. Administration 1924, S. 426) wird z. B. erwähnt, daß in einer amerikanischen Rollenlagerfabrik für die bei einer Nachprüfung gefundenen Ausschußstücke ein entsprechender Strafabzug vom Lohn der Vorprüfer vorgenommen wird. Ähnlich wird auch in einer amerikanischen Wirkwarenfabrik verfahren, wo sich die Geschwindigkeitsprämie der Vorprüfer um einen nach den Ergebnissen einer Nachkontrolle bemessenen Fehlerabzug verringert (nach: Ein Unternehmen sucht einen Leistungslohn, Wirtschaftlichkeit v. 20. 8. 30).

[12]) Ein Artikel „Fehlerbekämpfung in der Büroarbeit" (Wirtschaftlichkeit v. 20. 3. 1927) enthält hierüber einige recht anschauliche Ausführungen und weitere praktische Beispiele, auf die hier nur hingewiesen sei.

nun keineswegs immer unter sich gleichwertig, also völlig leistungsproportional, wie es für eine zuverlässige Leistungsbeurteilung notwendig wäre, sondern weisen recht erhebliche Unterschiede auf. Es braucht nur auf Material-, Größen-, Format-, Gewichts- und ähnliche Unterschiede bei der Fertigung, an das Schreiben verschieden langer Briefe, verschieden schwieriger Texte, an unterschiedliche Postenanzahl auf Aufträgen oder Rechnungen usw. hingewiesen zu werden, um das zu beweisen. Auch „Fehler" können z. B. durchaus nicht als gleichwertig angesehen werden; Schreibfehler haben ein anderes Gewicht als Rechenfehler, orthographische wiederum ein anderes als grammatische Fehler usw. In allen diesen Fällen verbinden sich mit den natürlichen Mengeneinheiten unterschiedliche Leistungen, und diese Unterschiede müssen berücksichtigt werden, wenn die ermittelten Leistungsziffern eine korrekte Beurteilungsgrundlage sein sollen.

Es gibt nun eine Möglichkeit, die Ungleichheit der natürlichen Maßeinheiten wenigstens bis zu einem gewissen Grad rechnerisch zu beseitigen, d. i. die Anwendung von Äquivalenzziffern.

Äquivalenzziffern drücken das Verhältnis mehrerer verschiedener Größen zu einer gemeinsamen dritten aus. Ihr Wesen ist aus der Praxis der Kalkulation hinreichend bekannt. Ebenso wie sie dort die Aufgabe haben, Kostenparitäten zu schaffen, müssen sie hier Mengeneinheiten für Zwecke der Leistungsbeurteilung gleichwertig machen.

Anwendung und Bildung von Leistungsäquivalenzen mögen zunächst die folgenden zwei Beispiele zeigen. Das eine ist der Textilindustrie[13]), das andere der Expedition eines Großbetriebes entnommen[14]). In beiden Fällen soll die Arbeitsgeschwindigkeit gemessen und zu diesem Zweck der Unterschied der natürlichen Leistungseinheiten ausgeglichen werden. Beispiel I ist insofern interessant, als hier Größenausgleich und Messung der Arbeitsgeschwindigkeit in einem Rechnungsgang vereinigt werden[15]). An Beispiel II interessiert vor allem die graphische Darstellung. Hierdurch wird es möglich, nur einige wenige Ausgangswerte zu errechnen, die übrigen dagegen ohne weiteres abzulesen.

---

[13]) S. Faulenbach, Äquivalenzzahlen zur Leistungskontrolle in Textilbetrieben; Betriebsw. Rundschau 1924/25, S. 19 ff.

[14]) S. Belles, Prämienlohn und Fließarbeit im Verpackungs- und Versandwesen; Wirtschaftlichkeit v. 5. Sept. 1931.

[15]) Es besteht vielfach auch die Praxis, die Leistungsäquivalenz im Lohnsatz zum Ausdruck zu bringen, so namentlich bei Stück- und Zeitakkorden. An die Stelle neutraler Äquivalenzziffern treten dann unterschiedliche Akkordpositionen. Diese rechnerische Verknüpfung kann jedoch keineswegs für eine Leistungskontrolle als günstig angesehen werden, denn durch Geldwert und Lohnsatz werden fremde Gesichtspunkte in die Leistungsberechnung hineingetragen und diese können leicht die angestrebte Erkenntnis verschleiern. Es ist immer zweckmäßig, eine Leistungsmessung möglichst unabhängig vom Lohnsatz durchzuführen.

Bei der Ermittlung von Leistungsäquivalenzen muß, allgemein gesehen, zunächst immer der Faktor bzw. die Teilgröße der natürlichen Maßeinheit ermittelt werden, die nun tatsächlich leistungsbestimmend ist, also in proportionalem Verhältnis zu Arbeitseinsatz und -einfluß steht. Im Fall der Geschwindigkeitskontrolle wäre das der Faktor, der die Arbeitszeit bestimmt. Diesen zu finden, kann sehr leicht sein, kann aber u. U. auch eine eingehende Untersuchung und Analyse erforderlich machen[16]).

In den beiden folgenden Beispielen liegen die Abhängigkeiten verhältnismäßig klar zutage.

In unserem Beispiel I soll die Arbeitsgeschwindigkeit einer Garnspulerin bei der Bedienung von Spulmaschinen gemessen werden. Als Leistungsmaßstab wird hierbei die Gewichtsmenge gespulten Garnes zugrunde gelegt. Nun besteht aber zwischen Arbeitszeit und gespulter Garnmenge keineswegs ein reines Abhängigkeitsverhältnis, sondern das gespulte Garngewicht je Zeiteinheit ist von der Feinheit des Garnes abhängig; und zwar ist diese in doppelter Hinsicht zu berücksichtigen: einerseits erfordern feine Garne eine verhältnismäßig längere Spulzeit als grobe, andererseits macht wiederum grobes Garn einen verhältnismäßig häufigeren Spulenwechsel und entsprechend mehr Zeit für Spulenaustausch notwendig als feines. Die Äquivalenzziffern sind also aus dem Verhältnis von Garngewicht zu Garnfeinheit unter Berücksichtigung dieser beiden Gesichtspunkte zu ermitteln.

So ergibt sich bei der Äquivalenzziffernberechnung die folgende Zahlenaufstellung:

1	2 (100 m = g)	3	4	5 (100 ./. Sp.4)	6 (Sp.3×Sp.5)	7
Nr. 1	60,—	0,08	12,—	88,00	0,07	0,22
12	5,—	1,—	1,—	99,00	0,99	3,15
20	3,—	1,66	0,60	99,40	1,65	5,26
36	1,67	3,—	0,33	99,67	2,99	9,50
40	1,50	3,33	0,30	99,70	3,32	10,55
50	1,20	4,16	0,24	99,76	4,15	13,19

Erläuterung:

Spalte 1 = Garnnummer;
Spalte 2 = Gewicht von 100 m Fadenlänge;
Spalte 3 = Fadenlänge je Gewichtseinheit bezogen auf Nr. 12;
Spalte 4 = Fadengewicht je Längeneinheit bezogen auf Nr. 12;
Spalte 5 = Anteil der Spulzeit an der Gesamtarbeitszeit in %;
Die durch Spulenwechsel verlorene Arbeitszeit ist bei grobem Garn größer als bei feinem, denn infolge der größeren Dimen-

[16]) So erwähnt z. B. Unteutsch den Arbeitsgang des Farbemischens (s. Unteutsch, Das Bedeaux-Prinzip, Dissertation, Aachen 1935, S. 38). Wie vielleicht anzunehmen wäre, besteht hierbei keineswegs ein unmittelbares Verhältnis zwischen Anzahl der Farben je Mischung und Mischzeit, sondern eine eingehende Untersuchung hat ergeben, daß, allerdings auch nur in gewissen Grenzen, eine Abhängigkeit zwischen Mischzeit und kg-Gewicht der einzelnen Farben gegeben ist. Von dieser Tatsache müßte also auch bei einer Ermittlung von Äquivalenzziffern in diesem Fall ausgegangen werden.

sionen des Querschnitts ist ein häufigerer Spulenwechsel erforderlich. Die Zeitdauer für das Auswechseln ist also proportional dem Querschnitt des Garnes. An Stelle des absoluten Querschnitts kann auch das Gewicht des Fadens pro Längeneinheit eingesetzt werden. So ergibt sich die Spalte 5 als Differenz von 100 und Spalte 4.

Spalte 6 = Äquivalenzziffern zur Ermittlung der gespulten Garnmenge in der als Basis angenommenen Garnstärke Nr. 12 (errechnet aus Spalte 3 × Spalte 5).

Spalte 7 = Schlüsselzahlen zur unmittelbaren Ermittlung der Arbeitsgeschwindigkeit. Diesen liegt der folgende Rechnungsgang zugrunde:
Ermittelte Leistungsnorm: 31,464 kg Nr. 12 je Schicht.
31,464 kg = Normgeschwindigkeit von 100

1 kg demnach Geschwindigkeit von 100 : 31,464 = 3,178 %.

Multipliziert man diesen Satz mit dem entsprechenden Wert der Spalte 6, so ergibt sich für die Garnstärke Nr. 12 die Schlüsselzahl von:

$$3{,}178 \times 0{,}99 = 3{,}15.$$

Entsprechend wäre der Wert der Spalte 7 für die Garnstärke 20 z. B. zu ermitteln:

$$3{,}18 \times 1{,}65 = 5{,}26 \text{ usf.}$$

Unter Verwertung der Schlüsselzahlen der Spalte 7 läßt sich jetzt die Arbeitsgeschwindigkeit, auch beim Spulen unterschiedlicher Garnstärken je Schicht, in einem Rechnungsgang ermitteln. Z. B.:

	Nr.	Gesp. Garnmenge in kg	Schlüsselzahl	kg: Nr. 12	Arbeitsgeschwindigkeit in %
Schicht I	50	2,390	13,19	31,524	
Schicht I	40	4,300	10,55	45,365	
Schicht I	36	2,450	9,50	23,275	100,164 %
Schicht II	36	10,328	9,50		98,040 %

In Schicht I ist also mit überdurchschnittlicher, in Schicht II dagegen mit unternormaler Geschwindigkeit gearbeitet worden.

Die vorstehende Berechnung zeigt die überaus korrekte Berücksichtigung der verschiedenen Beziehungen zwischen Arbeitszeit und natürlicher Mengeneinheit. Es werden die Einflüsse des Garngewichtes sowohl auf Spulzeit (Spalte 3) als auch Spulaustauschzeit (Spalte 5) genauestens ermittelt und hiervon ausgehend Äquivalenzziffern errechnet (Spalte 6 bzw. 7), so daß die mit diesen Faktoren gewogenen Ausbringungsmengen als unbedingt brauchbare und zuverlässige Beurteilungsmaßstäbe angesehen werden können.

Das Beispiel II zeigt die Messung der Arbeitsgeschwindigkeit eines Expedienten. Der natürliche Maßstab hierfür ist die Anzahl der expedierten Aufträge je Periode (Woche, Tag usw.). Dieser Maßstab ist jedoch viel zu roh. Es muß zumindest jede Versandart (Stadt-, Bahn-, Postversand) getrennt und innerhalb dieser wiederum die Postenanzahl je Auftrag berücksichtigt werden, wenn sich ein einigermaßen zuverlässiges Leistungsbild ergeben soll, denn von der Postenzahl ist die erforderliche Expeditionszeit je Auftrag abhängig. Da die mögliche Streuung der natürlichen Leistungseinheiten in diesem Fall ziemlich groß ist, nämlich zwischen 1 und 20 Posten je Auftrag (im Gegensatz zu Beispiel I, wo sie auf 6 Garnsorten begrenzt war), ist die graphische Darstellung gewählt worden. Hierdurch besteht die Möglichkeit, jederzeit Zwischenwerte abzulesen.

Die Beziehung zwischen Auftragsgröße und erforderlicher Expeditionszeit zeigt Abb. 1 (S. 34). Sie läßt deutlich erkennen, daß die erforderliche Expeditionszeit nicht in proportionalem Verhältnis zur Postenzahl je Auftrag, sondern infolge der konstanten Grundzeit unterproportional ansteigt. Mithin können auch die einzelnen Aufträge nicht einfach entsprechend ihrer Postenzahl gewogen, sondern es müssen auf Grund des Verhältnisses von Grund- zu variabler Zusatzzeit Äquivalenzziffern ermittelt werden.

Die Ermittlung der Äquivalenzziffern geht aus Abb. 2 (S. 35) hervor. Zur Basis ist der als durchschnittlich und normal festgestellte 4-Postenauftrag gewählt und das Verhältnis der übrigen Auftragsgrößen gemäß den Expeditionszeiten der Abb. 1 hierzu ermittelt worden (s. Erläuterung Abb. 2). Aus der sich auf Grund dieser Berechnung ergebenden P- (= Postversand) Kurve (entsprechend werden S- und B-Kurven für Stadt und Bahnversand entwickelt) lassen sich die verschiedenen Gewichtungsfaktoren für die einzelnen Auftragsgrößen ohne weiteres ablesen.

Eine Leistungsberechnung würde sich mit Hilfe der so ermittelten Äquivalenzziffern z. B. in folgender Weise zu vollziehen haben:

Festgestellte Ist-Leistung eines Expedienten = 94 Aufträge mit insgesamt 613 Posten.

Die Durchschnittspostenzahl je Auftrag beträgt demnach $\frac{613}{94} = 6{,}5$.

Der Gewichtungsfaktor für diese Postenzahl beträgt 0,7 (s. Abb. 2).

Als Leistungs-Ist würde sich demnach ein Betrag von 0,7 × 613 = 429 Punkten ergeben; als Soll ist ein Betrag von 485 Punkten aufgestellt worden. Es läge also in dem angenommenen Fall ein Leistungsminus von 56 Punkten bzw. ein Leistungsgrad von 88 % vor.

Den Anspruch auf völlige Genauigkeit kann natürlich auch diese Berechnung nicht erheben. Zu diesem Zweck müßte von der tatsächlichen statt von der durchschnittlichen Postenzahl je Auftrag ausgegangen werden. Für die praktischen Bedürfnisse reicht sie jedoch völlig aus. Jedenfalls würde die Verbesserung bei einem 100%igen Berücksichtigen der tatsächlichen Verhältnisse in keinem Verhältnis zu dem hierdurch erforderlichen Mehraufwand stehen.

Abb. 1.

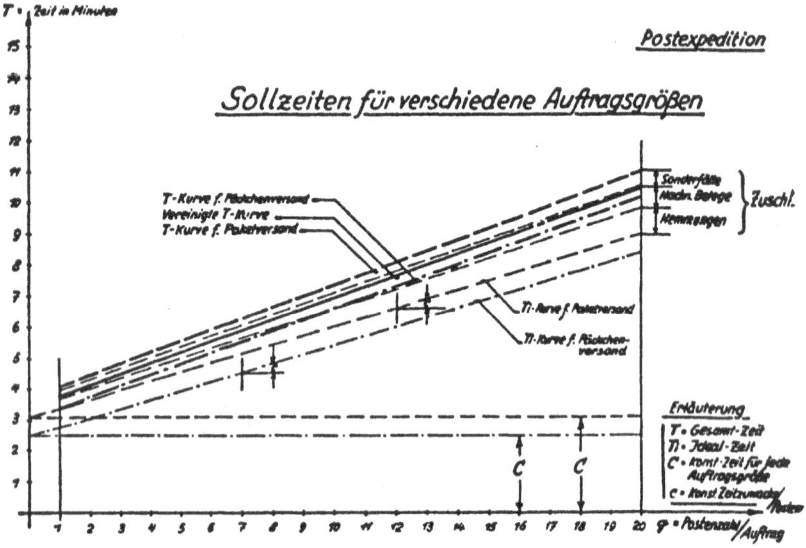

Erläuterung:

Auf dem Koordinatenkreuz in Abb. 1 sind auf der Abszisse die Postenzahl je Auftrag (= q), auf der Ordinate die Zeiten in Minuten abgetragen, wobei die Gesamtzeiten zunächst getrennt für Päckchen und Pakete ermittelt worden sind. Jeder Auftrag erfordert zunächst, gänzlich unabhängig von der Postenzahl, eine konstante Grundzeit, die für Päckchen und Pakete verschieden hoch ist (Linie C). Hierzu tritt für jeden Auftrag eine im Verhältnis zur Postenzahl wachsende Abfertigungszeit (Kurve c), so daß sich also eine Gesamtzeit von C + c ergibt. Diese stellt jedoch eine reine Idealzeit dar, die noch um einen Zeitzuschlag für Hemmungen und sonstige Verzögerungen erhöht werden muß, um praktisch als Soll vorgegeben werden zu können. Die beiden auf diese Weise sich ergebenden Gesamtzeitkurven (T-Kurven) für Päckchen- und Paketversand werden noch zu einer Durchschnittskurve zusammengefaßt (stark ausgezogene Linie), da sich beide Versandarten nur schwer getrennt erfassen lassen, sich auf jeden Fall die Leistungserfassung hierdurch unnötig komplizieren würde.

Abb. 2.

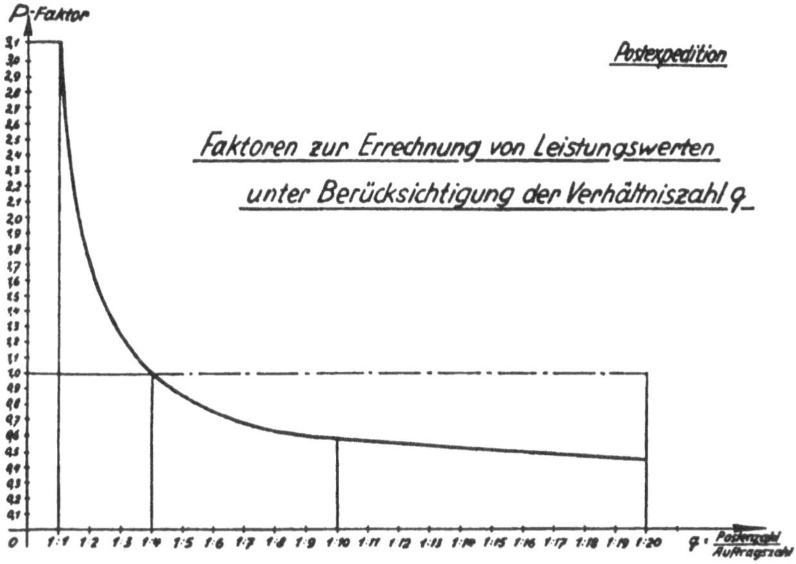

Erläuterung:

Die Abb. 2 stützt sich auf Abb. 1.

Der P-Faktor (Gewichtungsfaktor für den Postversand) ergibt sich nach der allgemeinen Formel: $P = \frac{T}{q \times 1{,}2}$.

Dabei ist T die sich aus der vereinigten T-Kurve der Abb. 1 ergebende Expeditionszeit für die jeweilige Auftragsgröße, q die Postenzahl; der Faktor 1,2 ergibt sich aus den als normal angesehenen und zum Ausgangspunkt genommenen Bedingungen des 4-Postenauftrags: Expeditionszeit = 4,8 Minuten lt. Abb. 1, 1 Posten demnach 1,2 Minuten.

Die Äquivalenz für einen 10-Postenauftrag würde sich z. B. wie folgt errechnen:

Expeditionszeit lt. Abb. 1 = 7 Minuten, unter den Bedingungen eines 4-Postenauftrags würden 10 × 1,2 = 12 Minuten erforderlich sein. Ein 10-Postenauftrag kann demnach nur mit 7/12 = 0,58 gewogen werden (s. Abb. 2). Entsprechend sind auch die Äquivalenzen für die übrigen Auftragsgrößen zu ermitteln, und so ergibt sich die in Abb. 2 eingezeichnete parabolische P-Kurve.

So rechnerisch exakt wie in den beiden dargestellten Beispielen sind nun Äquivalenzziffern zwecks Ausgleich von Leistungsunterschieden keineswegs immer zu ermitteln. Schon die Einwirkung mancher Arbeitsbedingungen, wie z. B. Arbeitspräzision, Materialbeschaffenheit usw., muß mehr geschätzt als gemessen werden. Immerhin dürfte auch hier die Möglichkeit bestehen, auf Grund von Einsicht und Erfahrung zu praktisch brauchbaren Ergebnissen zu kommen.

So werden z. B. bei der Robert Bosch A.-G. zur Messung der Arbeitsgeschwindigkeit von Stenotypistinnen die folgenden Wertungsziffern benutzt, die zweifellos Ergebnis langjähriger Beobachtung und Erfahrung sind und daher exakt gemessenen Ziffern an Zuverlässigkeit wohl kaum nachstehen:[17])

Arbeitsart	Wertungsziffer
Brief deutsch nach Ansage	1
Brief fremdsprachig nach Ansage	1,2
Brief fremdsprachig mit Übersetzung nach Ansage	2,4
Glatte Abschriften	0,4
Rechnungen einschließlich Ausrechnung	1,2
Ausfüllen von Bestellvordrucken	1,5

Äquivalenzziffern sind ferner nicht nur zur Messung der Arbeitsgeschwindigkeit anwendbar, wie bisher vorwiegend angenommen, sondern können ebensogut auch einer ausgesprochenen „Qualitätskontrolle" dienen. In diesem Fall handelt es sich in der Regel um „Fehlergewichtung". Äquivalenzziffern zu diesem Zweck beruhen allerdings auf reiner Schätzung.

In demselben Großbetrieb, dem bereits das Beispiel II[18]) entnommen wurde, werden z. B. die möglichen und hauptsächlichen Fehler eines Expedienten wie folgt gewogen:

1.	Warenposten vermutlich übersehen	1
2.	Warenposten bestimmt übersehen	2
3.	Waren in falscher Ausführung geliefert oder falsche Berechnung übersehen	3
4.	Waren an falsche Anschrift gesandt, Waren auf falsche Art expediert oder Vorschrift des Kunden außer Acht gelassen	4
5.	Waren unberechnet geliefert oder Waren in falscher Menge geliefert	5

Entsprechende Fehlergewichtungen finden wir z. B. vielfach auch bei den öffentlichen Schreibmaschinenprüfungen der Industrie- und Handelskammern. Hier wird mit ganzen, halben und viertel Fehlern gerechnet[19]).

---

[17]) Leistungsmessung und Festsetzung der Leistungsmenge bei Schreibarbeiten. Nach Schönwandt in: Wertschrift 1933/5, S. 136.

[18]) S. S. 32 ff. sowie Fußnote 14, S. 30.

[19]) Näheres s. bei Bode, Leistungsmessung im Maschinenschreiben; Zeitschrift f. Organisation 1935/3, S. 108.

Die Bedeutung derartiger Äquivalenzziffern[20]) für eine exakte Leistungskontrolle ist zweifellos nicht zu unterschätzen. Eine Mengenkontrolle wird vielfach erst hierdurch möglich oder doch sinnvoll. Auf der anderen Seite sind auch dieser Möglichkeit gewisse Grenzen gesetzt. Sie liegen einmal dort, wo die Anzahl der zu berücksichtigenden, unterschiedlichen Arbeitsbedingungen zu groß wird, so daß sich eine Äquivalenzrechnung übermäßig komplizieren würde; sie liegen ferner dort, wo die wirkliche Leistungsproportionalität nicht eindeutig und sicher genug bestimmbar ist, so daß auch mit Hilfe von Äquivalenzziffern gewogene Leistungsgrößen nicht als ausreichend exakt anzusehen sind. In diesen Fällen bleibt nur eine Möglichkeit übrig, nämlich die verschiedenen Leistungen völlig getrennt zu behandeln, für jede Einheit eine entsprechende Norm zu ermitteln und mehrere getrennte Soll-Ist-Vergleiche durchzuführen, wie es z. B. praktisch bei jeder Einzelfertigung und jeder zu kontrollierenden Einzelverrichtung unumgänglich ist. Hierdurch wird das Verfahren der Leistungserfassung natürlich wesentlich kompliziert.

c) Der absolute Leistungsmaßstab.

Wir haben uns bisher auf die sich aus Produktionsprozeß oder Art einer Tätigkeit natürlicherweise ergebenden Leistungseinheiten beschränkt. Abgesehen von diesen besteht jedoch noch ein weiteres Hilfsmittel der Leistungsbezifferung, nämlich die Wahl völlig neutraler, absoluter Maßgrößen. Zu ihrer Bildung ist erforderlich, ebenso wie für Entfernung, Raum oder Zeit auch für die Leistung eine allgemein gültige Maßeinheit zu bestimmen. Mit einer solchen ist vor allem der Vorteil universeller Vergleichbarkeit aller ermittelten Leistungsziffern untereinander verbunden. Hierdurch werden einmal Wert und Erkenntniskraft jeder Kontrolle wesentlich erhöht, ferner auch Leistungswettbewerb und Leistungsansporn auf eine wesentlich breitere Grundlage gestellt.

Dieser Gedanke, eine dem kg, m, PS usw. entsprechende absolute Maßeinheit auch für die menschliche Leistung zu bestimmen, ist namentlich von Bedeaux, Haynes und einigen anderen amerikanischen Betriebs- und Lohnpolitikern verfolgt und auch in die Praxis umgesetzt worden. Sie haben feststehende Maßeinheiten wie: den B-Punkt, das Manit, die Stamite und ähnliche festgelegt, um hierin alle Arbeitsgänge vorzugeben und zu messen. Die gewählten Maßgrößen stimmen nach Umfang und Inhalt weitgehend überein:

Bedeaux will z. B. unter einem „B"-Punkt die Leistungsmenge verstanden wissen, „die ein Durchschnittsarbeiter unter normalen Verhältnissen in

---

[20]) Es sei hier ferner auf die Rummelschen Ausführungen über „Mittlere Betriebskennziffern" (Archiv f. d. Eisenhüttenwesen 1928/29, S. 49 ff.) hingewiesen, die eine Reihe praktischer Beispiele für die Äquivalenzziffernermittlung in Eisen- und Hüttenbetrieben enthalten. Infolge der Vielzahl der hier jeweilig zu berücksichtigenden, unterschiedlichen Arbeitsbedingungen (Materialhärte, Schnittgeschwindigkeit, Profilstärke usw.) werden z. T. komplizierte mathematische Berechnungen notwendig. Diese interessieren in diesem Zusammenhang nicht, für den Fachmann sei jedoch darauf hingewiesen.

einer Zeitminute leisten kann bei normaler Anstrengung und unter Ausnutzung der ihm für diese Arbeitsbedingungen zugestandenen Erholung"[21]).

Haynes versteht unter einem Manit die volle Arbeitsmenge, „die ein normaler Arbeiter pro Zeitminute während eines ganzen Tages ohne Überanstrengung tun kann"[22]).

Für Leffingwell ist ein „work unit" = „one hour's production at the standard rate"[23]).

In allen Fällen ist der Ausgangspunkt der gleiche: die Leistungsnorm, die von einem Durchschnittsarbeiter ohne Überanstrengung zu leistende Arbeitsmenge[24]).

Daß auf diese Weise ein umfassender oder absoluter Maßstab menschlicher Leistung nicht gefunden werden kann, dürfte ohne weiteres einleuchten. Zunächst scheidet die dispositive Leistung völlig aus, weil sie überhaupt nicht durch das Kriterium: „Arbeitsmenge in der Zeiteinheit" zu erfassen ist. Aber auch hinsichtlich der mechanisch-ausführenden Arbeit ergeben sich einige Bedenken. Menschliche Leistungen unterliegen nicht physikalischer Gesetzmäßigkeit und sind daher überhaupt nicht in dem Sinn mathematisch-exakt und objektiv erfaßbar. Maßstäbe hierfür mögen inhaltlich noch so genau bestimmt und abgegrenzt sein, das subjektive Element des Schätzens oder Wertens oder irgendein Erfahrungsdurchschnitt werden immer eine Rolle spielen, sei es um die jeweiligen Arbeitsbedingungen, sei es um individuelle Eignung und Anstrengung des einzelnen Arbeitsträgers zu berücksichtigen.

Hinzu kommt ferner, daß auch Qualitäts- und Quantitätsmerkmale auf einen einheitlichen Nenner gebracht werden müssen, wenn wirklich ein absoluter, allumfassender Leistungsmaßstab geschaffen werden soll. Es müßte also eine Äquivalenz zwischen Leistungsmenge auf der einen und Verbrauch, Fehlerzahl oder einem sonstigen Sparsamkeits- oder Qualitätsmaßstab auf der anderen Seite bestimmt werden. Auch das erfordert ein subjektives Schätzen und Abwägen, wenn auch die praktische Möglichkeit hierfür keineswegs bestritten werden soll. Es wurde weiter oben bereits auf die gleichzeitige Berücksichtigung mehrerer Beurteilungsgesichtspunkte hingewiesen[25]).

---

[21]) Nach Unteutsch, a. a. O. S. 28.

[22]) Nach Bodelschwingh, Die Leistungsbelohnung in amerikanischen Betrieben, Dissertation Frankfurt 1933, S. 50.

[23]) S. Leffingwell, a. a. O. S. 165.

[24]) Daß z. B. Leffingwell dabei von der Stunde ausgeht, die beiden anderen Erwähnten dagegen die Minute als „Zeiteinheit" zugrunde legen, liegt daran, daß der erste vor allem die Bürotätigkeit im Auge hat und für diese die Wahl kleinerer Zeiteinheiten unzweckmäßig ist. Im übrigen erfolgt jedoch die tägliche bzw. wöchentliche Leistungsmessung sowohl bei Bedeaux als auch bei Haynes ebenfalls auf der Stundenbasis. Die 60-Manit- bzw. die 60-B-Stunde sind der eigentliche Rechnungsmaßstab. Im übrigen ist die Wahl der Zeiteinheit ziemlich belanglos, entscheidend ist das Ausgehen von der Norm, und hierin stimmen alle überein.

[25]) S. S. 26.

Als Beispiel sei hier die folgende Leistungsberechnung für Maschinenschreiber angefügt[26]):

Maßstab für die Arbeitsgeschwindigkeit ist der Takt, das ist die Anschlagzahl in der Sekunde. Um diese zu ermitteln, werden zunächst die Zeilen gezählt, dabei die Normalzeile zu 60 Anschlägen gerechnet. Hiervon wird die Fehlerzahl in Abzug gebracht, dabei jeder Fehler mit 10 Anschlägen gewertet. Für die Gesamtleistungsberechnung läßt sich demnach die folgende Formel aufstellen:

$$T = \frac{6\,Z - F,}{6\,M}$$

wobei T = Takt = Anschlagszahl in der Sekunde,
Z = Zeilenzahl (die Zeile zu 60 Anschlägen gerechnet),
F = Fehlerzahl und
M = Minutenzahl bedeutet.

In dem vorliegenden Fall werden also Fehler in Anschläge umgerechnet. Ebenso wäre es natürlich möglich, Fehler in einen absoluten Maßstab wie den „B"-Punkt oder das „Manit" umzurechnen. Das subjektive Abwägen von Geschwindigkeit gegen Fehler ist jedoch in jedem Fall das gleiche.

Immerhin dürfen die angeführten Bedenken der Schätzung und Willkür nicht als so erheblich angesehen werden, daß sie nicht auf ein praktisch tragbares Maß herabgemindert werden könnten. Es besteht, bei entsprechender Einsicht und Erfahrung, durchaus die Möglichkeit, zuverlässige Normen zu ermitteln, Quantität und Qualität einigermaßen gerecht gegeneinander abzuwägen. Die Bedeutung der vorstehend gekennzeichneten absoluten Leistungsbezifferung für Leistungsvergleich und Leistungsansporn kann daher nicht geleugnet werden. Jedoch wäre unseres Erachtens das gleiche Ziel auch schon mit einfacheren Mitteln zu erreichen. Es brauchten lediglich die Ist-Größen jeweils in % ihres Soll ausgedrückt zu werden, und man würde ebenfalls innerhalb des Gesamtbetriebes vergleichbare Leistungsquotienten erhalten[27]). Allerdings hat das Ausgehen von einem absoluten Leistungsmaßstab den Vorteil, daß damit jede zusätzliche Äquivalenzberechnung, wie sie bei natürlichen Leistungseinheiten häufig notwendig wird, sich erübrigt. Dem steht wiederum der Nachteil jedesmaliger Umrechnung auf die gewählte, absolute Maßeinheit gegenüber. Worin der praktische größere Vorteil liegt, kann nur für den Einzelfall entschieden werden. Bei Einzelfertigung dürfte dem absoluten, bei Serien- und Massenfertigung dagegen dem natürlichen Leistungsmaßstab der Vorzug zu geben sein.

3. Die Erfassung der Ist-Leistung.

Sind Beurteilungs- und Maßstabsfrage in der gekennzeichneten Weise geklärt, so ist die laufende Ermittlung des Leistungs-Ist, also das Zählen und Messen von Leistungs-, Verbrauchs- oder

---

[26]) Nach Bode, Leistungsmessung im Maschinenschreiben, Z. f. O. 1935/3, S. 108.

[27]) Einen ähnlichen Vorschlag hat bereits Emerson gemacht. Näheres s. Heller, Die Festsetzung von Normalleistungen und Steigerung der Arbeitsintensität; Taylor Zeitschrift 1926/3, S. 22.

sonstigen für die Leistungsbeurteilung geeigneten Größen (Produktausmaße, Fehlerzahl usw.) nur noch ein rein technisches Problem. Dieses hat allerdings insofern eine wirtschaftliche Seite, als der hiermit verbundene Aufwand möglichst niedrig zu halten ist, denn schließlich muß sich auch jede Kontrolle wirtschaftlich selber tragen.

Es bestehen grundsätzlich verschiedene Möglichkeiten, das Zählen und Messen im Betrieb aufwandsparend und zweckmäßig zu gestalten. Das wirksamste Mittel ist zweifellos die möglichst organische und automatische Eingliederung in den Produktionsablauf. Die günstigsten Voraussetzungen hierzu sind im Fall der Fließfertigung gegeben, wo der gesamte Arbeitsablauf zwangsläufig organisiert ist, alle Teilarbeiten also voneinander abhängen. Hierdurch kann die Gesamtleistung zugleich Maßstab der Einzelleistung sein; es genügt, jene zu erfassen, um diese zu kontrollieren. Daß lediglich ein Erfassen der täglich fertiggestellten Endprodukte genügt, um Gesamt- und Einzelleistung zu kontrollieren, wie es bei einigen amerikanischen Großbetrieben der Fall sein soll[28]), die nur auf Grund der Anzahl täglich fertiggestellter Enderzeugnisse ihren Betrieb überwachen und ihre Leute bezahlen, dürfte wohl zu den Ausnahmen zu rechnen sein. Immerhin kann diese Möglichkeit auch im kleineren Rahmen, z. B. innerhalb geschlossener Arbeitsgruppen, Fertigungsgänge usw., durchaus wirksam wahrgenommen werden.

Abgesehen von der Organisation des Arbeitsablaufs besteht ferner die Möglichkeit, durch Zuhilfenahme automatisch arbeitender Apparate und Instrumente das Zählen und Messen im Betrieb wesentlich zu erleichtern. Ihre Anwendung hat zugleich den Vorteil, daß jedem Zweifel an Objektivität und Zuverlässigkeit der ermittelten Ergebnisse von vornherein der Boden entzogen wird.

Automatische Zähl- und Meßinstrumente in den Arbeitsgang einzuschalten, ist nahezu überall dort möglich, wo sich der Mensch in irgendeiner Weise der Maschine bedient. Die Technik des Apparatebaus ist heute so weit entwickelt, daß den verschiedensten Voraussetzungen Rechnung getragen werden kann. Hier sei nur auf die schon weitgehend verbreitete Anwendung von Anschlagszählern an Schreibmaschinen, von Stückzählern an Förderrinnen und -bändern, von automatischen Waagen, Autographen und dgl. mehr hingewiesen[29]).

Sind derartige automatische Hilfsmittel nicht anwendbar, sei es, daß sich die betreffenden Maschinen zu ihrer Anbringung nicht eignen, sei es, daß die Fertigung rein manueller Art ist, so pflegt in der Regel immer noch die weitere Möglichkeit zweckmäßiger Produktanordnung zu bestehen. Hierzu genügt bereits eine Normung der für die Aufnahme der Produkte bestimmten Kästen, Kisten, Gestelle,

---

[28]) S. Rahm, Der Lohn im Fabrikationsbetrieb; Stuttgart 1929, S. 42 ff.

[29]) Weitere Beispiele und Abbildungen s. vor allem bei Hörschelmann, Warum im Betrieb soviel zählen? Werksleiter 1928/10, S. 279.

Bretter usw. Steht ihr Inhalt fest, so kann ein für allemal das Zählen der Stück durch das Zählen der sie aufnehmenden Behälter ersetzt werden, was natürlich eine wesentliche Erleichterung bedeutet.

Dieses Prinzip der „Zählbehälter", das sich auch in der Praxis schon weitgehend durchgesetzt hat, versagt allerdings dort, wo es sich um sehr kleine Produkteinheiten, wie Schrauben, Nägel usw. handelt. Hier besteht jedoch die weitere Möglichkeit der Mengenbestimmung aus dem Gewicht. Insbesondere die Benutzung von Stückzählwaagen, deren Austarierung nicht durch Gewicht, sondern durch die Einheit der zu zählenden Produktmenge erfolgt, ermöglicht es, mit ziemlicher Sicherheit aus dem Gewicht auf die Menge zu schließen.

Soviel über die Ermittlung von Leistungsmengen. Was die Erfassung der sonstigen Sparsamkeits- und Qualitätskriterien, also die Ermittlung von Verbrauchs-, Ausschuß-, Abfallmengen, Fehlerzahl usw. angeht, so ist allgemein festzustellen, daß diese, abgesehen von gewissen Produktprüfungen, nicht auf automatischem Wege möglich ist, sondern irgendeinem Funktionsträger speziell zugewiesen werden muß. Hiermit kann entweder der Abteilungsleiter (Meister) oder auch die nachgeordnete Abteilung betraut werden. Vielfach reicht auch das nicht aus, sondern zur Aufrechterhaltung eines lücken- und reibungslosen Produktionsablaufs muß die Kontrollfunktion als selbständiger Arbeitsgang ausgegliedert werden. In diesem Fall wird die Qualitätskontrolle Aufgabe besonderer Kontrolleure, die ihrerseits hinsichtlich ihrer Arbeitsgeschwindigkeit (Maßstab: Anzahl der kontrollierten Stücke usw.) und ihrer Arbeitsqualität (Maßstab: Zahl der entdeckten bzw. übersehenen Fehler, Kundenreklamationen usw.) in ein Leistungsmeß- und Kontrollsystem einzubeziehen sind. Natürlich läßt sich auch in diesem Fall durch Zuhilfenahme gewisser Prüf-, Kontroll- und sonstiger Meßinstrumente der Arbeitsgang sehr verschieden ökonomisch gestalten.

Ganz so günstig wie im Betrieb liegen in der Regel im Büro die Voraussetzungen der Leistungserfassung nicht. Zwar kann auch hier durch die bereits erwähnten Anschlagzähler, Zähler an Frankier-, Adressiermaschinen usw. die Ermittlung der Ist-Leistungen erheblich erleichtert werden. Um eine umfassende Leistungskontrolle durchzuführen, bleibt jedoch für ein zusätzliches Zählen und Registrieren noch genügend Raum. In diesem Fall erscheint es am zweckmäßigsten, dem einzelnen Arbeitsausführenden selbst die Angabe seiner Leistung am Schluß des Tages, der Woche, des Monats oder einer sonstigen Rechenperiode zu übertragen. Hierdurch werden besondere Kräfte gespart, wenn auch eine gewisse Nachkontrolle notwendig wird, der einzelne dürfte dagegen kaum wesentlich mehr belastet werden.

Qualitäts- und Fehlerkontrolle können auch im Büro immer nur von besonderer Stelle erfolgen. Sie müssen entweder als besonderer Arbeitsgang eingeschaltet oder von der vorgesetzten Instanz miterledigt werden (Prüfung ausgehender Rechnungen, Versandpapiere, Aufträge für den Betrieb usw.).

Abschließend ist festzustellen, das zwar gewisse Mehrkosten durch eine Mengenkontrolle nicht zu vermeiden sind. Das kann jedoch auch gar nicht verlangt werden. Denn es müssen dem entstehenden Aufwand alle hierdurch zu erzielenden wirtschaftlichen Vorteile gegenübergestellt werden. In der Kontrolle der Arbeitsausführung mit allen hierauf aufbauenden Möglichkeiten unmittelbarer Leistungsbeeinflussung liegt nur ein Teil, wenn auch ein recht wesentlicher. Hierzu kommt ferner die Aufrechterhaltung des Firmenrufs bei den Kunden, das Vermeiden von Störungen und Unterbrechungen infolge mitdurchlaufender mangelhafter Stücke, die Wahrnehmung von Fracht-, Preis-, Steuervergünstigungen und dgl. mehr. Allen diesen Vorteilen gegenüber dürfte der gekennzeichnete Aufwand nur unerheblich ins Gewicht fallen. Unseres Erachtens müßte eine Mengenkontrolle in nahezu allen Fällen ökonomisch oder doch zumindest ökonomisch durchführbar sein.

4. Die Ermittlung des Leistungs-Soll.

Jede absolute Größe bekommt erst durch Vergleich Aussagekraft, jedes „Ist" fordert zu seiner Kontrolle und Beurteilung ein ihm entsprechendes „Soll", wie bereits betont wurde. So folgt der Ermittlung des Leistungs-Ist von selbst die Frage nach der Bestimmung geeigneter Soll-Größen: von Soll-Leistungs-, Soll-Verbrauchsmengen, Fehlertoleranzen usw., je nachdem, wie der Einzelfall es fordert.

Die Erfassung des Leistungs-Ist ist eine laufende, das Soll braucht dagegen nur einmalig bestimmt zu werden. Hierauf ist daher besonderes Gewicht zu legen, abgesehen davon, daß eine Beurteilungsgröße an sich sorgfältigster Bestimmung bedarf, da sie der eingehenden Kritik und Prüfung aller hierdurch Kontrollierten unterliegt und standhalten muß.

Wenn wir zunächst wiederum den Gesichtspunkt der Geschwindigkeitskontrolle in den Vordergrund stellen, da hierauf das Schwergewicht zu liegen pflegt, so haben wir uns als erstes kurz mit der Bestimmung von Soll-Leistungsmengen und -zeiten zu befassen. Hiermit berühren wir ein Gebiet, das in diesem Rahmen auch nicht im entferntesten in seiner Gesamtproblematik umrissen, geschweige denn in seinen Möglichkeiten erschöpfend behandelt werden kann, das ist der Fragenkreis des gesamten Zeitstudienwesens, der Stückzeitermittlung und Arbeitszeitbeobachtung. Dieses umfaßt solch eine Fülle von Teilfragen verschiedenster Art: technische und organisatorische, psychologische und physiologische, medizinische, soziale und dgl mehr, daß ein Eingehen hierauf den Rahmen dieser Arbeit sprengen würde. Wir müssen uns hier vielmehr darauf beschränken, die Hauptproblematik und -verfahrensweisen, die Technik der unmittelbaren Soll-Zeitbestimmung kurz zu skizzieren. Alles andere muß Spezialuntersuchungen und einschlägigen Abhandlungen überlassen bleiben. Das ist um so eher möglich, als die vorhandenen Untersuchungen und Abhandlungen gerade auf dem Gebiet der Arbeitszeitermittlung bereits recht umfassend und vielseitig sind und der Praxis weitgehenden Anhalt bieten.

Wie im Rahmen des geschichtlichen Rückblicks bereits betont, ist ursprünglich lediglich ein *Schätzen* von Zeiten und ein Verwenden von *Erfahrungswerten* Grundlage der Leistungsvorgabe gewesen. Erst im Lauf der Zeit hat sich das entwickelt, was wir heute unter dem Begriff der *Zeitstudie* verstehen, nämlich die *wissenschaftlich begründete und praktisch erprobte Ermittlung zeitlicher Normen auf der Grundlage exakt gemessener Werte*.

Abgesehen von der Ermittlung hat sich ferner im Lauf der Zeit auch ein grundlegender *Wandel in der Auffassung von Wesen und Inhalt der Norm* vollzogen. Taylorsche Grundsätze, die Leistung des Besten zum Maßstab zu nehmen, sind längst überwunden. Heute wird die *durchschnittliche, normale Leistung* zum Ausgangspunkt genommen. Man versucht, *die* Zeit als Soll vorzugeben, die bei *normaler Anstrengung und Eignung* von jedem *durchschnittlich befähigten Arbeiter ohne irgendwelche körperliche Schädigung* eingehalten werden kann.

Die Ermittlung derartiger, billigerweise durch den Betrieb zu fordernder Leistungen hat im Lauf der Zeit zu der Ausbildung verschiedenster Methoden und *Verfahrensweisen* geführt. Sie stimmen alle bis zu einem gewissen Grade, nämlich in der Technik der Zeitaufnahme, überein, unterscheiden sich jedoch wesentlich, was die *Auswertung* der gemessenen Zeite angeht.

Das *Verfahren der Soll-Zeitermittlung* läßt sich, nach der zeitlichen Folge der vorzunehmenden Maßnahmen, in *drei Teilvorgänge* gliedern, nämlich:

1. die vorbereitenden Maßnahmen,
2. die eigentliche Zeitmessung,
3. die Auswertung der ermittelten Ergebnisse.

Vorbereitende Maßnahmen werden vor allen deswegen notwendig, weil die Arbeitsgänge in der jeweils vorhandenen Anordnung und Gliederung in der Regel nicht aufnahmefähig sind. Das hat einen doppelten Grund:

1. ist der gesamte betriebliche Arbeitsablauf gewöhnlich nicht so lückenlos durchorganisiert, daß er keine vermeidbaren Leerlauf- und Wartezeiten mehr enthielte;
2. können brauchbare Zeiten nur für kleinste Teilverrichtungen (Griffe und Griffelemente) bestimmt werden; die Aufnahme ganzer Arbeitsgänge würde die Kontrolle von Zwischenzeiten, insbesondere Arbeitspausen und Wartezeiten, unmöglich machen.

Darum haben die vorbereitenden Maßnahmen in erster Linie eine *Durchforschung und Gliederung des aufzunehmenden Arbeitsganges* zu verfolgen.

Die Durchforschung des Arbeitsablaufs hat sich vor allem auf eine Prüfung der technischen und organisatorischen Zweckmäßigkeit der jeweiligen Arbeitsbedingungen: der vorhandenen Werkzeuge, Instrumente und Maschinen, der Arbeitsfolge, des Zusammenwirkens der verschiedenen Arbeitskräfte usw. zu erstrecken. Leerlauf- und Wartezeiten müssen auf ein Minimum herabgemindert werden, denn Arbeitsvorgabe und Zeitkontrolle haben nur dann Sinn, wenn nicht auf der anderen Seite durch mangelhafte Organisation Zeitverschwendung getrieben wird.

Die Gliederung des Arbeitsganges hat eine Aufteilung in kleinste, noch meßbare Einzelverrichtungen und Arbeitselemente vorzunehmen. Eine solche pflegt sich bei näherer Beobachtung von selber zu ergeben. In der Regel können mehrere Gliederungsstufen (Arbeitsgang, Verrichtung, Teilverrichtung, Griff, Griffelement usw.) unterschieden werden.

Im Rahmen der vorbereitenden Maßnahmen spielt neben dieser Analyse des Arbeitsganges ferner die Auswahl der Arbeitsperson eine gewisse Rolle, denn von ihrem Willen und Einsatz, ihrer Fähigkeit und Eignung, ist das Ergebnis weitgehend abhängig. Diesem Gesichtspunkt wird sehr verschiedene Bedeutung beigemessen:

Taylor z. B. hat die Auswahl des Arbeitsträgers mit aller erdenklichen Sorgfalt vorgenommen. Er suchte aus der Vielzahl der vorhandenen Arbeitskräfte den Bestarbeiter aus und sicherte sich dessen Arbeitswillen noch durch einen besonderen Lohnanreiz, ein Vorgehen, das sicherlich abzulehnen ist.

Der Refa legt auf die Ermittlung eines Durchschnittsarbeiters für die Zeitaufnahme besonderen Wert.

Gar kein Gewicht mißt dagegen Bedeaux dem Arbeitsausführenden zu. Er geht von dem jeweilig angetroffenen Beschäftigten aus, schätzt dessen individuelle Intensität und will auf diese Weise zu einer ebenso zuverlässigen und allgemeingültigen Norm gelangen wie die übrigen Verfahren.

Welcher Weg am sichersten zum Ziel führt, kann wohl kaum allgemein festgestellt werden. Die Wahl einer durchschnittlich geeigneten und willigen Untersuchungsperson trägt aber zweifellos zu einer wesentlichen Erleichterung der Arbeitszeitermittlung und -auswertung für den Zeitnehmer bei.

Mit dem vorhergehenden haben wir bereits einen weiteren Gesichtspunkt berührt, der vorbereitend zu berücksichtigen ist: die Bestimmung des Zeitnehmers[30]). Von der zweckmäßigen Lösung dieser Frage

[30]) Besonderer Erwähnung bedarf hier die Möglichkeit, den einzelnen Arbeitsausführenden selbst die Soll-Zeiten bestimmen zu lassen (als Beispiel s. Stein, Arbeiter bestimmen selbst Zeitvorgaben und Stückpreis, Z. f. O. 1937, S. 15 und 133 ff.). Voraussetzung hierfür ist natürlich besondere Eignung und Befähigung der Arbeitsausführenden, ferner volle Gesinnungs- und Gefolgschaftstreue. Der einzelne muß sich so sehr als Glied der Gemeinschaft fühlen, daß er das Gemeinschaftswohl vor das eigene stellt. Es muß als schöner Erfolg bzw. als erstrebenswertes Ziel von Gemeinschaftserziehung und Gemeinschaftsdenken im Betrieb angesehen werden, auf den einzelnen so bauen und ihn soweit sich selber überlassen zu können wie in dem vorerwähnten Fall.

ist die Zuverlässigkeit und Brauchbarkeit der ermittelten Ergebnisse ganz besonders abhängig. In der Wahl der Zeitnehmer herrscht auch bei nahezu allen Zeitaufnahmeverfahren dahingehende Übereinstimmung, daß nur besonders geschulte und praktisch erprobte Kräfte hiermit betraut werden. Der Refa z. B. richtet besondere Schulungskurse für diesen Zweck ein; für das Bedeauxsystem sind von jeher Spezialingenieure ausgebildet worden, usw. In diesem Punkt dürften in der Regel die praktisch notwendigen Voraussetzungen erfüllt sein.

Auf diese vorbereitenden Maßnahmen folgt 2. die eigentliche Zeitmessung. Hierbei kommt es darauf an, die Einzelzeiten möglichst exakt zu ermitteln, also Arbeitseinsatz und -abschluß richtig abzupassen, ferner den einzelnen Arbeitsausführenden in seinen individuellen Bewegungen, Handgriffen und Verrichtungen zu beobachten, insbesondere auch seine Leistungsschwankungen festzuhalten, um so ein möglichst ins Einzelne gehendes, genaues Bild des zeitlichen Arbeitsablaufs zu gewinnen. Das ist um so besser möglich, je mehr sich der Zeitaufnehmende auf die eigentliche Beobachtung beschränken kann, je weniger er sich also mit einem Ablesen, Registrieren usw. aufzuhalten braucht. Im Lauf der Zeit sind daher Hilfsmittel verschiedenster Art entwickelt worden, die diesen Zweck verfolgen. Es sei hier nur auf die zählenden und zugleich registrierenden, auf die zählenden und zugleich schreibenden Meßinstrumente, wie Arbeitsschauuhren und Diagnostiker, die besonders zur Beobachtung und Verfolgung der Arbeitsschwankungen geeignet sind, ferner auf die namentlich in jüngster Zeit entwickelten Film- und Lichtbildapparate hingewiesen. Im einzelnen kann hierauf nicht näher eingegangen werden. Es sei jedoch auf die grundlegenden Ausführungen des AWF. über Zeitaufnahmen verwiesen[31]), die einen zusammenfassenden Überblick über die Meßinstrumente enthalten.

Abgesehen von diesen technischen Hilfsmitteln garantiert ferner die allgemein übliche, mehrmalige Aufnahme desgleichen Arbeitsganges die Zuverlässigkeit der ermittelten Zeiten. Auf diese Weise werden Ausnahmen als solche erkannt, willkürliche Beeinflussungen weitgehend unmöglich und Zufallsergebnisse vermieden.

An die Ermittlung der einzelnen Griffzeiten schließt sich 3. endlich die Auswertung der gemessenen Ergebnisse an, der Kern des gesamten Zeitstudienproblems. Die besondere Aufgabe und Schwierigkeit der Zeitauswertung liegt darin, aus der Vielzahl der gemessenen Einzelzeiten eine tatsächlich brauchbare Norm zu entwickeln. Zu diesem Zweck muß von individuellen Eignungen und Fähigkeiten des Arbeitsausführenden nach Möglichkeit abstrahiert, sein Wille und Einsatz richtig gewertet und auch die Schwierigkeit des einzelnen Arbeitsganges entsprechend eingeschätzt werden.

---

[31]) S. AWF, Grundlagen für Arbeitsvorbereitung, Zeitstudien, Berlin 1929, S. 27 ff.

Im Lauf der Zeit haben sich zu diesem Zweck eine Reihe von Verfahren entwickelt, die jedoch grundsätzlich verschiedene Wege einschlagen. Unter diesen lassen sich vor allem zwei Richtungen unterscheiden, nämlich eine vorwiegend auf subjektiver Schätzung und Wertung aufbauende, und eine andere, die den Weg mathematisch exakter, objektiver Normzeitbestimmung zu gehen versucht. Zu der ersten sind vor allem die Mittelwertverfahren (arithmetisches Mittel, Zentralwertmethode), ferner auch das Bedeaux-System zu zählen, während der letzten die Minimamethoden (Durchschnitts- und einfache Minimamethode) sowie auch gewisse, vor allem in jüngster Zeit entwickelte graphische Auswertungsverfahren zuzurechnen sind. Sie sollen nachstehend in aller Kürze skizziert werden. Im übrigen wird auf einschlägige Darstellungen verwiesen[32]).

Die Mittelwertmethoden verfolgen alle das gleiche Prinzip. Sie wollen aus den streuenden Einzelzeiten einen Durchschnittswert (arithmetisches Mittel, Zentralwert) für die verschiedenen, zu einem Arbeitsgang gehörenden Griffelemente errechnen und durch Addition dieser Einzeldurchschnitte das Zeit-Soll für den Gesamtarbeitsgang aufstellen. In einer so ermittelten Norm ist Eignung und Anstrengungsgrad des jeweiligen Arbeitsausführenden noch in keiner Weise berücksichtigt. Daher pflegt die so ermittelte Summe in der Regel noch durch einen prozentualen Zu- oder Abschlag korrigiert zu werden, dessen Höhe nach einer summarischen Beurteilung von Eignung, Übungsgrad, Arbeitseinsatz und sonstigem individuellem Einfluß des Arbeitsträgers bemessen wird.

In wesentlich genauerer Weise, jedoch ebenfalls weitgehend auf Schätzung aufbauend, verfährt das Bedeauxsystem. Bei diesem werden grundsätzlich Geschwindigkeits- und Anstrengungswertung unterschieden. Die erste soll der individuellen Intensität des Arbeitsausführenden, die zweite dagegen den körperlichen bzw. geistigen Anforderungen des jeweiligen Arbeitsganges Rechnung tragen. Die eine ist also eine Wertung der Person, die andere eine solche der zu beobachtenden Arbeitsverrichtung. Beide Wertungen werden für jeden aufgenommenen Teilvorgang gesondert vorgenommen, wodurch natürlich die Genauigkeit gegenüber den üblichen Mittelwertverfahren wesentlich erhöht wird. Dennoch bleibt auch hier das Kriterium der Schätzung und subjektiven Wertung als entscheidend bestehen. Die Geschwindigkeitswertung erfolgt lediglich auf Grund des Urteils des aufnehmenden Ingenieurs, und zwar in unmittelbarer Verbindung mit der Zeitaufnahme, während sich die Anstrengungswertung auf ein reichhaltiges, unveröffentlichtes Tabellen- und Zahlenmaterial stützt, das im Laufe der Zeit durch Beobachtung und Erfahrung gesammelt worden ist und das Bedeauxsystem bis zu einem gewissen Grad in den Schleier des Geheimnisses hüllt. Immerhin muß es wohl als die vorwiegende Erfahrung der Praxis angesehen werden, daß die Bedeaux-ingenieure auf Grund der Schulung und Erfahrung mit erstaunlicher Sicherheit individuelle Geschwindigkeiten abzuschätzen vermögen.

---

[32]) S. vor allem: I. und II. Refa-Buch, Berlin 1928 und 1932. AWF, Grundlagen für Arbeitsvorbereitung, a. a. O. Michel, Wie macht man Zeitstudien, VDI-Verlag 1920. Unteutsch, Das Bedeaux-Prinzip, a. a. O. und e. a. m.

Im Vergleich zu den vorstehenden beruhen die als „mathematisch“ charakterisierten Verfahren der Normzeitbestimmung auf einer besonders verfeinerten Art der Streuungsauswertung.

Das bekannteste dieser Art, das aus Amerika stammende Durchschnittsminimaverfahren[33]), geht z. B. in der Weise vor, daß zunächst aus dem Verhältnis von Durchschnitts- zu Minimalzeiten der einzelnen Griffelemente Einzelabweichungen ermittelt werden, aus den Einzelabweichungen aller Griffelemente eines Arbeitsganges ein Durchschnitt gebildet und die Summe der Mittelwerte um den so errechneten „Schwankungsfaktor“ gekürzt wird. Das sich hierbei ergebende Durchschnittsminimum wird zum Ausgangspunkt weiterer Normzeitbestimmung gemacht.

In Deutschland ist dieses Durchschnittsminimaverfahren von der Praxis zu dem wesentlich einfacheren Minimaverfahren abgewandelt worden. Bei diesem wird lediglich von der Summe der absoluten Mindestzeitbeträge der einzelnen Griffelemente ausgegangen und der Umweg über die Berechnung von Einzelabweichung, gewogenen Durchschnitt usw. vermieden. Der Schwankungsfaktor, der auch in diesem Fall vielfach aus dem Verhältnis von Summe aller Mittelwerte zu Summe aller Mindestzeiten (anstatt gewogenem Durchschnitt aus den Einzelabweichungen wie in dem vorhergehenden Fall) ermittelt wird, dient lediglich Vergleichszwecken, wird jedoch nicht für die eigentliche Normzeitbestimmung benutzt.

Es ist viel für und gegen diese beiden Verfahren eingewandt worden[34]). Bei sinngemäßer Anwendung dürften aber wohl beide ziemlich gleichberechtigt nebeneinander stehen, wobei natürlich die Minimamethode immer den Vorteil größerer Einfachheit für sich hat.

Die so ermittelten Minimawerte brauchen, um zur Norm erhoben werden zu können, noch eines Zeitzuschlages, denn Mindestwerte sind niemals als Norm geeignet. Dieser Zeitzuschlag wird, in der Regel bei allen mathematischen Verfahren gleich, mit Hilfe von „Barthschen Kurven“ ermittelt, d. h. nach dem Amerikaner Barth benannte und von diesem erstmalig aufgestellte Funktionsgleichungen, die erforderliche Zeitzuschläge in Abhängigkeit von gewissen Arbeitsbedingungen wie: Verhältnis von Hand- zu Maschinenzeit, Dauer und Wechsel der Arbeitsgänge usw. darstellen. Es braucht also lediglich zu den jeweils vorliegenden Arbeitsbedingungen der entsprechende Zeitzuschlag abgelesen und zu dem ermittelten „Minimum“ addiert zu werden, um die gewünschte Normzeit zu erhalten. Subjektive Schätzung ist also in diesem Falle nahezu ausgeschaltet.

Diese gekennzeichnete Art der Streuungsauswertung ist nun heute durch bestimmte graphische Verfahren noch weiter ausgebaut worden. Bei diesen werden nicht nur Größe und Umfang, sondern auch die Art der jeweiligen Streuung, also vor allem die Aufeinanderfolge von Minima und Maxima, von dichtesten Werten usw. berücksichtigt. Man versucht, mit Hilfe von Gaußschen Kurven, Integralen und Exponentialgleichungen zu ausgeglichenen Minimalwerten zu kommen und ebenfalls durch modi-

---

33) In Deutschland eigentlich erst durch Michel eingeführt. S. Michel, Wie macht man Zeitstudien, a. a. O.

34) S. z. B. AWF, Grundlagen für Arbeitsvorbereitung, a. a. O. S. 116, ferner Eckenberg, Kritik der Auswertung von Zeitstudien und die Grenzen der Anwendung der verschiedenen Auswertungsverfahren, Dissertation, Berlin 1932, S. 66 ff.

fizierte Barthsche Kurven diese zu Normzeiten aufzurunden. Die Berechnungen berühren in diesem Fall schon hart die Grenzen der höheren Mathematik.

Wie im einzelnen die hier in aller Kürze skizzierten Methoden[35]) zu beurteilen sind, kann allgemein nur schwer gesagt werden. Zweifellos haben die Verfahren der reinen Schätzung, wenn sie vielleicht auch als die roheren erscheinen mögen, den Vorzug der Einfachheit und Schnelligkeit für sich. Diese, insbesondere die Mittelwertverfahren, werden daher praktisch überall dort am Platz sein, wo häufige Soll-Zeitbestimmungen notwendig werden, wie z. B. bei Einzel- und kleiner Reihenfertigung. Bei großer Reihen- und Massenfertigung lohnt sich dagegen schon die Anwendung feinerer Verfahren. Ob dabei grundsätzlich dem Verfahren des Schätzens, so z. B. dem Bedeauxsystem, oder mathematischen Berechnungen der gekennzeichneten Art der Vorzug zu geben ist, kann auch wiederum nur schwer entschieden werden. Zweifellos besteht bei rein mathematischen Berechnungen sehr leicht die Gefahr, daß der Bogen überspannt wird. Wie schon wiederholt betont, läßt sich der Mensch nicht in ein starres Schema von Formeln und Gesetzmäßigkeiten pressen, und man kann hier leicht durch mangelnde Elastizität und Anpassung an den Einzelfall ebenso, wenn nicht noch mehr schaden als im Fall des Schätzens durch subjektive Willkür. Sicherlich ist aber überall in gleicher Weise Erfahrung und Übung unentbehrliche Grundlage, um zu brauchbaren Ergebnissen zu gelangen. Unter diesen Voraussetzungen und bei einigermaßen sinngemäßer Anwendung müßten die meisten heute üblichen Zeitmeßverfahren zu praktisch ausreichenden Ergebnissen führen.

Eine Normzeitermittlung in einer der gekennzeichneten Weisen ist natürlich sowohl im Betrieb als auch im Büro möglich, wenn man dabei auch in der Regel in erster Linie an die rein betriebliche Tätigkeit denken dürfte. Für die Büroarbeit, bei der es sich z. T. um gleichartige, nicht an den Einzelbetrieb gebundene Tätigkeiten handelt, besteht sogar vielfach die Möglichkeit, allgemeine Normen zu bestimmen. Das ist z. B. für das Maschinenschreiben[36]), ferner für das Bedienen von Adressier-, Buchungs- und sonstigen viel benutzten Büromaschinen bereits weitgehend geschehen. Aber auch im übrigen hat die

---

[35]) Abgesehen von den erwähnten bestehen natürlich zwischen den einzelnen angeführten Methoden noch eine Reihe weiterer Unterschiede. Hingewiesen sei nur auf die Frage der Verlustzeitzuschläge. Der Refa z. B. sieht besondere Verlustzeitaufnahmen vor, auf Grund deren er durchschnittliche, prozentuale Zuschläge zu Grund- und Einrichtezeit berechnet. Demgegenüber gewährt Bedeaux nur für den Einzelfall bestimmte „Methodenzuschüsse", läßt also jede der Art nach nicht genau bestimmte Verlustzeit unberücksichtigt. Hierdurch wird natürlich ein energischer Druck auf die Verminderung aller Verlustzeiten ausgeübt, der auf der anderen Seite aber auch leicht wiederum überspannt werden kann. Diese und ähnliche Unterschiede berühren jedoch mehr oder weniger nur Einzelheiten und betreffen nicht das Grundsätzliche, das uns hier in erster Linie interessiert.

[36]) S. Bode, Was können wir von der Maschinenschreiberin verlangen? Z. f. O., 20. 4. 31, S. 176 ff.

Stoppuhr im Büro längst ihren Einzug gehalten[37]). Wo das nicht der Fall ist, liegt das in der Regel an der noch rückständigen Organisation, an der mangelnden Arbeitseinteilung und -spezialisierung und damit den geringen Möglichkeiten einer Überwachung und Kontrolle überhaupt.

Was die übrigen Beurteilungsgesichtspunkte einer Mengenmessung betrifft, so liegen die Dinge hier wesentlich einfacher als in dem vorstehend gekennzeichneten Fall der Geschwindigkeitskontrolle, sei es, daß die Norm natürlicherweise gegeben, sei es, daß sie wesentlich objektiver bestimmbar ist.

Nehmen wir znächst den Fall der Sparsamkeitskontrolle an. Hierfür pflegen, auch bei nicht ausgebautem Rechnungswesen, in den meisten Betrieben schon im Lauf der Zeit eine Reihe von Verbrauchs-, Abfall-, Ausschußkennziffern usw. gesammelt zu sein, die eine brauchbare Grundlage bilden.

Ferner besteht die Möglichkeit, durch Versuche im Laboratorium, an besonderen Versuchsplätzen und -objekten, die so ermittelten „Durchschnittsnormen" einigermaßen exakt zu prüfen und auf ihre Angemessenheit zu beurteilen. Auf jeden Fall ist hier bei weitem nicht die Möglichkeit individueller Beeinflussung gegeben, die gerade die Ermittlung brauchbarer und objektiver Zeitnormen so sehr erschwert. Gewiß spielen auch hier individuelle Sorgfalt, Aufmerksamkeit und in manchen Fällen auch eine gewisse Geschicklichkeit des Arbeitsausführenden eine nicht unerhebliche Rolle, doch sind die Zusammenhänge und Einflußfaktoren viel leichter zu übersehen und infolgedessen objektive Normen viel sicherer zu bestimmen.

Noch einfacher liegen die Dinge im Fall ausgesprochener „Qualitätskontrolle". Hier ist in der Regel überhaupt kein besonderes Problem der Normbestimmung gegeben, sondern das Soll liegt ohne weiteres fest, ergibt sich entweder aus dem Produkt oder dem Produktionsprogramm oder aus der allgemeinen Anschauung. Das Produkt verlangt bestimmte Ausmaße, eine bestimmte technische oder stoffliche Qualität oder sonstige Eigenschaften. Sind diese nicht vorhanden, so ist es nicht brauchbar oder 2. Qualität und ist entsprechend als negatives Leistungskriterium zu werten. Ebenso selbstverständlich müssen Rechnungen, Briefe fehlerfrei, muß ein Auftrag vollständig ausgeschrieben sein, usw. Hier wie da mögen zwar gewisse Toleranzen zugestanden werden, denn 100prozentige Qualität oder Fehlerlosigkeit ist nur in den wenigsten Fällen erforderlich oder ökonomisch. Jedoch bereitet die Bestimmung derartiger Toleranzen keine besondere Schwierigkeit. Sie ergibt sich ohne weiteres aus dem Marktbedürfnis, aus Ruf und Lage des Betriebes sowie aus der gesamten Betriebsdisziplin.

---

[37]) Als Beispiele sei hier nur auf einige Erörterungen und praktische Hinweise in der Literatur verwiesen, so Reinhold, Wie mißt man Büroarbeit? Büroleistungsnormen und ihre Ermittlung, Wirtschaftlichkeit, 20. 1. 1933. — Leistungsmessung im Büro, Wirtschaftlichkeit, 20. 4. 31. Behlert: Abwicklung von Büroarbeiten nach Grundsätzen der wissenschaftlichen Betriebsführung, Wirtschaftlichkeit, 20. 1. 31. Maurer: Arbeitsuntersuchung und Prämienarbeit in Büros, Wirtschaftlichkeit, 5. 4. 1929.

Zusamenfassend läßt sich folgendes feststellen: Die Soll-Wertbestimmung ist grundsätzlich kein Hinderungsgrund zuverlässiger Mengenkontrolle. Ausreichend erprobte Erfahrungen hierfür sind vorhanden. Die Hauptproblematik liegt zweifellos in der Soll-Zeitbestimmung. Doch ist ein gut Teil zu ihrer Lösung bereits getan. Gewiß bedarf es noch des Fortschritts in der Erkenntnis von Abhängigkeiten und Zusammenhängen, von subjektiven Einflüssen und objektiven Gegebenheiten, sind ferner noch Verbesserungen der Verfahrensweisen möglich, doch stehen diese bereits heute auf einem solchen Niveau, daß mit ihrer Hilfe praktisch brauchbare und ausreichende Ergebnisse zu erzielen sind.

5. Anwendungsgrenzen.

Die Bedeutung einer Methode wäre nicht voll erkannt, wollte man nur ihre Voraussetzungen und Möglichkeiten, auf der anderen Seite nicht auch ihre Grenzen sehen.

Daß eine Leistungsbeurteilung auf dem Wege der Mengenkontrolle nicht unbegrenzt und allein ausreichend im Betrieb ist, ist im Lauf der vorstehenden Ausführungen schon verschiedentlich betont worden.

So haben wir von vornherein eine Beschränkung auf die rein oder doch vorwiegend mechanische Arbeitsausführung vorgenommen. Selbständige Disposition und verantwortliche Leitung sind ohne weiteres ausgeschaltet worden, da für sie Mengenmaßstäbe nicht in Frage kommen.

Aber auch im Rahmen der Arbeitsausführung lassen sich verschiedene Grenzen ziehen. So haben wir bei Erörterung der Geschwindigkeitskontrolle bereits auf alle die Fälle hingewiesen, in denen die Tempobestimmung nicht in der Hand des Arbeitsausführenden liegt, sondern weitgehend von außen durch die Maschine oder die Arbeitsorganisation erfolgt, wie z. B. bei Fließ-, geschlossener Gruppenfertigung und ähnlichem mehr. Daß eine Mengenkontrolle unter diesen Voraussetzungen ihre Bedeutung bis zu einem gewissen Grad einbüßt, kann nicht geleugnet werden. Auf der anderen Seite wird sie keineswegs überflüssig, sondern bleibt auch in diesen Fällen zwecks Aufrechterhaltung des angesetzten Tempos sowie zur Verfolgung weiterer Beurteilungsgesichtspunkte (Verbauchs-, Ausschuß-, Abfall-, Fehlerkontrolle usw.) erforderlich, was ebenfalls bereits betont wurde.

Ähnlich wie in den angeführten Fällen zwangsläufiger Temporegulierung liegen die Dinge überall dort, wo Arbeitsergebnis und Leistungsmenge weitgehend von der Arbeitsgelegenheit abhängig sind, also Arbeitswille und Eignung des Funktionsträgers ebenfalls nicht die entscheidende oder doch nicht die allein ausschlaggebende Rolle spielen. Das trifft insbesondere in allen Fällen ausgesprochener Bereitschaftsleistung zu, wie sie im Betrieb in erheblicher Anzahl vorhanden zu sein pflegen. Als Bereitschaftsleistungen sind einmal alle dem ausgesprochenen Zweck der Betriebssicherung und -überwachung dienenden Tätigkeiten, wie Tor-, Gebäude-, Pförtner- und Nachtwächterdienste und dgl. mehr, anzusehen. Hierzu sind ferner alle Repräsentationsleistungen, bis zu einem gewissen Grad auch Verkehrs- und Transportleistungen, wie Fuhrpark-, Fahrstuhlbedienung usw., zu rechnen. Vor allem gehört aber hierher die Vielzahl aller der Tätigkeiten, die sich mit der Abwicklung des Außenverkehrs, insbesondere der Kundenabfertigung und -bedienung, befassen. So üben mehr oder weniger alle Verkäufer im Einzelhandel, alle Schalterbeamten in Bank- und Verkehrsbetrieben, alle Auskunftsbeamten in Reise- und Verkehrsbüros, Bereitschaftsleistungen aus. Allerdings ist die Abhängigkeit von der Arbeitsgelegenheit in den gekennzeichneten Fällen sehr verschieden, so z. B. bei reinen Überwachungsleistungen größer als bei Verkehrs- und Transportleistungen, bei diesen vielfach wiederum größer als bei der Kundenabfertigung und -bedienung. Doch kann auch dies nicht allgemein gesagt werden, sondern ist letzten Endes von der Arbeits- und Betriebsorganisation abhängig. Je besser die Organisation, um so geringer Wartepausen und Leerlaufzeiten.

In diesem Zusammenhang sei besonders auf die regelmäßig wiederkehrenden Beanspruchungsschwankungen mancher Betriebe hingewiesen: auf die bekannten Tages-, Wochen-, Monats- und Saisonschwankungen im Handel, auf die täglichen Spitzenbelastungen im Verkehr, auf die terminbedingten Beanspruchungen in der Bank, usw. Diese alle bedeuten sehr unterschiedliche Arbeitsbeanspruchung für das Personal und lassen den Charakter der Bereitschaftsleistung ganz besonders zu einer Frage der Betriebsorganisation werden.

Daß bei ausreichender Arbeitsgelegenheit auch alle Bereitschaftsleistungen nach den gekennzeichneten Gesichtspunkten und Verfahrensweisen einer Mengenkontrolle zu messen und zu beurteilen sind, liegt auf der Hand. Praktisch ist das nicht ohne Bedeutung, da in vielen Fällen, so namentlich bei der Kundenabfertigung und -bedienung sowie auch sonstigen Dienstleistungen, organisatorische Möglichkeiten bestehen, wenigstens eine annähernde Vollbeschäftigung zu erzielen[38]). Gerade bei der Verkaufstätigkeit im Handel, entsprechend auch der Absatztätigkeit von Betriebsreisenden und -vertretern in der Industrie, dürfen die Einwirkungs- und Einflußmöglichkeiten des einzelnen Funktionsträgers nicht unterschätzt werden. Gewiß muß hier grundsätzlich zunächst eine Verkaufsgelegenheit vorhanden sein. Ist diese aber gegeben, so spielt neben der Arbeitsgeschwindigkeit vor allem die Verkaufsgeschicklichkeit des einzelnen eine entscheidende Rolle: die Zweckmäßigkeit der Kundenbedienung und -behandlung, das Hinwirken auf den Absatz höherer Qualitäten, usw. Wenn man die Verkaufsmenge noch durch den entsprechenden Umsatzwert ergänzt, müßte daher die sich ergebende Umsatzleistung ein brauchbarer Maßstab und Ausgangs-

[38]) Es sei nur andeutungsweise auf die Möglichkeiten der Urlaubs-, Freizeit- und Pausenregelung, auf die Erledigung von Registratur-, Inventur- und Lagerarbeiten in schwachen Zeiten hingewiesen.

punkt für die Beurteilung der Verkäuferleistung sein. Dabei muß allerdings zugegeben werden, daß die Einflußmöglichkeiten je nach Charakter des Geschäfts und Art der abzusetzenden Ware sehr verschieden groß sind. Sie sind im Warenhaus oder sonstigen Großbetrieb bei dem Vertrieb von Serien- und Massenartikeln zweifellos größer als im Spezialgeschäft mit dem Absatz ausgesprochener Qualitätserzeugnisse. Hier verbieten vielfach Ruf des Geschäfts und Art der Ware jegliche Beeinflussung durch den Verkäufer. Auch im übrigen müssen unterschiedliche Verkaufsbedingungen bei der Beurteilung der Umsatzleistung des einzelnen genauestens berücksichtigt werden[39]). Praktisch werden in der Tat in vielen Handelsbetrieben sowie auch in der Industrie Prämien, Provisionen oder sonstige Leistungsvergütungen auf Grund des erzielten Umsatzes gezahlt. Man versucht, auf diesem Weg wenigstens das Arbeitsentgelt auch des Verkäufers bis zu einem gewissen Grad leistungsabhängig zu gestalten bzw. einen Ansporn in die Umsatztätigkeit hineinzulegen, und das in der Regel wohl mit Erfolg[40]).

Was, abgesehen von den Verkaufs- oder sonstigen organisatorisch beeinflußbaren Dienstleistungen, die ausgesprochene Überwachungstätigkeiten im Betrieb betrifft, die den Charakter der Bereitschaftsleistung besonders stark und ausgeprägt tragen, so sind hier die Möglichkeiten einer Leistungskontrolle allerdings verhältnismäßig gering. Vielfach wird man sich in diesen Fällen mit der ziemlich nichtssagenden Anwesenheitskontrolle begnügen müssen. Bei eingehender Untersuchung werden sich zwar häufig brauchbare Ergänzungsmaßstäbe finden lassen, mit deren Hilfe die Leistungsbeurteilung auf eine breitere Grundlage gestellt werden kann, so z. B. die Reaktionsgeschwindigkeit im Fall der Beanspruchung, die tatsächliche Vermeidung und Verhinderung von Schäden und ähnliches mehr. Doch sind dies nur Maßstäbe für den Einzelfall, die sich einer Mengenkontrolle in dem von uns gekennzeichneten Sinn eines laufenden Zählens und Messens der Tätigkeitsergebnisse entziehen, weil sie nur gelegentlich vorhanden sind[41]).

---

[39]) Als Beispiel sei hier auf die Ausführungen von Schwarz unter „Prämiensystem bei der Vertreterentlohnung" (Wirtschaftlichkeit v. 20. 6. 1928) hingewiesen, in denen die Möglichkeit zur Berücksichtigung unterschiedlicher Verkaufsbedingungen wie: Kaufkraft, Bevölkerungsdichte und -zusammensetzung, Altersaufbau usw. gezeigt wird.

[40]) Das zeigt vor allem die recht eingehende Arbeit von Berets, Das Entlohnungsproblem im Einzelhandel, Stuttgart 1930. Verwiesen sei ferner auch auf Kosiol, Die Arbeitsentlohnung, in: Handwörterbuch des Einzelhandels.

[41]) Auch in den Fällen, wo die Beziehung zwischen Leistungs-, Verbrauchs- oder sonstiger Menge und dem Einsatz und Einfluß des Arbeitsausführenden nur äußerst lose ist, eine Mengenkontrolle also für die Leistungsbeurteilung nur sehr zweifelhaften Wert hat, braucht diese natürlich noch keineswegs überflüssig zu sein, sondern kann darüber hinaus wesentliche Bedeutung für die wirtschaftliche Betriebsorganisation, insbesondere für die richtige Bemessung des Personalbedarfs und die zweckmäßige zeitliche Arbeitsverteilung haben, denn erst die dauernde

Neben diesen auf Art und Gegenstand einer Tätigkeit zurückzuführenden Anwendungsgrenzen könnte man vielleicht ferner eine Reihe methodisch begründeter anführen, so insbesondere solche verfahrenstechnischer und ökonomischer Art.

Verfahrenstechnisch wäre z. B. an die Bestimmung brauchbarer Leistungseinheiten zu denken. Gewiß können sich hierbei in manchen Fällen Schwierigkeiten ergeben. Dabei ist vor allen Dingen an Handels- und Bankbetriebe zu denken, wo nicht, wie in der Industrie, sich das Produkt als natürliche Maßeinheit anbietet. Ferner sind alle die Fälle nicht aus dem Auge zu verlieren, wo Arbeitsteilung und -spezialisierung noch nicht in dem Grad durchgeführt oder infolge des geringen Betriebsumfangs nicht in dem Grad durchführbar sind, daß sich von selbst eine natürliche Einheit als brauchbarer Maßstab ergibt. Jedoch bleibt in allen diesen erwähnten Fällen die Möglichkeit, sich eines absoluten Maßstabes, einer rechnerischen Einheit zu bedienen, wie das auch praktisch vielfach der Fall ist. Wir brauchen nur an das Tonnen-, Fahr-, Wagenkilometer usw. in Verkehrsbetrieben, an die Auftrags-, Buchungs- und sonstigen Verkehrsziffern in der Bank, an die Umsatzkennzahlen im Handel zu denken. Möglichkeiten, Leistungsmeßziffern zu finden, bestehen überall, man darf nur nie den Auswertungsgesichtspunkt aus den Augen verlieren[42]).

Verfolgung der Arbeitsbeanspruchung und ihrer Schwankungen kann die hierfür erforderliche Einsicht geben. So hat z. B. das frühere „Leistungszählverfahren" der Reichspost, das heute durch ein wesentlich einfacheres, aber im Grunde auf dem gleichen Gedanken beruhendes Verfahren ersetzt ist, den ausgesprochenen Zweck richtiger Personalbemessung und Personalbewirtschaftung gehabt.

[42]) Von Interesse scheint uns in diesem Zusammenhang die Praxis eines Bankbetriebes zu sein (s. Lutz, Indexrechnung über den Geschäftsumfang einer Bank; Zahlungsverkehr und Bankbetrieb 1937/1, S. 10 ff.). Gerade in der Bank liegt in der Bestimmung brauchbarer Leistungseinheiten, infolge der Vielzahl der hier vorkommenden verschiedenartigen Geschäftsvorfälle, eine besondere Schwierigkeit. In der Regel pflegt der Umsatz, sei es Stück- oder Geldumsatz, in den verschiedenen Abteilungen zum Maßstab des Geschäftsumfanges genommen zu werden. Dieser steht aber mit dem Arbeitsaufwand, der gerade für die uns hier interessierende Leistungs- und Beschäftigungskontrolle der Angestellten interessiert, in keinem oder zumindest nur sehr losem Zusammenhang. Die Betragshöhe eines Wechsels oder Schecks ist z. B. für den zu seiner Bearbeitung erforderlichen Arbeitsaufwand völlig gleichgültig, andererseits fordert wiederum z. B. ein unbekanntes Wertpapier, das zum Depot oder Lombard eingereicht ist, erhebliche Mehrarbeit gegenüber einem allgemein bekannten und börsengängigen usw. Darum hat man in einem Berliner Großbankbetrieb den Versuch gemacht, den jeweiligen Geschäftsumfang nicht nur an Umsatz und Stück, sondern auch nach dem hierfür erforderlichen Arbeitsaufwand zu messen, und dadurch zugleich diesen zu kontrollieren. Man hat zu diesem Zweck für die Hauptabteilungen: „Wertpapier-, Kassen-, langfristige Kredit-, Devisenabteilung und Geldstelle" insgesamt zehn Meßziffern gebildet, die die Hauptgeschäftsvorfälle dieser Abteilungen, nach dem Arbeitsaufwand gemessen, enthalten (z. B. Zahl der Börsenaufträge und -ausführungen, Zahl der Schlußscheine, der Depotbuchungen usw.). Diese werden durch eine elfte

Ebensowenig stichhaltig wie die verfahrenstechnischen scheinen uns die ökonomischen Einwendungen zu sein. Häufige Umrechnungen, differenzierte Einzelerfassungen und dgl. mehr, die das Verfahren der Leistungserfassung zu kompliziert und zeitraubend machen, können in der Regel durch ein etwas roheres und summarischeres Vorgehen beseitigt werden, ohne daß der Erkenntniswert ernstlich gefährdet würde. Auch die häufig notwendig werdende Soll-Zeitermittlung, die namentlich bei kleiner Reihen- und Einzelfertigung als ökonomischer Einwand erhoben werden könnte, kann nicht anerkannt werden. Die in dieser Hinsicht entwickelten Verfahren, insbesondere die Unterteilung in immer wiederkehrende, kleinste Griffelemente, so daß nur eine Zusammenstellung der verschiedenen Einzelzeiten notwendig wird, ferner die Abänderung gemessener Zeiten entsprechend den veränderten Arbeitsbedingungen (andere Materialien, Profile, Formen usw.) reichen aus, auch in diesem Fall die ökonomische Durchführbarkeit einer Mengenkontrolle zu gewährleisten.

So scheinen uns grundsätzlich nur die zuerst angeführten, in Art und Charakter einer Tätigkeit begründet liegenden Anwendungsgrenzen ernstlich von Belang zu sein. Diese sind allerdings nicht zu leugnen. Am fühlbarsten ist dabei zweifellos die Beschränkung auf die reine Arbeitsausführung. Nach dieser Richtung müssen unbedingt Ausweg und Ergänzung geschaffen werden, wenn eine Leistungsmessung und -beurteilung im Betrieb auch nur einigermaßen umfassend und erfolgreich sein soll. Hierfür Möglichkeiten aufzuzeigen und zu prüfen, ist Aufgabe der weiteren Darstellung.

Meßzahl, die Anzahl der Postein- und -ausgänge ergänzt, die sozusagen gleichen Arbeitsaufwand für alle Abteilungen bedeutet. Die Einzelmeßziffern werden auf der Basis eines früheren Jahres sowie des Vormonats zu Indexziffern umgerechnet. Diese geben ein deutliches Bild von den Verschiebungen in der Arbeitsbeanspruchung des Personals und sind zur Arbeitskontrolle wie zu geeigneter Arbeitsverteilung und Personalpolitik in gleicher Weise geeignet.

II. Punktwertung: Summierende Methode der Leistungswertung.

1. Punktwertung und Punktbewertung.

Unter Punktwertung wird nachstehend eine Methode größenhafter Leistungserfassung verstanden, deren Hauptwesensmerkmal das Zusammenfassen verschiedenartiger oder -wertiger Leistungselemente zu einem einheitlichen Leistungsausdruck ist. Sie ist eine summierende Methode wertender Leistungsbezifferung[1]). Mit dieser Methode will man Leistungen messen, die den Voraussetzungen der bisher dargestellten Mengenkontrolle nicht genügen und sich daher ihren Verfahrensweisen entziehen.

Mit der Untersuchung und Darstellung dieser Methode rücken wir daher von den Voraussetzungen und Bedingungen reiner Arbeitsausführung ab. Zwar können auch bei einer Mengenkontrolle mehrere Beurteilungsgesichtspunkte nebeneinander stehen, Quantität neben Qualität, Geschwindigkeit neben Sparsamkeit berücksichtigt werden[2]), doch ist hierzu nicht unbedingt eine einheitliche Bezifferung erforderlich.

Anders geartet sind dagegen dispositive Leistungen. Zu ihrer Beurteilung muß, entsprechend der Vielseitigkeit und Mannigfaltigkeit der Aufgaben und der zu ihrer Erfüllung erforderlichen Tätigkeiten, in der Regel auch eine Vielzahl verschiedenartiger Einzelgrößen und -kriterien berücksichtigt werden. Es bedarf eines Zusammenfassens und damit eines Abwägens dieser Größen gegeneinander, um auch unter diesen Bedingungen zu einem brauchbaren Leistungsbild zu kommen. So erscheint die Methode der Punktwertung vor allem für die Messung dispositiver Leistungen geeignet und in Frage zu kommen.

Bevor wir auf diese summierende Methode der Leistungswertung näher eingehen, ihre Voraussetzungen prüfen und ihre Möglichkeiten zeigen, ist im Interesse zuverlässiger und objektiver Leistungsbeurteilung zuvor noch eine weitere verfahrenstechnische Charakterisierung und Abgrenzung erforderlich. Dazu führt folgende Überlegung:

Unter Punktwertung können grundsätzlich drei verschiedene Möglichkeiten der Leistungsbezifferung verstanden werden, nämlich:

---

[1]) S. Allgem. Teil, S. 12 f.
[2]) S. das Beispiel S. 39.

1. Das Umrechnen exakt gemessener oder gezählter Leistungsgrößen auf einen anderen, gewöhnlich neutralen Nenner der gleichen Größenart und -gattung (Zeit, Menge usw.), also ein reiner Rechenvorgang.

Charakteristisches Beispiel hierfür sind die Leistungsmeßverfahren von Bedeaux, Haynes usw. Hier findet tatsächlich nur ein Umrechnen von natürlichen Zeiteinheiten (Stunden, Minuten) in besondere „Arbeitseinheiten" (B-Punkt, Manit usw.) statt, ohne daß hierbei irgendein subjektives Abwägen oder Werten jedesmal vorgenommen würde.

Ein weiteres Beispiel finden wir überall dort, wo verschiedene Arbeitsgänge auf die von einem von ihnen beanspruchte Zeitdauer umgerechnet werden[3]).

Alle diese Verfahren eines Umrechnens gemessener Größen auf eine gemeinsame Basis, also einer ausgesprochenen Punktbezifferung ohne jeden besonderen Wertungsvorgang, scheiden hier aus. Ihre Bedeutung ist bereits an anderer Stelle gekennzeichnet worden.

Abgesehen hiervor kann als Wesen einer Punktwertung ferner angesehen werden:

2. Das Abwägen verschiedenartiger und -wertiger Einzelgrößen gegeneinander auf der Basis einer neutralen Maßgröße, also ein ausgesprochener Wertungsvorgang.

Hierbei sind nach der Ermittlung der Ausgangsgrößen wiederum zwei Möglichkeiten zu unterscheiden:

a) Die Ausgangsgrößen sind gemessen oder aus einem sonstigen Grund als völlig zuverlässig und korrekt anzusehen.

b) Die einzelnen Leistungskriterien sind subjektiv geschätzt, sind bewertet worden.

Im Fall b) ist dem subjektiven Schätzen und Werten doppelt Raum gegeben, einmal bei der Erfassung der Einzelgrößen, zum andern bei ihrer Zusammenfassung zu einem summarischen Leistungsausdruck, wie es auch bei a) erforderlich ist.

Ein praktisches Beispiel für a) finden wir in der sportlichen Mehrkampfwertung. Im leichtathletischen oder turnerischen Wettkampf werden die verschiedenen Einzelergebnisse, z. B. aus Lauf, Sprung und Wurf oder aus Zeiten und Fehlern usw., zusammengefaßt und zu einer summarischen Meßziffer (Punktzahl) vereinigt. Das ist nur auf dem Wege eines Abwägens und Wertens der gemessenen Einzelgrößen gegeneinander möglich.

Auch für b) finden wir Beispiele im Sport. Es sei nur an die Leistungserfassung bei allem Kunst- und Kampfsport erinnert. Hierbei kommt es nicht nur auf das „Wieviel" in Zeit oder Raum an, sondern daneben spielen

---

[3]) So erwähnt z. B. Berets (Das Entlohnungsproblem im Handel, a. a. O.) im Anschluß an Bloomfield das Beispiel eines amerikanischen Warenhauses, bei dem die Leistungen eines Auszeichners nach dem die geringste Zeit beanspruchenden Arbeitsvorgang (Auszeichnen eines Taschentuchs = 1 Punkt) beziffert werden.

künstlerische, ästhetische und sonstige mengenmäßig nicht erfaßbare Beurteilungsgesichtspunkte eine Rolle. Auch diese können nur durch ein subjektives Abwägen und Schätzen, durch ein Bewerten größenhaft berücksichtigt werden, so daß zu der wertenden Zusammenfassung der Einzelgrößen, wie bei a), noch das Bewerten der verschiedenen Leistungskriterien tritt.

Zwischen den beiden Möglichkeiten 2a und 2b scheint uns die für Zwecke betrieblicher Leistungskontrolle und Leistungsbeurteilung einzuhaltende Grenze der Zuverlässigkeit und Schätzungsgenauigkeit zu liegen. Eine Punktbewertung, wie sie unter 2b gekennzeichnet wurde, kann nicht mehr als eine Leistungs*messung* in dem von uns festgelegten Sinn einer *exakt fundierten*, größenhaften Leistungserfassung angesehen werden. Dazu ist die Gefahr der Willkür zu groß, spielt das Schätzungsmoment eine zu wesentliche Rolle. Im Sport ist allerdings dieses Verfahren möglich. Doch liegen die Dinge hier auch wesentlich anders. Einmal stehen hier in der Regel eine Reihe unabhängiger Einzelbewertungen nebeneinander (Schiedsrichter), die mehr oder weniger ausgleichend wirken; zum anderen sind die einzelnen Qualitätsmerkmale und Beurteilungsgesichtspunkte hier so genau bestimmt und nach Möglichkeit objektiviert[4]), daß dadurch eine weitgehende Übereinstimmung in der Bewertung garantiert wird. Diese Voraussetzungen fallen im Betrieb fort, die Methode 2b scheint uns daher hier nicht in Frage zu kommen.

Dagegen ist ein *einmaliges* Werten und Abwägen gegeneinander, wie es der Fall 2a erfordert, wesentlich unbedenklicher. Auf jeden Fall besteht hier die fehlerabschwächende Wirkung *dauernder Wiederholung*, so daß zumindest eine periodische Vergleichbarkeit gegeben ist. Infolge der dauernden Nachprüfungs- und Verbesserungsmöglichkeit scheint uns aber auch eine „absolute Maßstäblichkeit" durchaus erreichbar zu sein.

Darum beschränken sich die folgenden Ausführungen lediglich auf das unter 2a gekennzeichnete Verfahren.

Es soll an dieser Stelle jedoch nicht unterlassen werden, wenigstens auf einige Fälle hinzuweisen, in denen auch eine *Punktbewertung* der unter 2b gekennzeichneten Art für den Betrieb sinnvoll, ja sogar durchaus dienlich und wünschenswert sein kann. Wenn auch diese mit den hier verfolgten Zwecken nicht alle in unmittelbarem Zusammenhang stehen, so berühren sie sie doch zumindest mittelbar.

Als erstes sei auf den Aufbau einer objektiven, leistungsbetonten *Lohnskala* im Betriebe hingewiesen. Dabei wird weniger an eine Lohnkorrektur entsprechend den zeitlichen Leistungsschwankungen der Funktionsträger, als vielmehr an eine Abstufung des Grundlohnes gemäß den Arbeitsbedingungen und -anforderungen gedacht. Beides liegt sowohl im Einzel- als auch im Gemeinschaftsinteresse. Nun ist zwar eine derartige „leistungsbedingte Grundlohnstaffelung" auch in den offiziellen und allgemein verbindlichen Lohntarifen bereits bis zu einem gewissen Grad verankert. Der Betrieb kann von sich aus jedoch noch wesentlich weitergehen,

---

[4]) Es sei nur auf die verschiedenen Wettkampfbestimmungen für allen „Kunstsport" hingewiesen.

kann differenzieren, wo die Tarife nur Ansatzpunkte zeigen, allerdings unter der Voraussetzung, daß diese als Mindestgrenze eingehalten werden.

Wenn wir nach Vorschlägen und praktischen Beispielen dieser Art Ausschau halten, so müssen wir uns in erster Linie wiederum an Bedeaux halten, der die Arbeitsschätzungstafeln seinem Leistungsmeß- und Entlohnungssystem als charakteristisches Merkmal eingefügt hat.

Diese Wertungstafeln sind so aufgebaut, daß in der Vertikalen die Arbeitsanforderungen wie: 1. Vorbildung, Geschicklichkeit und Erfahrung; 2. Verantwortung und Geistesfähigkeit; 3. Physische Anforderungen und 4. Risiko, und diese im einzelnen wiederum unterteilt; in der Horizontalen die verschiedenen Anforderungsgrade: sehr niedrig bis mittel, hoch, sehr hoch bis maximum erfaßt werden. Die Bewertung geschieht derart, daß zunächst die Einzelanforderungen mit Höchstpunkten, entsprechend ihrem Gesamtgewicht, eingesetzt — z. B. in der Gruppe 1: Anlernzeit mit 12, praktische Fähigkeiten mit 23 Punkten und so fort — und diese jeweils auf die verschiedenen Anforderungsgrade aufgeteilt werden; z. B. von den 12 Punkten Anlernzeit 0—6 auf den niedrigsten, 7—10 auf den mittleren und 11—12 auf den höchsten Anforderungsgrad. An Hand dieses Schemas können alle Tätigkeiten im Betrieb einheitlich, gemäß ihren Anforderungen, bewertet und eingestuft werden. Aus den sich ergebenden Punktsummen lassen sich Tätigkeitsgruppen[5]) bilden, und damit ist ohne weiteres die Grundlage einer leistungsbedingten Lohnskala gegeben[6]).

Auch Michel[7]) schlägt eine ähnliche Arbeitswertung vor wie die soeben gekennzeichnete von Bedeaux, wenn er auch nicht ganz so differenziert und ins Einzelne gehend verfahren will wie jener.

Michel stellt als wichtigste Arbeitsanforderungen: Gütegrad, körperliche Arbeit, Milieuüberwindung und Wissensleistung auf und unterteilt diese, wo notwendig. Diese Einzelanforderungen bewertet er mit 1, 2 oder 3 Punkten, entsprechend dem jeweiligen Anforderungsgrad, und versieht sie mit einem Gewichtungsfaktor, entsprechend ihrer Bedeutung im Rahmen der Gesamtarbeit. Er kommt so ebenfalls zu einer Arbeitswertziffer für jede Tätigkeit. Diese will er nach einem bestimmten Äquivalenzschlüssel in Geldeinheiten umrechnen und so unmittelbar zu einem leistungsbedingten Lohnsatz kommen[8]).

Gewiß beruhen Arbeitsbewertungs- und Lohnklassifizierungsverfahren der gekennzeichneten Art[9]) vornehmlich auf subjektiver Schätzung,

---

[5]) Die International Harvester Comp. soll z. B. auf Grund einer derartigen „wissenschaftlichen Lohnskala" zu einer Aufstellung von 19 Lohngruppen gekommen sein (s. Artikel „Zeit- und Bewegungsstudien" in: Handbuch für Industrielle Werksleitung, S. 927 f.). Unteutsch erwähnt für Industriearbeiter 10 Lohnklassen (s. Das Bedeauxprinzip und seine Kritik, a. a. O.).

[6]) Zur näheren Orientierung sei auf die Abbildung einer Arbeitsschätzungstafel bei Unteutsch, a. a. O. S. 8, verwiesen.

[7]) S. Preisvorbereitung, Berlin 1932.

[8]) S. Preisvorbereitung, a. a. O. S. 64 ff.

[9]) Ferner sei auf das praktische Beispiel einer Arbeitsbewertung verschiedener Tätigkeitstypen der Maschinenindustrie verwiesen in: Maschinenbau 1936/21—22, S. 627 ff.

und damit ist notwendigerweise die Gefahr der Willkür verbunden. Jedoch geschieht diese Schätzung so differenziert und ins Einzelne gehend, ferner stehen so weitgehende Abwägungs- und Vergleichsmöglichkeiten zur Verfügung, daß sich ein grundsätzlicher Zweifel an der Zuverlässigkeit und Brauchbarkeit der ermittelten Ergebnisse wohl kaum aufrecht erhalten läßt. Zum Aufbau einer leistungsbedingten Lohnskala erscheint uns daher eine Punktbewertung der gekennzeichneten Art durchaus brauchbar.

Neben dem bisher gekennzeichneten kommen ferner Fälle vor, in denen auch die laufende Leistungskontrolle und die Lohnkorrektur entsprechend den Leistungsschwankungen der Funktionsträger mit Hilfe einer Punktbewertung durchgeführt werden. Das mögen die beiden folgenden Fälle beweisen:

Das erste Beispiel entstammt der Praxis der Oakland Motor Car Comp. und stellt den Versuch dar, mit Hilfe einer Punktbewertung zu einer gerechten Aufteilung von Gruppenlöhnen zu gelangen[10]:

Der Meister hat für jeden Arbeiter einer Gruppe eine Punktkarte zu führen. Auf dieser sind die Leistungen täglich, in Punkten bewertet, einzutragen. Dabei wird nach folgender Bewertungsvorschrift verfahren:

	Punkthöchstzahl
Frage 1: Arbeitet er gut?	25
Frage 2: Erfüllt er seine Aufgabe?	20
Frage 3: Sauberer und zuverlässiger Arbeiter?	15
Frage 4: Regelmäßig anwesend?	10
Frage 5: Arbeitet er gut mit anderen zusammen?	10
Frage 6: Geht er bereitwillig auf Anweisungen ein?	10
Frage 7: Nutzt er seine Arbeitszeit gut aus?	10

Die Ausfüllung dieser Punktkarte stellt einen Teil der täglichen Arbeitsaufzeichnungen des Werkmeisters dar. Der Monatsdurchschnitt der Punktkarte eines jeden Arbeiters entscheidet über seinen Anteil an der Gruppenprämie.

Wir haben hier also einen Fall vor uns, wo tatsächlich die laufende Leistungsbeurteilung für Zwecke der Lohnberechnung auf Grund subjektiver Schätzung geschieht. Die Willkürgefahr kann hier nicht fortgeleugnet werden. Ihr steht höchstens entgegen, daß sich im Lauf der Zeit auch im Rahmen dieser rein subjektiven Bewertung eine gewisse Regelmäßigkeit und Gleichförmigkeit einspielt, ferner bei zu großer Willkür sich der Einspruch der Betroffenen geltend macht.

Das zweite Beispiel zeigt die laufende Leistungskontrolle eines Chauffeurs[11]:

Jedem Chauffeur einer amerikanischen Großfirma werden monatlich 500 Leistungspunkte gutgeschrieben. Diese können vermehrt oder vermindert werden, je nach dem Befund des Vorgesetzten bei der täglichen Kontrolle von Fahrer und Fahrzeug. Hierbei werden: äußere Erscheinung des Zubringers, äußere und mechanische Verfassung des Fahrzeugs, Pünktlichkeit, Güte der

---

[10]) S. American Mashinist v. 9. 4. 1932.

[11]) Nach Berets, Das Entlohnungsproblem im Einzelhandel, a. a. O. S. 93 (Originalquelle: Greene, Principles and methods of retailing).

Ausführung aller aufgetragenen Lieferungen und Vorsicht beim Fahren zum Ausgangspunkt genommen und bewertet. Für ungünstige Werturteile werden Abzüge vorgenommen, günstige Urteile lassen die Punktzahl unverändert. Für besondere Leistungen, wie die richtige Ablieferung von Paketen mit unrichtiger Anschrift oder die Annahme vorgeschlagener Verbesserungen und ähnliches, werden dagegen Pluspunkte in Anrechnung gebracht.

Auch hier haben wir also den gleichen Versuch, Leistungskontrolle und Leistungsentlohnung auf der Basis subjektiver Schätzung durchzuführen. Grundsätzlich scheint uns jedoch diese Möglichkeit nur für den Einzelfall anwendbar zu sein.

Es ließen sich natürlich noch eine Reihe weiterer Fälle anführen, wo Punktbewertungen Hilfsmittel von Wirtschaftlichkeits- und Leistungsberechnungen sein könnten[12]) oder tatsächlich gewesen sind[13]). Jedoch entfernen sich diese alle mehr oder weniger von dem engeren Kreis der hier zu behandelnden Fragen interner Leistungskontrolle und unmittelbarer Verantwortungsrechnung der Betriebsglieder.

2. Die Leistungselemente als Grundlage der Leistungswertung.

a) Kennziffern als Mittel der Leistungskontrolle.

Die Zusammenfassung verschiedenartiger Leistungselemente oder -kriterien zu einem einheitlichen Leistungsausdruck setzt als erstes voraus, daß man sich über *wichtige und für die Beurteilung einer Leistung entscheidende Merkmale* sowie die *Möglichkeiten ihrer größenhaften Erfassung* klar wird. Das ist zweifellos im Rahmen einer individuell organisierten *Zweckgemeinschaft*, wie es der Betrieb ist, schwieriger als z. B. in Sport oder *Kunst*, wo es sich um selbständige, in sich abgeschlossene Einzelleistungen handelt. Hier sind die Leistungskriterien allgemein und grundsätzlich bestimmbar, während dort, infolge der individuellen Organisation, ein Ausgehen von dem Einzelfall, eine genaue Analyse der jeweiligen Aufgabenstellung und Verantwortung notwendig wird.

---

[12]) So macht z. B. Alford im Handbuch für Industrielle Werkleitung (s. Artikel: Organisation der Arbeit, S. 395) für die Kontrolle von Selbstkosten-, Buchhaltungs- und sonstigen Abteilungen der allgemeinen und kaufmännischen Verwaltung im Anschluß an Cartmell einen ganz ähnlichen Vorschlag, wie er in dem zuletzt erwähnten Fall der „Chauffeurkontrolle" gekennzeichnet wurde. Er will ebenfalls eine willkürlich gegriffene Zahl von Gutpunkten, z. B. 1000 im Monat, zum Ausgangspunkt nehmen und jeden vorkommenden Fehler entsprechend seiner Bedeutung in Punkten bewerten. Entsprechend stellt er für die Ermittlung des Arbeitswirkungsgrades die folgende Formel auf: $W = \frac{1000 - \text{Fehlerpunkte}}{1000}$.

[13]) Es sei z. B. verwiesen auf die Untersuchung der Hoover-Commission betr. the „Waste in Industry" im Jahre 1925. Hier wurde jeder Betrieb mit einem Punktgewicht versehen entsprechend seinem Verschwendungsgrad gegenüber einem für ihn möglichen, ebenfalls geschätzten Optimum der Organisation und Betriebsführung. Das ist eine Punktbewertung, die sich also über den ganzen Betrieb erstreckt und natürlich von dem Außenstehenden etwas kritisch betrachtet werden muß. Näheres s. Waste in Industry, New York 1925.

Dennoch sind auch im Betrieb die Schwierigkeiten nicht so groß, wie es im Anfang scheinen könnte. Einmal sind die zu erfüllenden Aufgaben der Art nach überall die gleichen, Unterschiede ergeben sich höchstens in der Gliederung und Verteilung. Ferner ist auch die Methode des Vorgehens, die Art der Aufgabenanalyse und der darauf aufbauenden Leistungserfassung, eine für alle Fälle übereinstimmende, so daß sich durchaus die Möglichkeit allgemeiner und grundsätzlicher Untersuchung ergibt.

Was im besonderen die Möglichkeit summierender, auf Einzelkriterien aufbauender Leistungswertung angeht, so kommt dieser eine Praxis sehr zustatten, die heute in den meisten Betrieben, auch bei wenig ausgebautem Rechnungswesen, gepflegt wird, das ist die Bildung von Kennziffern.

Kennziffern sind Verhältnisziffern eines Betriebes, die besondere Eignung zur Betriebsdurchleuchtung besitzen. Sie lassen, je nach ihrer Bildung, das Verhältnis von Aufwendungen zu Leistungen, von Teilaufwendungen zu Gesamtaufwand, von Beständen zu Erfolgen oder auch von Beständen untereinander erkennen und können auf diese Weise sowohl die jeweilige Betriebslage als auch die Betriebsentwicklung charakterisieren[14]).

Um Kennziffern in den Dienst einer Leistungskontrolle stellen zu können, ist Grundvoraussetzung, daß sie ein Bild verantwortlicher Betriebsführung geben. Sie müssen zu diesem Zweck von allen unbeeinflußbaren Außeneinwirkungen bereinigt sein.

Das ist grundsätzlich auf doppelte Weise möglich: einmal durch die Wahl des Vergleichsquotienten. Dieser muß, entsprechend den jeweiligen Außeneinflüssen, z. B. zeitlichen Marktschwankungen, staatlicher Anordnung usf. oder sonstigen der Verantwortung sich entziehenden Faktoren z. B. Organisation, Anweisung von vorgesetzter Instanz usw., bestimmt und auch veränderlich gehalten werden.

Ferner ist hierauf durch die Bestimmung der Verhältnisgrößen nach Art und Inhalt bereits bis zu einem gewissen Grad hinzuwirken, nämlich derart, daß zur Bildung ausgesprochener Kontrollkennziffern die jeweilige Aufgabenstellung, die dem einzelnen speziell zugewiesene Betriebsfunktion, zum unmittelbaren Ausgangspunkt genommen wird. Hierbei ist die erleichternde Möglichkeit zu berücksichtigen, daß grundsätzlich der Mehrzahl betrieblicher Leistungen in doppelter Weise Ausdruck verliehen werden kann: sowohl positiv als auch negativ, sowohl durch Ausbringung als auch Einsatz. Im ersten

---

[14]) Auf Bildung und Bedeutung von Kennziffern kann hier nicht näher eingegangen werden. (S. hierzu Momburg, Betriebskontrolle und Kennziffern, Betriebswirtschl. Blätter 1937, Heft 1/2, S. 35 ff.) — Kennziffern sind betriebswirtschaftliche Meßmethoden an sich und haben ein überaus weites Anwendungsgebiet. Ihre Anwendung in der Punktwertung ist nur eins von diesen und wohl das von geringster Bedeutung. Für die Punktwertung allerdings und die Bildung von Punktziffern als Ausdruck von Leistungselementen sind sie unentbehrlich.

Fall kommt es auf das möglichst Viel, im zweiten dagegen auf das möglichst Wenig an[15]).

Wenn man unter den angedeuteten Gesichtspunkten eine Aufgabenanalyse im Betrieb durchführen wollte, so würde man für die einzelnen Funktionsgebiete zu ganz verschiedenen Kennziffern kommen, würde z. B. für den Einkauf andere wie für den Verkauf, für die Produktion andere wie für den Vertrieb ermitteln, usw. Eine nähere Untersuchung würde jedoch zeigen, daß diese nahezu alle auf einen einheitlichen Nenner gebracht werden können, nämlich den der Aufwandsgliederung, der Aufwands-Leistungs- oder den der Soll-Ist-Beziehung[16]). Dabei muß berücksichtigt werden, daß Aufwand und Leistung sowohl wert- als auch mengenmäßig bezifferbar sind, daß sich ferner der Leistungsmaßstab völlig nach Abteilungsart und -charakter richten muß und entsprechend sehr verschiedenes Aussehen haben kann. Leistungsgröße kann z. B. auf der einen Seite die Ausbringungsmenge, die Anzahl der gefertigten Stück usw., kann auf der anderen aber ebensogut die Produktions- oder Arbeitszeit, der Raumumfang, die Beschäftigtenzahl oder ein Ertragswert sein[17]). Es kommt immer darauf an, die kostenbestimmende und nach Möglichkeit auch kostenproportionale Leistungseinheit ausfindig zu machen[18]).

Betrachten wir z. B. unter den angeführten Gesichtspunkten der Kennziffernbildung kurz den Aufgabenkreis der Fertigung, der industriellen Produktion. Welche Merkmale und Kennziffern könnten zur Leistungsbeurteilung der Produktionsleitung, insbesondere des Betriebsingenieurs, des Werkstatt- oder Abteilungsleiters, Maschinenmeisters oder eines sonstigen höheren oder niederen Funktionsträgers des engeren betrieblichen Instanzenbaus herangezogen werden?

Als Aufgabe der Produktionsleitung ist in erster Linie die Sorge für qualitativ gute, sparsame und pünktliche Betriebsleistung anzusehen. Als Kriterium für die qualitative Brauchbarkeit des Produkts wäre z. B. die Anzahl der Kundenreklamationen, der

---

[15]) S. hierzu die folgenden Beispiele, S. 64 ff.

[16]) Für Lager- und Finanzabteilung kommen evtl. auch Bestandskennziffern in Frage.

[17]) Es wird hier z. B. an den Verkauf, ferner an Abteilungen wie die Grundstücks- und Gebäudeverwaltung, das Lohnbüro, die Wohlfahrtsabteilung und sonstige Verwaltungsabteilungen gedacht.

[18]) Vergl. hierzu auch Nicklisch, Wirtschaftlichkeitsmessung. Die Betriebswirtschaft 1932, S. 53 f. Nicklisch stellt für die betriebliche Wirtschaftlichkeitsmessung die folgenden drei Größenverhältnisse als maßgeblich fest:

1. $\frac{\text{wirkliche Leistung}}{\text{Normleistung}} \quad \frac{L\,w}{L\,n}$ 2. $\frac{\text{wirkliche Leistung}}{\text{wirklicher Aufwand}} \quad \frac{L\,w}{A\,w}$

3. $\frac{\text{Ertrag}}{\text{Aufwand.}}$ Die Größen 1 und 2 sieht er mengen-, 3 wertmäßig.

Auch diese drei Verhältnisziffern lassen sich auf den von uns herausgestellten gemeinsamen Nenner der Aufwands-Leistungs- oder der Soll-Ist-Beziehung bringen.

Rücklieferungen nachgelagerter Abteilungen oder der Ausschußmeldungen besonders eingeschalteter Kontrollstellen geeignet; die Sparsamkeit wäre nach dem Material- (insbesondere Ausschuß und Abfall), Lohn- (Überstunden-, Ausschuß-, Nacharbeitelöhne) und dem vielfach recht beträchtlichen Gemeinverbrauch zu messen. Für die Lieferungspünktlichkeit schließlich könnte die Zahl der Kundenmahnungen, die Dauer der Terminüberschreitungen bzw. der im Betrieb verursachten Wartezeiten zum Maßstab genommen werden. Von diesen absoluten Maßstäben ausgehend ließen sich bereits eine Reihe von Kontrollkennziffern entwickeln. So könnten die Meßziffern für die Produktqualität durch Inbeziehungsetzen zur Gesamtproduktion, zum Absatz oder auch zu Materialeinsatz oder Lohn zu „Qualitätskennziffern" gemacht werden, so könnten aus den Verbrauchsgrößen durch Beziehen auf die Produkteinheit oder auch durch das Beziehen aufeinander: z. B. Brutto: Nettoverbrauch, Ausschuß bzw. Abfall zu Gesamtverbrauch usw., Sparsamkeitskennziffern gebildet werden, und so wäre schließlich für Lieferungspünktlichkeit und Terminüberschreitungen in der Gesamtauftragszahl oder der Gesamtproduktion eine geeignete Bezugsgröße zu finden.

Auf eine Kontrollkennziffer sei noch mit ein paar Worten besonders eingegangen, das ist der Fixkostensatz, der Anteil der festen an den Gesamtkosten. Hierin hat vor allem der Amerikaner Clark einen für die Leistungsbeurteilung der Produktionsleitung entscheidenden und vornehmlich zu berücksichtigenden Kontrollmaßstab gesehen. Er hat geglaubt, hierin den „index of managerial efficiency", das Barometer des Wirkungsgrades „with which management performs its task of eliminating idleness" gefunden zu haben[19]). Das ist zwar bis zu einem gewissen Grad zutreffend; und ebensowenig ist zu bezweifeln, daß die Beeinflussung und Niedrighaltung der Kapazitätskosten ein wichtiges und auch spezifisches Betätigungsfeld der Produktions-, daneben auch der Geschäftsleitung ist. Auf der anderen Seite ist jedoch zu berücksichtigen, daß sich gerade in der Fixkostenbelastung die Einflüsse des Marktes, die Konjunktur-, Saison- und sonstigen zeitlichen Beanspruchungsschwankungen auswirken, für die der Betrieb nur sehr bedingt verantwortlich gemacht werden kann. Diese Kennziffer bedarf daher zumindest ganz besonders vorsichtiger Anwendung und Auswertung. Abgesehen hiervon scheint uns aber ferner kein Grund vorzuliegen, sie so nachdrücklich hervorzuheben und zu unterstreichen. Gewiß ist die Kostenanpassung an die Beschäftigungsschwankungen eine nicht zu verkennende Aufgabe der Betriebsleitung. Hinter ihr steht jedoch die Überwachung von Materialeinsatz und Zeitverbrauch, das Trachten nach ständiger technischer und organisatorischer Verbesserung des Produktionsablaufs und ähnliche Aufgaben, wie sie sich auch unabhängig von Beschäftigungsschwankungen ergeben, keineswegs zurück.

Ähnlich wie für die Produktion kann auch für die weiteren betrieblichen Funktionskreise vorgegangen werden, um

[19]) The Economics of Overhead Costs, Chicago 1923, S. 251.

Kontrollkennziffern für die jeweilige Abteilungsleitung zu gewinnen. Denken wir z. B. an den **Einkauf**. Als Aufgabe des Einkaufs kann vor allem die Sorge für möglichst **preiswerte** und **rechtzeitige** Beschaffung **brauchbaren** Materials angesehen werden. Maßstab für die Preiswürdigkeit könnte z. B. der bezahlte Preis je Mengeneinheit, die periodischen Materialbezugskosten im Vergleich zur Vorperiode unter der Annahme gleicher Mengen oder irgendein betrieblicher Materialbeschaffungsindex sein. Für die rechtzeitige Disposition wäre in Zahl und Dauer der auf Materialmangel zurückzuführenden Produktionsunterbrechungen im Verhältnis zur Gesamtproduktionszeit oder auch in dem durchschnittlichen Lagerbestand je Periode[20]) ein Maßstab zu finden; zur Beurteilung der Produktgüte schließlich könnten wiederum Abfall- und Ausschußziffern herangezogen werden.

Auf diese und ähnliche Weise lassen sich verhältnismäßig leicht für die Mehrzahl aller betrieblichen Funktionskreise Kontrollkennziffern aufstellen. Inwieweit diese für eine Leistungsbeurteilung geeignet sind, ist weitgehend einmal von der gewählten **Bezugsgröße** für die absoluten Aufwands- bzw. Leistungsgrößen, ist ferner von der Korrektheit und Zuverlässigkeit der **Vergleichsquotienten** abhängig.

b) Beispiele.

Die vorhergehenden Ausführungen seien nachstehend durch einige praktische Beispiele ergänzt und veranschaulicht.

Als erstes sei ein Beispiel von Bösel herangezogen, der die hier gekennzeichnete Methode einer auf Einzelkriterien aufbauenden, summierenden Leistungswertung besonders betont und nachdrücklich vertreten hat[21]).

Bösel will z. B. die Leistungen von **Werkstattleitern und Maschinenmeistern** an Hand der folgenden Kennziffern messen:

1. Akkordwirkungsgrad,
2. Ausschußgrad,
3. Nacharbeit,
4. Unkostenentwicklung,
5. Beschäftigungsabfall.

Den Akkordwirkungsgrad will er als „das Prozentverhältnis des Akkordlohnes zum Gesamtlohn",

den Ausschußgrad als das: Verhältnis von Gesamtausschuß zu Gesamtakkord des Betriebes, anteilig für die Abteilung berechnet,

die Löhne für Nacharbeit in Prozent zu den Gesamtakkordlöhnen der Abteilung,

die Unkostenentwicklung durch das: Verhältnis der Gemeinkosten zu den Akkordlöhnen und schließlich

---

[20]) Zu früher Einkauf bedeutet zu hohe Bestände und damit Zinsverlust.

[21]) S. Faktor Mensch in der Wirtschaft, Stuttgart 1933; s. ferner auch „Durchsetzung des Leistungsprinzips in Wirtschaft und Verwaltung", Denkschrift der Vela, a.a.O., (bearbeitet unter Vorsitz von Bösel).

die Werkbeschäftigung als das Prozentverhältnis von tatsächlichem zu höchst erreichtem Monatsliefertwert (daher Beschäftigungsabfall) dargestellt wissen.

Einer besonderen Erwähnung bedarf kurz die Kennziffer 1: der Akkordwirkungsgrad. Durch Einbeziehen dieses Faktors wird versucht, von der Seite der Entlohnung auf eine möglichst günstige Kostengestaltung hinzuwirken. Diesem Versuch liegt die Überlegung und auch praktische Erfahrung zugrunde, daß eine Akkordentlohnung infolge des hiermit verbundenen größeren Leistungsanreizes in der Regel zu einer höheren Ausbringung führt als Zeitlohn. Werkstattmeister, Abteilungsleiter oder sonstige vorgesetzte Instanzen im Betrieb haben nun zweifellos entscheidenden Einfluß auf die Art der Entlohnung innerhalb ihres Verantwortungsbereiches. Namentlich bei Einzel- und häufig wechselnder Serienfertigung wird das von praktischer Bedeutung. Hier kann die laufend notwendig werdende Neufestsetzung von Akkordvorgaben sehr leicht zu einer Beibehaltung des wesentlich einfacheren Zeitlohnes führen. Unter diesem Gesichtspunkt scheint die Einbeziehung einer Kontrollziffer der gekennzeichneten Art durchaus angebracht zu sein[22]).

Mit wenigen Worten sei ferner auf die Kennziffer 5: den Beschäftigungsabfall verwiesen. Durch diesen Faktor wird ein Gesichtspunkt in die Leistungskontrolle mit einbezogen, der zu dieser nur in sehr loser Berührung steht, das ist die schicksalhafte Verbundenheit des einzelnen mit dem Gesamtbetrieb. Natürlich sind auch Fälle denkbar, in denen die einzelne Abteilungsleitung von sich aus die Beschäftigung nachhaltig beeinflussen kann, sei es durch die Auftragsdisposition, durch die Personal- und Arbeitsorganisation und dgl. mehr. Diese Möglichkeiten sind jedoch verhältnismäßig beschränkt, abgesehen davon, daß sie vielfach auch gar nicht im Rahmen der Anordnungsbefugnis des einzelnen liegen, sondern der Geschäftsleitung oder zumindest übergeordneten Instanzen vorbehalten sind. Im allgemeinen sind die in Marktveränderungen und Absatzstockungen begründet liegenden Beschäftigungsschwankungen als weitgehend unbeeinflußbar anzusehen.

Darüber, ob man ethische, soziologische oder erzieherische Gesichtspunkte, wie den zuvor gekennzeichneten, in eine Leistungsberechnung einbeziehen soll, könnte man grundsätzlich verschiedener Ansicht sein. Das Streben nach einem möglichst reinen und absoluten Leistungsbild spricht sicherlich dagegen. Wenn man jedoch bedenkt, daß der Leistungsmessung in der Regel eine Leistungsentlohnung folgt und hierbei wohl unbestreitbar die Gedanken der Schicksalsgemeinschaft und der Risikobindung an den Betrieb in den sozial tragbaren Grenzen zu berücksichtigen sind, so könnte man unseres Erachtens damit einverstanden sein.

Die drei übrigen Kennziffern zeigen keine Besonderheiten. Wir haben hierin je eine Kontrollziffer für den Material-, den Lohn- und den Gemein-

---

[22]) In ähnlicher Weise wird z. B. auch bei dem Dyer-Kontrollsystem verfahren (benannt nach dem Präsidenten der amerikan. Dyer Engineers Inc. S. Bodelschwingh, Leistungsbelohnung im amerikanischen Betrieb, a. a. O.). Hier wird die abgeleistete Arbeitszeit getrennt nach „gemessenen Minuten" und „Minuten außer Dyer", d. s. im Stundenlohn abgegoltene Zeiten, geführt. Nach dem Verhältnis von schwarzen (d. s. im Leistungslohn bezahlte) zu roten (im Stundenlohn abgegoltene) Einheiten bekommen die Meister eine Prämie. Auch hier wird also in gleicher Weise versucht, die Einführung des Leistungslohnes zu überwachen und zu fördern.

verbrauch vor uns in weitgehender Übereinstimmung mit unseren Ausführungen weiter oben.

Als 2. sei ein Beispiel von Seim gebracht, der ebenfalls den Gedanken der Kennziffernbildung und -auswertung für Zwecke der Leistungskontrolle verfolgt und auch in die Praxis umgesetzt hat[23]). Seim stellt z. B. als Leistungsmaßstab für Werkmeister und Abteilungsleiter die folgenden 8 Kennziffern auf:

1. Produktive Stunden: a) Hilfsstoffen;
b) Hilfslöhnen;
c) inneren Aufträgen;
d) Nacharbeit und Ausschuß.

2. Ausbringung: a) Bestand der Fabrikationskonten;
b) Gesamtstunden;
c) Gewährleistungen;

3. Gesamtstunden: Gehälter und Schreiberlöhnen.

Er sagt selber dazu: „Gemessen wird die Ersparnis . . .", und zwar „nicht die absoluten Zahlen, sondern das Verhältnis von Leistung zu Verbrauch".

Wie die vorstehenden Kennzahlen zeigen, werden als Maßstab der „Leistung":

1. die produktiven Stunden (Ziffern 1—4) (der Lohn wird als Leistungsmaßstab vermieden, um Tarifänderungen auszuschalten);
2. die Ausbringung (Ziffern 5—7);
3. die Gesamtstunden (Ziffer 8) gewählt.

Als „Verbrauch" werden diesen die von den Abteilungsleitern unmittelbar beeinflußbaren Kostenarten wie: Hilfsstoffe, Hilfslöhne usw. gegenübergestellt (s. die Nenner der Ziffern 1—8).

Die Kennziffern 1—4 dürften ohne weiteres einleuchtend sein. Durch die Bildung der Verhältnisziffer 5 soll ein Druck auf die Lagerhaltung in Richtung möglichst hoher Durchlaufsgeschwindigkeit der Produkte und entsprechender Niedrighaltung der Zinskosten ausgeübt werden.

Die Kennziffer 6 wird als Maßstab für den primär von der Produktion abhängigen Gestehungspreis des Fabrikates (unbeeinflußt von konstruktiven und tariflichen Änderungen) einbezogen.

Die Ziffern 7 und 8 sind als spezifische Kontrollkennziffern der vorliegenden Produktionsverhältnisse anzusehen.

Dieses Beispiel interessiert vor allem deswegen, weil die angeführten Kontrollkennziffern, wenigstens die Ziffern 1—4 und diese noch ergänzt durch das Größenverhältnis: Ausbringung/Gesamt-Abteilungskosten zur Leistungsmessung nicht nur des einzelnen Abteilungsmeisters, sondern darüber hinaus auch des ihm vorgesetzten Betriebsingenieurs dienen. Über- und nachgeordnete Instanzen werden also durch das gleiche Ziffern-

[23]) S. Seim, Kostensenkung durch Prämien für Betriebsangestellte; Werkstattechnik 1931/15, S. 369 ff.

material kontrolliert. Dadurch wird die gesamte Leistungsberechnung erheblich vereinfacht. Seim erwähnt auch z. B., daß die auf vorstehenden Kennziffern aufbauende Leistungsmessung von 26 Betriebsleitern und 65 Meistern in dem ihm vorliegenden praktischen Fall von einem Angestellten der statistischen Abteilung in monatlich etwa fünftägiger Arbeit bewerkstelligt wird, eine Zeit, die allerdings in ihrer Kürze überrascht und einen praktisch kaum fühlbaren Aufwand darstellen dürfte.

Im übrigen bringt auch dieses 2. Beispiel nichts grundsätzlich Neues. Die Kennziffern stimmen nach Art und Inhalt mit den vorerwähnten allgemeinen Gesichtspunkten überein. Es sind Kontrollziffern der Kostenökonomie, des Material- und Zeitverbrauchs. Daß entsprechend den spezifischen Produktionsverhältnissen einige ausgefallenere Verhältnisgrößen darunter sind (so z. B. Ziffer 7) ist durchaus natürlich und verständlich.

Als 3. Beispiel sei schließlich noch eine Kennziffernaufstellung eines amerikanischen Praktikers gebracht[24]), die ebenfalls als Grundlage und Ausgangspunkt einer Leistungskontrolle dient.

Hier sind zunächst, für alle Produktionsabteilungen in gleicher Weise, 6 allgemeine Beurteilungsgesichtspunkte zur Kontrolle der Abteilungsleitung aufgestellt worden, nämlich:

1. scrap,	5. special items,
2. expense labor,	4. maintenance,
3. expense supplies,	6. incentive earnings.

Die Kennziffern werden durch Gegenüberstellung der absoluten Größen zu einem ermittelten „Soll" gebildet.

Die Punkte 1—4 dürften ohne weiteres klar sein.

Als „special items" werden spezifische Leistungskriterien der einzelnen Abteilungen erfaßt, so z. B. Unfallhäufigkeit, Irrtümer beim Versand, Kundenretouren infolge mangelhafter Waren, unpünktliche Lieferungen usw.

Punkt 6 „incentive earnings" entspricht dem Akkordwirkungsgrad im Beispiel 1; zumindest liegt in beiden Fällen der gleiche Gedanke zugrunde, nämlich auf weitgehende Einführung der Leistungsentlohnung hinzuwirken. Im übrigen wird im vorstehenden Beispiel so verfahren, daß zunächst die Verantwortlichkeit der verschiedenen Abteilungen für die einzelnen Kontrollziffern festgestellt und auf einer Tabelle (Verantwortungsskala) kenntlich gemacht wird. Diese ist der unmittelbare Ausgangspunkt der laufenden Leistungsberechnung für die Abteilungsleitung.

Auch hier finden wir also wiederum weitgehende Übereinstimmung mit den vorhergehenden Ausführungen und Beispielen. Material, Lohn, Hilfsstoffe und Instandhaltung, also die Kosten, die besonders abteilungsmäßiger Beeinflussung unterliegen, werden zum Leistungsmaßstab gemacht.

---

[24]) S. Steele, Bonus for supervisors too; Ind. a. Factory Management 1933, S. 494 f.

Was abgesehen von der Produktion, die bisher im Vordergrund gestanden hat, die übrigen betrieblichen Funktionskreise angeht, so ließen sich auch für diese eine Reihe von praktischen Beispielen und Vorschlägen anführen. Namentlich Bösel hat in dieser Hinsicht wertvolle Vorarbeit geleistet[25]). Er hat wichtige Leistungsgesichtspunkte für eine Reihe betrieblichr Funktionskreise zusammenzustellen und entsprechende Kennziffern zu bilden gesucht, so z. B. für die Konstruktions-, die Einkaufs-, die Voranschlags- und Offertabteilung, usw. Er bleibt also keineswegs nur bei den Grundfunktionen: Einkauf, Produktion, Absatz, stehen, sondern nimmt auch das wesentlich schwierigere Gebiet der Verwaltungsfunktionen in Angriff.

Auch Seim beschränkt sich keineswegs nur auf die Produktionsabteilungen im engeren Sinn, sondern bezieht darüber hinaus auch die Hilfsbetriebe, wie z. B. Krafterzeugung und Förderwesen, ferner auch die Lagerleitung und -disposition, in die Leistungskontrolle ein.

Die Lagerleitung will er z. B. durch folgende Kennziffern kontrolliert wissen:

1. Lagerbestand/Lagerausgang (als Maßstab der Durchlaufsgeschwindigkeit);
2. Löhne und Gehälter des Lagerpersonals/Lagerausgang;
3. Verwaltungskosten/Lagerausgang;
4. Verursachte Schäden und Verluste/Lagerausgang.

Als einheitliche Bezugsgröße wird also der Lagerausgang gewählt und diesem die verschiedenen beeinflußbaren Aufwandsgrößen gegenübergestellt.

Es ist interessant, diesen z. B. die von der Vela für eine Lagerkontrolle aufgestellten Meßziffern gegenüberzustellen:

1. Zahl der Materialfehlmeldungen vom Verkaufslager usw. bei gangbaren Materialien (als Maßstab der rechtzeitigen Anforderung bzw. Eindeckung);
2. Wert-Verluste durch Lagerung in % der Gesamt-Bestände (als Maßstab für die technische Durchführung der Lagerung);
3. Bestände und Abnahmeverpflichtungen zu Umsatz bzw. Produktion (als Maßstab für den Lagerbestand);
4. Wert der abzubuchenden Lagerdifferenz in % der Gesamtbestände oder Abweichung des Inventurbestandes vom Buchsaldo (als Maßstab für Lagerüberwachung und -kontrolle);
5. Verwaltungs- und Transportkosten in % zum Bestandswert (als Maßstab für den Materialtransport);
6. Zahl der an Lieferanten gemeldeten Beanstandungen in % der Gesamteingänge (als Maßstab für die eingehenden Materialien).

---

[25]) S. Faktor Mensch in der Wirtschaft, a. a. O., vor allem auch: Durchsetzung des Leistungsprinzips in der Wirtschaft, Denkschrift der Vela a. a. O. Ferner: Prämien im Betrieb; Maschinenbau, Bd. 12, Nr. 7/8. Arbeitsvorbereitung in der Massenfabrikation des Apparatebaus; Maschinenbau, Bd. 11, Nr. 4.

Weitgehend decken sich die Leistungsgesichtspunkte. Ein gewisser Unterschied ergibt sich allerdings daraus, daß im Fall 1 lediglich auf Kosten abgestellt wird, während im Fall 2 mehr den eigentlichen Gründen und letzten Ursachen nachgegangen ist. Das ist insofern zweckmäßiger, als sich in den Kosten immer auch unbeeinflußbare Außenwirkungen geltend machen können, die aus einer reinen Leistungskontrolle und Verantwortlichkeitsrechnung auszuschalten sind. Insofern macht der Vorschlag 2 den Eindruck einer eingehenderen und günstigeren Aufgabenerfassung. Weitere Unterschiede ergeben sich natürlich aus der zugrundegelegten Aufgabenverteilung und Zuständigkeitsabgrenzung (s. z. B. Kennziffer 6 im Fall 2). Im übrigen erscheinen aber beide Beispiele durchaus verständlich und einleuchtend.

3. Zusammenfassung und Gewichtung der Leistungselemente.

Nachdem vorstehend die Frage der Bestimmung und Erfassung von Leistungselementen, so weit in diesem Rahmen möglich, erörtert worden ist, steht nunmehr die eigentliche Kernfrage der hier zu behandelnden Methode der Leistungswertung zur Diskussion, das ist die Zusammenfassung der verschiedenen Leistungselemente zu einem summarischen Leistungsausdruck, also die Punkt„wertung" im eigentlichen und engeren Sinn.

Diese umschließt grundsätzlich ein Doppeltes:

1. die einheitliche Bezifferung, das Umrechnen der verschiedenen Leistungsgrößen auf einen einheitlichen Nenner;
2. zwangsläufig hiermit verbunden, das Abwägen der verschiedenen Leistungselemente gegeneinander, die Gewichtung.

Beides geht weitgehend Hand in Hand und ist daher in der Art der Durchführung kaum voneinander zu trennen.

Die einheitliche Bezifferung setzt zunächst die Bestimmung der gemeinsamen Maßgröße, der Punkteinheit, voraus. Hierbei muß grundsätzlich von dem Soll, von dem erwarteten Leistungsmaß, ausgegangen werden. Dieses bildet den festen Ausgangspunkt, wie er zur Bestimmung jeder Maßeinheit erforderlich ist.

Damit streifen wir in diesem Zusammenhang den bereits wiederholt erwähnten „Vergleichsquotienten"[26]). Dieser hat, seiner Aufgabe und Zielsetzung nach, den Charakter der Leistungsvorgabe.

Als Leistungssoll stehen für den Kennziffernvergleich grundsätzlich Größen zweierlei Art zur Verfügung, nämlich:

1. bewegliche, zeitabhängige Größen (Ist vergangener Perioden);
2. feststehende Normen (Erfahrungsdurchschnitt mehrerer Perioden oder auch durch Analyse und Ursachenforschung exakt ermittelte Soll-Größen).

[26]) S. S. 61 und 64.

Im Interesse zuverlässiger Leistungsbeurteilung sind die ersten nach Möglichkeit zu vermeiden. Das Ist der Vergangenheit ist viel zu sehr vom Zufall und vom persönlichen Einfluß des Arbeitsträgers abhängig, als daß es ein korrekter Kontrollmaßstab sein könnte. Man läuft hierdurch Gefahr, sowohl der jeweiligen Abteilungsleistung nicht voll gerecht zu werden, als auch, diese an ihrem eigenen Schlendrian zu messen. Wir wollen uns aber keineswegs verhehlen, daß auch eine „Norm" der gekennzeichneten Art durchaus nicht einen Idealmaßstab für die innerbetriebliche Leistungskontrolle darstellt. Eine derartige Norm kann immer nur von den durchschnittlichen Betriebsvoraussetzungen und Produktionsbedingungen ausgehen, aber keinesfalls dem Einzelfall voll gerecht werden. In der weitgehend möglichen Ausschaltung von Willkür und Zufall liegt zwar ein erheblicher Fortschritt gegenüber Ist-Größen, in der mangelnden Anpassung an die jeweiligen Voraussetzungen des Einzelfalls (hier der Kontrollperiode) bleibt aber ein nicht fortzuleugnender Mangel bestehen.

Die folgenden Beispiele werden beide Möglichkeiten zeigen.

Die Punktbezifferung auf der Basis einer der vorstehend gekennzeichneten Soll-Größen kann grundsätzlich in mehrfacher Weise erfolgen. Zunächst lassen sich die beiden folgenden Möglichkeiten unterscheiden:

a) das Umrechnen über die Basis 100;
b) das völlig freie Anlehnen der Punktgrößen an die Ausgangszahlen.

Im Fall a) bekommt die Punktwertung den Charakter einer Prozent- bzw. Indexrechnung, im Fall b) ist sie dagegen völlig freie Leistungswertung.

Punktbezifferung auf der Basis 100 besagt, daß das Ist der Vergangenheit oder die ermittelte Vergleichsnorm, je nachdem, welcher Art das „Soll" ist, mit 100 Punkten bewertet und das jeweilige Ist als entsprechende Verhältnisgröße hierzu bestimmt wird. Der jeweilige Leistungsgrad ergibt sich also in %. Ein Leistungs-Ist von 94 Punkten bedeutet einen Leistungsgrad von 94 %.

Eine Punktbezifferung auf der Basis 100 ist grundsätzlich auf zweierlei Weise möglich:

1. Die einzelnen Leistungselemente werden in % ihrer Norm beziffert und diese %-Ziffern auf einer gemeinsamen 100-Basis gegeneinander abgewogen;
2. die für die Einzelelemente ermittelten Normen werden auf der Basis 100 gegeneinander abgewogen und auf diese Weise Punktäquivalenzziffern ermittelt. Diese brauchen lediglich mit den jeweiligen Ist-Größen multipliziert zu werden, um zu den gewünschten Punktwerten zu gelangen.

Beide Möglichkeiten seien kurz an Hand von Beispielen veranschaulicht.

Zur Kennzeichnung der Methode 1 wird wiederum das bereits erwähnte Beispiel von Seim[27]) herangezogen.

---

[27]) Seim, Kostensenkung durch Prämien für Betriebsangestellte, a. a. O.

Seim verfährt derart, daß monatlich die bereits angeführten und erläuterten Kennziffern[28]) für die einzelnen Abteilungen ermittelt, zu dem entsprechenden Monatsmittel des Vorjahres (als Soll!) in Beziehung gesetzt und die sich daraus ergebenden %-Ziffern in die Leistungsberechnung eingesetzt werden. Ferner werden die einzelnen Leistungselemente auf der Basis 1 bzw. 100 gegeneinander abgewogen, die laufend ermittelten Einzelprozente mit den so festgestellten Gewichtungsfaktoren auf eine Teilgröße von 100 reduziert, wodurch sich die Gesamt-Ist-Leistung laufend als %-Größe ergibt.

Die monatliche Leistungsberechnung für einen Abteilungsleiter hat entsprechend das folgende Aussehen:

Kennziffern	Gewichtungsfaktoren I.	Lfd. Monat in % des Vorjahrs II.	Punktwerte III.
1. Prod. Std./Hilfsstoffe	0.15	86.5	12.98
2. Prod. Std./Hilfslöhne	0.15	104.3	15.57
3. Prod. Std./Innere Auftr.	0.15	99.6	14.94
4. Prod. Std./Nacharbeit u. Ausschuß	0.20	101.2	20.24
5. Ausbring./Best. d. Fabrikationskonten	0.10	66.9	6.69
6. Ausbring./Gesamtstunden	0.10	79.0	7.90
7. Ausbring./Gewährleistg.	0.05	71.9	3.60
8. Gesamtstd./Geh. u. Schreiberlöhnen	0.10	85.8	8.58
		Summe:	90.50

Es ist also ein Leistungsgrad von 90.5 % bzw. ein Minus von 9.5 Punkten gegenüber der erwarteten Leistung für die Abteilungsleitung ermittelt worden.

Der vorstehenden Berechnung dürfte nichts hinzuzufügen sein. Sie erscheint einleuchtend und klar. Vor allem sei auf die Differenzierung in den Gewichtungsfaktoren hingewiesen, die sehr deutlich die entscheidenden Kostengesichtspunkte und Haupteinflußmöglichkeiten der Abteilung erkennen läßt[29]).

Den angeführten sei nunmehr ein Beispiel gegenübergestellt, das die %-Bezifferung der Einzelelemente umgeht und lediglich mit Punktäquivalenzen — aber ebenfalls auf der gemeinsamen Basis 100 gebildet

---

[28]) S. S. 66 f.

[29]) Nach dem gleichen Prinzip wie im vorstehenden Beispiel wird z. B. auch bei der folgenden, von Lytle und Roe im Handbuch für Industrielle Werkleitung angeführten (s. Art.: Lohnberechnung, S. 1025 ff.) Güteberechnung für Zellstoffkocher verfahren.

Zur Qualitätsbeurteilung werden hier die folgenden Gesichtspunkte herangezogen: 1. Temperatur, 2. Farbe, 3. Zeit, 4. Druck.

Für jeden Einzelnachweis wird zunächst die Norm ermittelt, diese mit 100 Punkten bewertet und das Ist laufend im Verhältnis hierzu ausgedrückt, so z. B. für 1 Grad Temperaturabweichung 5 Punkte, für eine Schattierungsabweichung 10 Punkte, für jede Minute Kochzeitabweichung 1 Punkt in Anrechnung gebracht usw.

Dem angeführten sei nunmehr ein Beispiel gegenübergestellt, das die %-Bezifferung der Einzelelemente umgeht und lediglich mit Punktäquivalenzen — aber ebenfalls auf der gemeinsamen Basis 100 gebildet — arbeitet. Zu diesem Zweck wird auf das bereits an anderer Stelle erwähnte amerikanische Beispiel der Leistungskontrolle zurückgegriffen[30]).

Der leichteren und besseren Übersicht halber sei das folgende Zahlenschema vorausgeschickt:

Item	A Annual Cost	B % of Total	C Ultimate Reduction	D Point Base	E (BxD) Points alloted	F Nominal Std. for. month.
1. Expense Labor	10 000	50	20	500	250	1 000
2. Expense supplies	5 000	25	10	1 000	250	500
3. Maintenance	5 000	25	33 ⅓	300	75	400

	G Actual Expense	H % Reduction	I (ExH) Points attained
1. Expense Labor	900	10	+ 25
2. Expense supplies	400	20	+ 50
3. Maintenance	440	— 10	— 7.5
			67,5

Auf Grund vorstehenden Schemas läßt sich auf folgenden Rechnungsgang schließen:

Ferner werden die einzelnen Qualitätsmerkmale auf der Basis 100 gegeneinander gewogen, hierbei ist z. B.

für Temperatur	der Faktor	50
für Farbe	der Faktor	35
für Kochzeit	der Faktor	10
und für Druck	der Faktor	5
	insgesamt	100

angesetzt worden. Die laufend ermittelten Ist-Prozente werden mit diesen Gewichtungsfaktoren multipliziert. So ergibt sich laufend eine summarische Gütemeßziffer (s. eine Aufstellung für die einzelnen „Kocher" bei Alford a. a. O.)

In gleicher Weise ist auch bei der bereits als Beispiel für eine Punktbewertung angeführten Betriebs- und Verschwendungswertung der Hoover-Commission verfahren worden (s. Waste in Industry, a. a. O.). Auch hier sind zunächst Gewichtsziffern für die Hauptverlustklassen: Organisation, Technische Kenntnisse und Nutzanwendung — und diese noch wiederum der Art nach unterteilt — auf der Basis 100 bestimmt worden. Sodann hat man für jede einzelne Verlustquelle den vermeidbaren Verlust in % des größtmöglichen geschätzt, das Ergebnis mit dem entsprechenden Wertungsfaktor multipliziert und die so gewogenen Ziffern addiert. Auf diese Weise ergaben sich Verschwendungsmeßziffern für die einzelnen Betriebe zwischen dem Optimum 0 und dem Maximum 100 % Verschwendung, aus denen auf die Einsparungsmöglichkeit eines jeden Betriebes geschlossen wurde. — Zur Veranschaulichung sei auf den ausgefüllten Bewertungsbogen für einen untersuchten Betrieb der Metallindustrie hingewiesen, abgebildet bei Witte, Verlustquellen in der Industrie, Berlin 1926, im Anhang S. 63. (Auszug in deutscher Übersetzung.)

[30]) Steele, Bonus for supervisors too, a. a. O.

	Zunächst werden die verschiedenen unter „Item“ aufgeführten Leistungsmerkmale:
in Spalte A	die jährlichen Kosten und
in Spalte B	die Prozentanteile der einzelnen Kosten am Gesamt ermittelt. Letzte haben den Charakter von Gewichtungsfaktoren. Sodann wird
in Spalte C	der Prozentsatz möglicher Einsparung bei den einzelnen Kostenursachen geschätzt,
in Spalte D	als auf 100 bezogener reziproker Wert hieraus eine Punktbasis ermittelt und
in Spalte E	durch Multiplikation dieser mit den Gewichtungsfaktoren der Spalte b Äquivalenzziffern aufgestellt. Bis hierher (umfassend die Spalten A—E) reichen die einmaligen, im vorhinein zu machenden Berechnungen. Laufend werden
in Spalte F	die bisherigen Normen für die einzelnen Monate (ohne Berücksichtigung evtl. Einsparungsmöglichkeiten),
in Spalte G	die tatsächlich aufgelaufenen Kosten und
in Spalte H	der tatsächlich erreichte Einsparungsgrad (F—G in % von G) ermittelt.
in Spalte I	ergeben sich durch Multiplikation dieser Einsparungskennziffern mit den in Spalte E ermittelten Punktäquivalenzen ohne weiteres die endgültigen Leistungsgrößen, die nur noch addiert zu werden brauchen, um den gewünschten Leistungsausdruck summa summarum zu erhalten.

Der Unterschied dieses letzten zu den beiden vorerwähnten Beispielen scheint uns ziemlich offensichtlich zu sein. Er liegt im wesentlichen in der Vorverlegung der Gewichtung aus der laufenden in die einmalige, im vorhinein vorzunehmende Berechnung[31]). Man könnte in dieser Vorverlegung der Gewichtung insofern einen rechnungstechnischen Vorteil sehen, als damit die laufende Leistungsberechnung entlastet wird, da Punktbezifferung und Gewichtung mit einem Rechnungsgang erledigt werden.

Dem stehen jedoch einige Bedenken gegenüber. Zunächst hat eine Ermittlung von Punktäquivalenzen der dargestellten Art nur Sinn, wenn tatsächlich feststehende Normen vorliegen (nicht z. B. wechselnde Jahresdurchschnitte wie in dem angeführten Beispiel von Seim).

---

[31]) Würde man z. B. das letzterwähnte nach Art der zuvor angeführten Beispiele aufziehen, so würde es wie folgt aussehen:

Spalten F, G und H der laufenden Berechnung wie oben.

Spalte I Tatsächliche Einsparung in % der möglichen (H in % v. C)		Spalte K: Gewogene Prozentziffern: $\frac{I \times B}{100}$
1.	50	25
2.	200	50
3.	—30	—7.5

Es ergibt sich also für die lfd. Berechnung ein Rechnungsgang (Spalte I) mehr.

Ferner lassen Äquivalenzziffern dieser Art nicht mehr die eigentlichen Gewichtungsfaktoren erkennen. Gerade das ist aber wünschenswert, denn die Gewichtung beruht lediglich auf Schätzung, und es ist gut, wenn man sich das Schätzungsergebnis immer wieder vor Augen hält, es dauernd stillschweigend prüft und kontrolliert, und das ist bei dem Vorgehen der zuerst gekennzeichneten Beispiele von selbst der Fall.

So stehen sich unseres Erachtens Vor- und Nachteile auf beiden Seiten ziemlich gleich gegenüber.

Bevor den vorhergehenden Beispielen die Möglichkeit völlig freier Punktwertung gegenübergestellt wird, wie weiter oben im Fall b) gekennzeichnet, soll hier kurz eine Frage erörtert werden, die, wenn auch nicht von schwerwiegender Bedeutung, so doch der grundsätzlichen Erwähnung bedarf, das ist die Zusammenfassung positiver und negativer Leistungselemente.

Wie bereits an anderer Stelle betont[32]), besteht grundsätzlich die Möglichkeit, eine Leistung entweder positiv oder negativ zu beziffern, sie sowohl durch Einsatz als Ausbringung, durch Fehlerzahl als auch besondere Qualität der Arbeitsausführung zu charakterisieren. Beide Kriterien können auch zusammen zur Leistungsbeurteilung herangezogen werden. Dem muß natürlich bei einer Zusammenfassung der Leistungselemente Rechnung getragen werden.

Sind nun positive Leistungsquotienten (wie z. B. in dem angeführten Beispiel von Seim[33]: je größer die Leistung im Verhältnis zum Aufwand, umso günstiger) oder nur negative zu berücksichtigen (so in dem Böselschen Beispiel der Lagerverwaltungskontrolle[34]: je geringer die einzelnen Quotienten, umso besser), so ergeben sich keine Besonderheiten. Stehen dagegen positive und negative Elemente nebeneinander, so muß hierauf bei der Zusammenfassung besonders Rücksicht genommen werden, vor allem dann, wenn die Punktbasis 100 als Grundlage für die Bestimmung des Leistungsgrades aufrecht erhalten bleiben soll.

Nehmen wir z. B. an, daß in dem vorerwähnten Beispiel von Seim der Ausschußgrad nicht durch das Verhältnis von Prod.-Stunden : Nacharbeit und Ausschuß, sondern durch Ausschußmenge je Stunde oder Stück erfaßt werde. Die Ausschußziffer ist in diesem Fall als negativer Leistungsquotient anzusehen: je geringer der Ausschußsatz, um so günstiger.

Bei der Zusammenfassung kann dem grundsätzlich in doppelter Weise Rechnung getragen werden. Entweder können positive und negative Elemente gemeinsam auf der Basis 100 gewogen werden, das Zahlenbild bleibt dann unverändert. Die Punktwerte in Spalte III Ziffer 4[35]) sind lediglich mit einem negativen Vorzeichen zu versehen, und Maßstab für die Ermittlung des Leistungsgrades sind nicht mehr 100, sondern 80 Punkte (100 abzüglich negatives Punktgewicht). Oder positive und negative Elemente werden ge-

[32]) S. S. 61 f.
[33]) S. S. 66.
[34]) S. S. 68.
[35]) S. S. 71.

trennt gewogen, so daß der Ausgangspunkt 100 für die Messung des Leistungsgrades erhalten bleibt. In diesem Fall ist das gesonderte Einsetzen von Gut- bzw. Minuspunkten erforderlich. In dem vorstehend angenommenen Fall würden z. B. zunächst die positiven Elemente auf der Basis 100 zu werten — die Gewichtungsfaktoren würden sich dabei im Verhältnis zu den ursprünglichen um ein Geringes erhöhen — und sodann die negativen hierzu in Beziehung zu setzen sein. Nehmen wir an, daß sich für den Ausschußgrad hierbei wiederum ein Gewicht von 20 ergibt (genau entsprechend von 25!), so wären 20 Gutpunkte gesondert für die Berechnung der negativen Leistungskriterien einzusetzen. Ergäben sich nun z. B. aus den positiven Quotienten 85, aus den negativen 10 Punkte, so würden sich die 85 noch um 10 unterschrittene, nicht verbrauchte Gutpunkte erhöhen, so daß sich insgesamt ein Leistungs-Ist von 95 Punkten bzw. ein Leistungsgrad von 95 % ergäbe:

Kennziffern (wie oben)	Wertungsfaktoren I.		% zum Vorjahrsmittel II.			Punktwerte $\frac{I \times II}{100}$	
	+	—	+	—		+	—
1.	18,75		86,5			rd. 16,—	
2.	18,75		104,3			19,5	
3.	18,75		99,6			18,5	
4.		20,—		50,—			10,—
5.	12,5		66,9			8,—	
6.	12,5		79,0			9,5	
7.	6,25		71,9			4,5	
8.	12,5		85,8			10,5	
Summe	100,—	20,—			Summe	86,5 /	10,—
							+ 20,— Gutpunkte
						+ 10,—	10,— Rest
					insgef.	96,5	

Das Verfahren dürfte klar und einleuchtend sein.

Nach dieser kurzen Einfügung sei nunmehr das Beispiel einer völlig freien Punktwertung gebracht. Zu diesem Zweck wird ein der Elektroindustrie entnommenes Schema einer Prämienberechnung[36]) herangezogen, das auf einer Punktwertung aufbaut. Zu seiner Erläuterung sei das Folgende gesagt:

Als Leistungskriterien werden weitgehend die bereits weiter oben[37]) angeführten und erläuterten Kennziffern verwandt. Die Leistungsberechnung vollzieht sich in folgender Weise:

1. Ermittlung des %-Verhältnisses: Gesamtakkord/Grundlohn. Das Ergebnis dient als Grundstock der Punktberechnung (Spalte 4, Abbild. 3).
2. Ermittlung der bei dem Zeitaufnahmebüro gestellten Akkordanträge in % des Bruttolohnes. Das Ergebnis wird durch 4 dividiert und in die Punktberechnung einbezogen (Spalte 7).

[36]) S. Abb. 3.
[37]) S. S. 64.

3. Ermittlung des Prozentverhältnisses von Nacharbeit zu Gesamtakkord der Abteilung. In die Punktberechnung geht die Differenz zwischen tatsächlichem und zulässigem Prozentsatz ein (Spalte 11).
4. Berechnung des anteiligen Werkstattausschusses — dieser wird zunächst als Verhältnis von Ausschuß zu Akkord für den Gesamtbetrieb ermittelt —, Vergleich mit einem zulässigen Prozentsatz und Einsetzen der Differenz in die Punktrechnung (wie bei 3) (Spalte 15).
5. Ermittlung der Werkstattunkosten in % des Akkordlohnes, Vergleich mit einem zulässigen Prozentsatz und Division der Differenz durch 5. Das Ergebnis wird in die Punktrechnung eingesetzt (Spalte 18).
6. Ermittlung des tatsächlichen in % des höchst erreichten Monatslieferwertes, Division dieses Prozentsatzes durch 5 und Einbeziehen des Ergebnisses in die Punktrechnung (Spalte 21).

Die so in den Spalten 4, 7, 11, 15, 18 und 21 ermittelten Ziffern werden, nach Plus- und Minuspunkten getrennt, addiert (Spalte 22 und 23), gegenseitig aufgerechnet und das Endergebnis durch 2 dividiert. Der sich hieraus ergebende Quotient wird als Leistungsmeßziffer angesehen (Spalte 25).

Diese Art der Leistungsberechnung erfordert Kritik. Was zunächst auffällt, ist die systemlose Ermittlung der Punktwerte. Es besteht kein einheitliches Prinzip der Kennziffernbildung und -berechnung. In einem Fall werden Ist-Ziffern, im anderen die Differenzen zwischen Ist und Soll, hier % und Verhältnis-, dort absolute Ziffern verwandt, usw. Es ist nur schwer einzusehen, ob und inwieweit Größen dieser Art überhaupt gegeneinander abwägbar und zusammenzufassen sind.

Was aber besonders bedenklich anmutet, ist die Art der Gewichtung, denn die eingesetzten Kürzungszahlen — diesen entsprechen z. B. in einem ähnlich aufgebauten Beispiel in der Vela-Denkschrift auch Multiplikatoren[38]) — haben den Charakter von Wertungsfaktoren. Eine Gewichtung dieser Art erweckt zumindest den Eindruck sehr starker Willkür oder doch der Willkürgefahr. Auf diesem Wege die einzelnen Leistungselemente richtig gegeneinander abwägen zu wollen, scheint uns äußerst schwierig zu sein, da keine feste Vergleichsbasis gegeben ist. Zwar besteht auch in diesem Fall die Möglichkeit, eine einheitliche Ausgangspunktzahl für die Ermittlung des Leistungsgrades als Norm anzusetzen. Die letzte Gewichtung, die Division der Gesamtpunktzahl durch 2[39]), dient offenbar diesem Zweck (Vergleichsbasis 30)[40]). Hierdurch wird wenigstens eine

---

[38]) S. Vela Denkschrift, a. a. O. S. 33.

[39]) S. Spalte 25, Abb. 3.

[40]) An einer anderen Stelle schlägt Bösel vor, durch Addition oder Subtraktion einer „Gleichrichtezahl" die sich bei bei einer Probeerhebung ergebende Punktsumme einer Abteilung auf den gemeinsamen Nenner zu bringen. Dieser Vorschlag scheint uns verfehlt. Die Umwandlung einer Größe in eine andere — und darum handelt es sich hier — kann immer nur ein Vorgang der Erweiterung oder Kürzung, also der Multiplikation oder Division, niemals aber der Addition oder Subtraktion sein. Es wären daher höchstens Gleichrichtezahlen in Form von Kürzungs- oder Erweiterungsfaktoren zu bestimmen. In dieser Hinsicht scheint uns das obige Beispiel einwandfrei zu sein.

A

Prämienberechnung für Wer

Meister ....

Akkord-Wirkungsgrad						
Brutto-Lohn		Gesamt-Akkord		Akkord-Antrag		
Woche	Betrag	Betrag	% a Sparte 2	Betrag	% a. Spalte 2	Ergeb. Spalte 6 / 4
	789849	537842	68.093	1501	0.190	0.048
1	2	3	4	5	6	7

Unkostenfaktor			Werkbeschäftig	
zulässige % auf Spalte 3	tatsächliche Unkosten im Abrechnungsmonat	Unterschied	Soll	Ist
86.548	4406.-	+ 4.622 / 5 = 0.924	1.300	748.340
	% zu Spalte 3 = 81.926	— / 5 =		
16	17	18	19	20

Auswertung

D = Durchschnittsgütegrad **T** = tatsächlicher Güt

D T

0 5 10 15 20 25 30 35 40

26

Ausgerechnet .... RM ....

Anmerkung: *1 = Vor Ausrechnung der Spalte 9 is
*2 = Gesamtausschuß der Fabrik in % zu
*3 = Prozentverhältnis der Spalte 12 zu

Nr .... Monat ....

Arbeitsgebiet ....

Ausschußgrad

Nacharbeit			Ausschuß			
%a.Spalte 3	zulässig	Unterschied	%Ges. Fabr.	Werkst. Ant.	zulässig	Unterschied
*1 0056	0.020	0.036	*2 1.485	*3 1.011	0.516	0495
9	10	11	12	13	14	15

Gütegrad

Plus Punkte	Minus Punkte	tatsächlicher Gütegrad	
Spalte 4 = 68.093 Spalte 18 = 0.924 Gesamt = 69.017	Spalte 7 = 0.048 Spalte 11 = 0.036 Spalte 15 = 0.495 Spalte 18 = — Spalte 21 = 4.244 Gesamt = 4.823	Spalte 22 69.017 — „ 23 4.823 = 64.194	Spalte 24 64.194 2 = 32.097
22	23	24	25

Geldskala 1

Wert-Punkte	Prämien Betrag	Wert-Punkte	Prämien Betrag	Wert-Punkte	Prämien Betrag	Wert-Punkte	Prämien Betrag	Wert-Punkte	Prämien Betrag
1	0,75	11	8,25	21	15,75	31	23,25	41	30,75
2	1,50	12	9,-	22	16,50	32	24,-	42	31,50
3	2,25	13	9,75	23	17,25	33	24,75	43	32 25
4	3,-	14	10,50	24	18,-	34	25,50	44	33,-
5	3,75	15	11,25	25	18,75	35	26,25	45	33,75
6	4,50	16	12,-	26	19,50	36	27,-	46	34,50
7	5,25	17	12,75	27	20,25	37	27,75	47	35,25
8	6,-	18	13,50	28	21,-	38	28,50	48	36,-
9	6,75	19	14,25	29	21,75	39	29,25	49	36,75
10	7,50	20	15,-	30	22,50	40	30,-	50	37,50

27

zur Zahlung angewiesen am .... 193....

etrag der Spalte 8 von dem der Spalte 3 abzusetzen.
it-Akkord der Fabrik.
4.

Vergleichbarkeit der einzelnen Abteilungsleistungen untereinander erzielt sowie die Aufstellung einer gemeinsamen Prämientabelle möglich, vorausgesetzt, daß diese Ausgangspunktzahl für alle Fälle die gleiche ist.

Jedoch läßt auch diese Möglichkeit die Brauchbarkeit einer freien Punktwertung in der dargestellten Weise nicht viel günstiger erscheinen. Die Frage der Gewichtung kann nicht als einwandfrei gelöst angesehen werden. Die Tatsache, daß letzten Endes auch in diesem Fall eine einheitliche Normpunktzahl zwecks Vergleichbarkeit der Abteilungsleistungen untereinander angestrebt wird, spricht u. E. noch in erhöhtem Maß für die vorher gekennzeichnete Indexmethode, bei der diese in der Basis 100 ohne weiteres gegeben und die Frage der Gewichtung zweifellos günstiger gelöst ist. Im Einzelfall mögen sich vielleicht Möglichkeiten der zuletzt gekennzeichneten Art bewähren, grundsätzlich scheint uns aber die Indexmethode zu vertreten und anzuraten zu sein.

4. Charakterisierung der Punktwertung vom Standpunkt der Leistungskontrolle (Kritik).

Die Ausführungen über die Punktwertung sollen nicht abgeschlossen werden, ohne zuvor eine zusammenfassende, kurze Charakteristik dieses Verfahrens vom Standpunkt der Leistungskontrolle gegeben zu haben. Damit verbindet sich zwangsläufig eine gewisse Kritik.

Vom Standpunkt der Leistungskontrolle müssen vor allem drei Wesensmerkmale der Punktwertung, wie sie vorstehend gekennzeichnet wurde, hervorgehoben werden:

1. Das Ausgehen von Leistungselementen,
2. die Art und Bestimmung der Soll-Größen,
3. die Tatsache der Gewichtung.

Zu dem Ausgehen von Leistungselementen ist zu bemerken, daß gegen das Prinzip als solches grundsätzlich nichts einzuwenden ist, daß sich dagegen Bedenken hinsichtlich seiner Durchführung ergeben. Mit der Bestimmung einzelner Leistungselemente und -kriterien als Grundlage einer Leistungsbeurteilung ist zweifellos die Gefahr nicht vollständiger und erschöpfender Leistungserfassung gegeben. Wichtige Kriterien können vergessen, nichtssagende oder vielleicht auch ungeeignete dagegen einbezogen werden. Die Zweckmäßigkeit der Leistungserfassung ist auf jeden Fall von der zugrundeliegenden Aufgabenanalyse abhängig, von der Gründlichkeit der Einzeluntersuchung und der hierbei gewonnenen Erkenntnis der Abhängigkeit und Zusammenhänge. Daß hierin eine Gefahr der Willkür und gewisse Zufallsabhängigkeit liegt, die grundsätzlich nicht gutgeheißen werden kann, dürfte wohl kaum zu bestreiten sein. Es muß schon die Garantie äußerst korrekter und zuverlässiger Aufgabenanalyse bestehen, wenn die Bedenken nach dieser Richtung zerstreut werden sollen.

Was den 2. Gesichtspunkt, die Art und Bestimmung der Soll-Größen betrifft, so haben wir über seine Bedeutung keinen Zweifel gelassen.

Es wurde wiederholt betont, daß die Bestimmung des Soll eine wesentliche Voraussetzung brauchbarer Leistungsbeurteilung ist. Unbeeinflußbaren Außenwirkungen muß hierbei Rechnung getragen, gerechterweise zu stellenden Leistungsanforderungen hierdurch Geltung verschafft werden. Es wurde ebenso bereits angedeutet, daß die für einen Kennziffernvergleich zur Verfügung stehenden „Soll-Größen" diesen Anforderungen keineswegs voll entsprechen. Auch Normziffern, mögen sie mit noch solch wissenschaftlicher Exaktheit und Gründlichkeit ermittelt worden sein[41]), sind in dieser Hinsicht nicht vollbefriedigend. Dazu sind sie zu starr, zu unveränderlich gegenüber Schwankungen in den Produktionsvoraussetzungen und Arbeitsbedingungen. Gewiß ist auch hier erheblichen Veränderungen Rechnung zu tragen, sei es im nachhinein durch eine Analyse auffallender Abweichungen, sei es im voraus durch ein entsprechendes Anpassen der Soll-Größen. Doch gehört grundsätzlich weder das erste zum Wesen der hier gekennzeichneten Methode, noch ist das zweite ratsam. Durch ein zu häufiges Verändern der Soll-Größe, wie es ein Anpassen an die Bedingungen der jeweiligen Periode und des jeweiligen Falles erforderlich macht, werden zu leicht der Willkür Tür und Tor geöffnet. Eine gewisse Konstanz ist im Interesse einer als objektiv und zuverlässig geltenden Norm durchaus erforderlich.

So scheint uns die hier gekennzeichnete, summierende Methode der Leistungswertung einen nicht überbrückbaren Gegensatz der Forderung nach einem konstanten, zuverlässigen Leistungsmaßstab auf der einen und der jeweiligen elastischen Anpassung an die weitgehend unbeeinflußbaren Produktionsvoraussetzungen auf der anderen Seite zu begründen. Man muß schon mit sehr ausgeglichenen Markt- und Betriebsverhältnissen rechnen können, um auch unter diesen Voraussetzungen zu einem wirklich korrekten Leistungsbild zu gelangen.

Schließlich kann drittens auch an der Tatsache der Gewichtung, des Abwägens der einzelnen Leistungselemente gegeneinander, nicht unerwähnt vorübergegangen werden. Hierin liegt zweifellos ein nicht unbedenkliches, subjektives Schätzungs- und damit Willkürmoment. Dieses wird um so bedenklicher, je weiter der Kreis der Wertung auf gemeinsamer Basis ausgedehnt wird. Auch völlig verschiedene Abteilungen auf diesem Weg in ihren Leistungen vergleichbar machen zu wollen, dürfte schon äußerste Treffsicherheit, auf jeden Fall aber umfassenden Überblick und tiefgründige Einsicht voraussetzen. Doch wurde schon an anderer Stelle betont, daß eine periodische Vergleichbarkeit auf jeden Fall zu erzielen ist. Wie weit diese auch auf eine absolute Maßstäblichkeit Anspruch haben kann,

[41]) Es sei hier z. B. nur auf die von Bösel beschriebenen „Probeerhebungen" und „Vorvermessungen" hingewiesen, die er der Ermittlung der Richt- und Vergleichswerte zugrunde legen will und die an Gründlichkeit nichts zu wünschen übrig lassen (s. Faktor Mensch in der Wirtschaft, a. a. O. S. 24 ff.).

ist von der richtigen wirtschaftlichen Wertung der einzelnen Leistungselemente, sowohl im Rahmen der einzelnen Abteilung als auch des Gesamtbetriebes, abhängig.

Was auf der anderen Seite als besonderer Vorteil einer auf Kennziffern aufbauenden Leistungsmessung hervorgehoben werden soll, ist die Beweglichkeit in der Leistungserfassung, die Leichtigkeit, mit der verschiedenen Gesichtspunkten und Kriterien Rechnung getragen werden kann. Kennziffern lassen sich schnell und nahezu für jeden wirtschaftlich wesentlichen Tatbestand ermitteln. Sie brauchen lediglich ihrer Bedeutung entsprechend zu den übrigen in Verhältnis gesetzt und in die gemeinsame Wertung mit einbezogen zu werden.

Wir denken z. B. an die Messung der Vertreterleistungen im Rahmen eines Industrie-, Großhandelsbetriebes oder dgl. mehr. Für den Betrieb ist, rein wirtschaftlich gesehen, im Augenblick nur der erzielte Umsatz entscheidend. Dieser kann aber unter Bedingungen erzielt worden sein, deren wirtschaftliche Wirkung sich erst in der Folgezeit voll geltend macht, so z. B. durch Werbung neuer Kunden, Rückgewinnung alter, abgesprungener Abnehmer, durch Bearbeitung sehr vieler Kleinverbraucher usw. Es wäre zweifellos nicht gerechtfertigt, sollten diese Momente, die sich in dem wirtschaftlichen Ergebnis nicht sofort, oder doch nicht sofort im vollen Umfang zeigen, in dem Zeitpunkt ihrer Entstehung nicht berücksichtigt werden.

In allen diesen und ähnlichen Fällen kann mit Hilfe einer Punktwertung leicht Abhilfe geschaffen werden. Es genügt, entsprechende Kennziffern in die Leistungsberechnung einzubeziehen, z. B. in dem angenommenen Fall: Das Verhältnis von neuen zu alten oder insgesamt bearbeiteten Kunden, von Groß- zu Kleinabnehmern, um derartigen Gesichtspunkten gerecht zu werden. Eine Umsatzanalyse müßte in diesem Fall durch besondere statistische Nebenauswertungen ergänzt werden[42]).

---

[42]) S. hierzu auch die Ausführungen S. 136 f.

III. Ausbau und Auswertung der Betriebsabrechnung.

(Kostenanalyse als Mittel der Leistungskontrolle).

1. Die Kostenstellenrechnung als Kontrollrechnung: Allgemeines.

Die interne Betriebsabrechnung ist in der Regel Kosten*stellen*rechnung, ist ein Sammeln und Verteilen der periodischen Kosten auf rechnerisch verselbständigte Teilbezirke innerhalb des Gesamtbetriebes. Diese rechnerische Gliederung des Betriebsablaufs dient vornehmlich zwei Zwecken: einmal kalkulatorischen, zum anderen Kontrollzwecken.

Kalkulatorisch gesehen wird durch Einschalten selbständiger Teilbezirke in den Rechnungsgang eine Erhöhung der Zuschlagsgenauigkeit erzielt, denn die Kosten*vor*verteilung auf Stellen ermöglicht eine sicherere und damit bessere Kostenzurechnung auch auf den Träger.

Unter *Kontroll*gesichtspunkten bilden rechnerisch geschlossene Funktionskreise ein weit günstigeres Überwachungsobjekt als Kostenträger, denn es besteht die Möglichkeit, jene zu selbständigen Verantwortungsbereichen auszubauen.

Dieser letzte Gesichtspunkt, die Kostenstellen zu einem selbständigen Verantwortungsbereich der zuständigen Stellen- und Abteilungsleitung zu machen, interessiert unter dem hier verfolgten Ziel der Leistungskontrolle und -beurteilung in erster Linie. Gelingt es, die übliche Kostenstellenrechnung zu einer Verantwortungsrechnung auszubauen, den Abteilungserfolg zu einem zuverlässigen Maßstab der Abteilungsleistung zu machen, so ist damit ein vorzügliches Mittel der Leistungsbeurteilung auch für die anordnende und leitende Betriebstätigkeit gegeben.

Unter dem Gesichtspunkt der Kostenstellenrechnung als Verantwortungsrechnung stehen als erstes drei allgemeine Fragen zur kurzen Diskussion:

1. Das Verhältnis von Kostenstelle zu organisatorischem Verantwortungsbereich (in enger Anlehnung an die allgemeinen Fragen der betrieblichen Stellen- und Abteilungsbildung);
2. die Stellenerfolgsermittlung, und zwar
   a) die hierzu erforderliche Kostengrundlage nach Art und Umfang;
   b) die Vergleichsgrößen zwecks Kostenbeurteilung und Erfolgsberechnung.

a) Verhältnis von Kostenstelle zu Verantwortungsbereich.

Das Verhältnis von rechnerischer zu organisatorischer Verantwortungsabgrenzung würde jeden Hinweis erübrigen, wenn hierin immer volle Übereinstimmung herrschte. Das ist jedoch keineswegs der Fall. Wir streifen damit kurz die betriebliche Stellen- und Abteilungsbildung allgemein.

Diese vollzieht sich grundsätzlich nach einheitlichen Prinzipien. Unter diesen steht an erster Stelle das funktionelle Gliederungsprinzip, woraus sich in der Regel die Zerlegung der Betriebsaufgabe in drei Grundfunktionen: Beschaffung, Produktion und Absatz, und zwei Zusatzfunktionen: Verwaltung und Leitung, ergibt. In Anpassung des funktionellen Gliederungsprinzips an die verschiedenen Betriebs- und Produktionsbedingungen ergeben sich bei einer Weiteraufteilung aus diesem eine Reihe von Unter- und Teilprinzipien, so z. B. das Objekt-, das Verrichtungs-, das Zentralabteilungsprinzip, usw. Es ist unmöglich, auf diese im einzelnen einzugehen, sondern es muß in dieser Hinsicht auf die einschlägige Literatur verwiesen werden[1]). Diese Prinzipien bestmöglich auf die jeweiligen Betriebsbedingungen anzuwenden, ist die entscheidende Aufgabe der Betriebsorganisation, von deren Lösung die betriebliche Wirtschaftlichkeit stärker abhängig ist als in der Regel angenommen wird.

Die angedeuteten Prinzipien betrieblicher Aufgabengliederung und Abteilungsbildung gelten grundsätzlich sowohl für die betriebliche Rechnungslegung als auch für die Verwaltungsorganisation. Dennoch können sich zwischen beiden Unterschiede und Abweichungen ergeben. Diese lassen sich vor allem auf drei Ursachen zurückführen, von denen sich eine vor allem rechnerisch, eine weitere organisatorisch und eine dritte ziemlich gleichmäßig nach beiden Seiten auswirkt.

Die Abweichung der Kostenstelle von dem natürlichen organisatorischen bzw. funktionellen Verantwortungsbereich ist vor allem kalkulatorisch bedingt. Das Bedürfnis nach genauer Stückkostenberechnung und der Ermittlung hierfür notwendiger, differenzierter Zuschlagssätze kann eine Zusammenfassung bzw. Trennung von Arbeitsvorgängen, Arbeitsmitteln oder Arbeitsplätzen, unabhängig von der organisatorischen Gliederung, notwendig machen. So können z. B. Fertigungsunterschiede (Maschinen- und Handbetrieb), Altersunterschiede der Maschinen und ähnliche kostenrelevante Produktionsbedingungen vom kalkulatorischen Standpunkt bereits eine rechnerische Verselbständigung verlangen. Diese Fälle sind bei dem heutigen raschen Fortschritt von Technik und Organisation nicht selten.

---

[1]) Erwähnt seien vor allem: Schramm, Die betrieblichen Funktionen und ihre Organisation, Dissertation, Berlin 1935, der die angedeuteten Zusammenhänge mit aller wünschenswerten Gründlichkeit und Klarheit aufzeigt, ferner Mellerowicz, Kosten und Kostenrechnung, Bd. II. 1., S. 41 ff.; Nicklisch, Organisation! Der Weg aufwärts, Stuttgart 1922; Nordsieck: Grundlagen der Organisationslehre, Stuttgart 1934.

Organisatorisch können vor allem personelle Gründe zu einem Abweichen von der natürlichen, funktionellen Stellenabgrenzung führen. Wie häufig trifft es zu, daß persönliche Eignungen und Fähigkeiten eines Funktionsträgers zu Zusammenfassung oder auch Trennung natürlicherweise selbständiger Funktionsbereiche veranlassen. Bei höheren Instanzen oder Kleinbetrieben ist das geradezu gang und gäbe, sei es, daß der Arbeitsanfall zu einer Untergliederung nicht ausreicht, sei es, daß die einheitliche und zielbewußte Führung straffe Zusammenfassung in einer Hand notwendig macht. Einkauf und Verkauf, Verkauf und Verwaltung, sowie auch völlig verschiedene Produktionszweige stehen vielfach unter gemeinschaftlicher Oberleitung.

Schließlich wirken 3. auch die räumlichen Verhältnisse bis zu einem gewissen Grad auf die betriebliche, rechnerische wie auch organisatorische, Gliederung ein. Der Raum soll zwar nach Möglichkeit den Produktionsvoraussetzungen und Verwaltungserfordernissen angepaßt werden, doch sind hier vielfach Grenzen gesetzt. Denken wir nur an die im Lauf der Zeit langsam emporgewachsenen Klein- und Mittelbetriebe, die in ihrer räumlichen Ausdehnung äußerst beschränkt sind; denken wir ferner an Konzernierung und Zusammenschluß zunächst unabhängiger Einzelbetriebe und dgl. mehr. Hier wirkt häufig umgekehrt der Raum bis zu einem gewissen Grad bestimmend auf rechnerische und organisatorische Gliederung[2]).

Die vorstehend angeführten Gesichtspunkte dürfen nun keineswegs überschätzt werden. Die natürlichen Gliederungsprinzipien setzen sich weitgehend durch. Jedoch muß mit Ausnahmen und entsprechend mit Abweichungen zwischen rechnerischer und organisatorischer Gliederung im Betrieb gerechnet werden.

Aber selbst wo das der Fall ist, ergeben sich keine unüberwindlichen Schwierigkeiten. In diesem Fall müssen die rechnerischen Ergebnisse den organisatorischen Verhältnissen angepaßt werden, um zu einer vollständigen Verantwortungsrechnung zu kommen. Das erfordert entweder ein Zusammenfassen oder eine Weiteraufgliederung der Stellenerfolge. Das erste dürfte ohne weiteres möglich sein. Auf das zweite kann bei der ohnehin notwendig werdenden Abweichungsanalyse[3]) bereits bis zu einem gewissen Grad hingewirkt werden, indem nicht nur dem „Warum" der Ursachen, sondern auch dem „Wer" der Verantwortungsträger nachgegangen wird, soweit mehrere vorhanden sind. Das bedeutet zwar eine gewisse Mehrarbeit, beeinträchtigt jedoch die Möglichkeit einer Leistungskontrolle mit Hilfe der Kostenstellenrechnung grundsätzlich nicht. In den folgenden Ausführungen wird daher von der vereinfachenden Annahme ausgegangen, daß „die Abrechnungsstellen . . . meist mit den organisatorischen Abteilungen zusammenfallen"[4]).

---

[2]) S. die Beispiele bei Schmalenbach in: Selbstkostenrechnung und Preispolitik, Leipzig 1934, S. 221 f.

[3]) S. die folgenden Ausführungen hierüber. S. 102 ff.

[4]) S. Krähe, Einheitsbuchführungeen für mittlere Maschinenfabriken; RKW.-Veröffentlichung Nr. 9, S. 9.

b) Die Stellenerfolgsermittlung.

ba) Die Kostengrundlage nach Art und Umfang.

Über die Kostengrundlage für die Ermittlung des Stellenerfolges sind im Lauf der Zeit sehr verschiedene Ansichten laut geworden. Die Unterschiede sind vor allem daraus erklärlich, daß auf der einen Seite vorwiegend kalkulatorische, auf der anderen Kontrollgesichtspunkte oder schließlich auch beide nebeneinander betont worden sind. Zu diesen verschiedenen Einstellungen wollen wir von vornherein dahingehend Stellung nehmen, daß wir grundsätzlich für eine zum Hilfsinstrument der Betriebsführung auszubauende Kostenstellen- und Betriebsabrechnung sowohl eine kalkulatorische, als auch eine Kontroll-, als schließlich auch eine Planungsfunktion bejahen. Diese sind heute für jeden Betrieb unentbehrlich und daher zumindest zu verfolgen.

Wenn wir auf Grund dieser Feststellung mögliche Meinungsverschiedenheiten ausräumen wollen, so gehen wir zweckmäßigerweise von den folgenden drei Gegensatzpaaren aus, um die sich nahezu alle Zweifelsfragen und Meinungsverschiedenheiten konzentrieren:

1. Einzel- und Gemeinkosten;
2. bewegliche und feste Gemeinkosten;
3. Stellen- und Schlüsselkosten.

Im Fall 1 und 2 handelt es sich um Stück-, im Fall 3 dagegen um Stellenkosten.

Zu Punkt 1 ist zu sagen, daß sich über die Einzelkosten keine Zweifel ergeben können. Material- und Lohnverbrauch unterliegen in höchstem Maß dem Arbeitseinfluß und damit der Stellenverantwortlichkeit. Es hieße, einen Hauptkontrollfaktor aus dem Auge lassen, wollte man diese nicht in den Stellenerfolg einbeziehen.

Anders liegen die Dinge unter kalkulatorischen Gesichtspunkten. Zwecks exakter Stückkostenermittlung genügt es, die Einzelkosten direkt auf die Fertig- bzw. Halbfabrikatekonten zu bringen und nur die Gemeinkosten über die Stellen zu führen. Eine ausreichende Kontrolle ist aber in diesem Fall nicht oder nur statistisch durchzuführen. Ausschuß, Abfall, Leerlauf, Fehlarbeit usw. können sonst leicht in dem großen Sammeltopf: Kostenträger verschwinden und sich einer Verantwortungsrechnung entziehen. Nur aus Kontrollgründen ist daher auch erklärlich, daß selbst im Fall ausgesprochener Divisionskalkulation vielfach mit Kostenstellen gearbeitet wird.

Hinsichtlich der Gemeinkosten wird zweckmäßigerweise gleich nach veränderlichen und festen Gemeinkosten unterschieden (entsprechend Punkt 2).

Was die veränderlichen Gemeinkosten wie Hilfsmaterial, Hilfslöhne, Strom, Reparaturen usw. betrifft, so ist hier, ebenso wie bei den Einzelkosten, vom Standpunkt einer Verantwortungsrechnung kein Zweifel möglich. Sie unterliegen, ebenso wie diese, stellenmäßiger Beeinflussung und sind entsprechend in den Stellenerfolg unbedingt einzubeziehen.

Soweit eine Kostenstellenrechnung überhaupt bejaht wird, dürften in diesem Punkt auch nirgends Meinungsverschiedenheiten bestehen.

Anders liegen die Dinge dagegen bezüglich der festen Gemeinkosten wie Abschreibung, Zinsen, Steuern usw.

Zunächst sind in diesem Punkt die Verhältnisse in den einzelnen Abteilungen sehr verschieden. Denken wir z. B. nur an die Verwendung hochwertiger, pfleglich zu behandelnder Maschinen, Apparate und dgl. mehr, wo die erforderliche Abschreibungsquote zweifellos von der Art der Behandlung, Wartung und Pflege abhängig ist; denken wir ferner an den Lagerzins, der sicherlich zum guten Teil von der Lagerbestandspolitik abhängt. Diesen stehen die Fälle gegenüber, in denen Abschreibung, Zins, usw. unbedingte Repräsentanten fester Kosten sind, wie z. B. bei Grundstücken, Gebäuden.

Soweit stellenmäßige Beeinflussung wirklich zu bejahen ist, muß zweifellos die Einbeziehung auch dieser Kosten in den Stellenerfolg gefordert werden. Sind diese zeitabhängige, feste Kosten, würde das zwar aus Kontrollgründen überflüssig sein, hier ergibt sich jedoch aus kalkulatorischen Gesichtspunkten die gleiche Notwendigkeit; denn durch eine stellenmäßige Verrechnung ist eine weitgehend direkte Erfassung auch der Gemeinkosten und damit eine Verbesserung der Zuschlagsgenauigkeit möglich, wie es höchstes Ziel der Kalkulation ist. Das gilt in gleicher Weise für veränderliche wie für feste Gemeinkosten.

Hier besteht z. B. ein gewisser Gegensatz sowohl zu Schmalenbach als auch Beste. Beide wollen zwecks Erfolgsermittlung und Abteilungskontrolle lediglich die veränderlichen Gemeinkosten über die Stellen, die festen dagegen unmittelbar über Verkauf bzw. Gewinn und Verlust abrechnen[5]).

Zur Veranschaulichung sei auf das Bestesche Abrechnungsschema hingewiesen[6]). Dieses erscheint um so fragwürdiger, als darin weder die festen Gemeinkosten, noch die Einzelkosten über die Stellen geführt werden. Für die Ermittlung des eigentlichen Stellenerfolges bleibt auf diese Weise die außerordentlich schmale Basis der veränderlichen Gemeinkosten übrig. Die Einzelkostenkontrolle müßte schon auf statistischem Wege gesondert durchgeführt werden, um den Rahmen der Verantwortungsrechnung wenigstens einigermaßen ausreichend zu spannen.

Wenn wir unter kalkulatorischen Gesichtspunkten eine stellenmäßige Erfassung der Gemeinkosten gefordert haben, so gilt das nur insoweit, als diese unmittelbar auf der Stelle entstehen, also direkte Stellenkosten sind. Ist auch eine Stellenrechnung nur auf dem Weg mehr oder weniger roher Kostenschlüsselung und -umlegung möglich, so kann

---

[5]) S. Schmalenbach, Der Kontenrahmen, 4. Aufl., Leipzig 1935, Beispiel 8 und 9, ferner auch die Ausführungen über die Betriebswertrechnung in: Selbstkostenrechnung und Preispolitik, a. a. O. S. 132 ff., die auch kalkulatorisch diese Art der Gemeinkostenverrechnung zu rechtfertigen suchen. Beste, Die kurzfristige Erfolgsrechnung, Leipzig 1930, S. 128 ff.

[6]) Beste, Die kurzfristige Erfolgsrechnung, a. a. O. S. 130.

hierauf im Interesse der Kalkulation und Zuschlagsgenauigkeit ebenfalls verzichtet werden, denn der bezweckte Vorteil ist in diesem Fall nicht wahrzunehmen. Die mittelbare Zurechnung ist hier ebenso wie bei der Stückrechnung nicht zu umgehen.

Zu den direkten Stellenkosten sind einmal Material, Lohn, Abschreibung, Versicherung, Zins und sonstige primären Stellenkosten zu rechnen. Hierzu sind ferner auch sekundäre, d. s. von anderen Stellen verrechnete Kosten, zu zählen, soweit sie einer Verbrauchsmessung zugängig sind, so z. B. Dampf, Heizung, Kraft usw. unter Voraussetzung der Eigenerzeugung; denn auch hier ist die einzelne Stelle als der verursachende Verbraucher in genauem Ausmaß zu ermitteln[7]). Als nicht auf die Stellen umzulegende Stellengemeinkosten sind dagegen z. B. die Kosten der Verwaltung, Leitung, des Vertriebs und sonstige nur mehr oder weniger roh zu schlüsselnde, sekundäre Kostenarten anzusehen. Diese können mit derselben Sicherheit auch unmittelbar dem Kostenträger zugerechnet werden. Auch aus Kontrollgründen ergibt sich für diese nicht die Notwendigkeit stellenmäßiger Erfassung, da der Einfluß der einzelnen Stelle hierauf nur sehr gering, zumindest nur schwer exakt erfaßbar ist.

Auch in diesem Punkt 3 begegnet man verschiedenen Auffassungen. Lange Zeit ist die schrittweise Umlegung der vorgelagerten auf die nachgelagerten bis hinab zu den letzten Fertigungsstellen im Interesse exakter Kalkulation und Kontrolle unbedingt gefordert worden. Auch heute finden wir diese Auffassung noch vertreten[8]).

Dem lassen sich aber Beispiele anderer Art gegenüberstellen. Wir finden uns hier z. B. in voller Übereinstimmung mit dem RKW, das in seinem Betriebsabrechnungsbogen ähnliche Grundsätze der Kostenverrechnung und -verteilung verfolgt, wie wir sie betont haben. Auch hier findet eine Kostenumlegung nur innerhalb der einzelnen betrieblichen Funktionsbereiche, das sind Materialbeschaffung, Fertigung, Verwaltung und Vertrieb, statt und von hier erfolgt eine unmittelbare Zurechnung auf den Träger. Dem entsprechen: Material-, Fertigungs-, Verwaltungs- und Vertriebskostenzuschläge. Damit werden einmal die unnötige Durchwälzung der Verwaltungskosten durch den

---

[7]) Vielfach wird selbst in diesen Fällen die Kostenverteilung nicht nach dem Verbrauch, sondern nach mehr oder weniger mittelbaren Schlüsseln vorgenommen, so z. B. die Stromkosten nach der Kerzenzahl statt nach Angabe eines eingebauten Zählers, Kosten für Telephon, Porti usw. nach der Angestelltenzahl anstatt nach einer unmittelbaren Verbrauchserfassung umgelegt, usw. Vom Standpunkt einer Leistungskontroll- und Verantwortungsrechnung ist diese Praxis unbedingt abzulehnen, denn die Wirtschaftsführung der einzelnen Stelle kann immer nur auf Grund des unmittelbaren Verbrauchs beurteilt werden. Sich auf mehr oder weniger unabänderliche Produktionsbedingungen und betriebliche Gegebenheiten stützende Schlüsselgrößen sind hierfür ungeeignet.

[8]) S. Neumayer, Verwaltungs- und Betriebskostenumlage im Rahmen „kostenstellenweiser" Gemeinkostenverrechnung; Bergwerks-Ztg. v. 26. Sept. 1937.

Betrieb und damit die Aufblähung des gesamten Rechnungsapparates vermieden, auf der anderen Seite die Belange von Kalkulation und Kontrolle ebensogut gewahrt.

bb) Die Vergleichsgrößen zwecks Kostenbeurteilung.

Jeder Erfolg ist eine Differenzgröße. Wir haben uns daher als letztes noch kurz nach den Vergleichsgrößen zu fragen, die zur Gegenüberstellung mit den gekennzeichneten Stellenkosten zwecks Erfolgsermittlung zur Verfügung stehen. Diese sind, wie bei der Mengenkontrolle bereits entsprechend betont, grundsätzlich zweierlei Art, nämlich:

1. Ist-,
2. Soll-Kosten.

Als Ist-Kosten kommen entweder entsprechende Größen vergangener Perioden oder anderer Betriebe in Frage. Wir sprechen in diesen Fällen von Zeit- oder Betriebsvergleich als Mittel der Wirtschaftlichkeitsmessung. Für beide ist die Frage der Vergleichbarkeit in Hinblick auf das Erkenntnisobjekt entscheidend.

Sowohl Zeit- als auch Betriebsvergleich vermögen, vom Standpunkt laufender Leistungskontroll- und Verantwortungsrechnung gesehen, immer nur relative Erkenntnisse zu geben.

Beim Zeitvergleich muß auf der einen Seite immer mit unterschiedlichen Produktionsbedingungen, insbesondere mit der Einwirkung von Preis-, Beschäftigungs-, Auftragsgrößen- und -zusammensetzungs- und sonstigen Marktschwankungen gerechnet werden. Auf der anderen Seite kann wiederum in einem dem Einfluß und der Willkür des einzelnen unterliegenden Ist nur sehr bedingt ein Maßstab ausreichender Leistungsanforderung und objektiver Leistungsbeurteilung gesehen werden.

Nicht viel günstiger liegen die Dinge beim Betriebsvergleich. Hier pflegen einerseits die sich nie völlig deckenden Produktionsvoraussetzungen ein steter Störungsfaktor für die Leistungsbeurteilung zu sein. Andererseits kann auch das Ist eines fremden Funktionsträgers keineswegs als absoluter Leistungsmaßstab gelten, wenn ihm auch zweifellos schon größere Maßstäblichkeit zukommt als dem Ist des Kontrollierten selbst, wie im Fall des Zeitvergleichs.

Die Bedeutung sowohl von Zeit- als auch von Betriebsvergleich scheint uns weniger auf dem Gebiet persönlicher Leistungs- und Verantwortungsrechnung als vielmehr vor allem in der vergleichenden Analyse von Marktstellung, Betriebsbedingungen und Betriebsorganisation und, bis zu einem gewissen Grad, auch von Betriebsführung zu liegen. Hierdurch vermögen sie die Betriebspolitik und die laufende Betriebsleitung in der Verfolgung der wirtschaftlichen Ziele wirksam zu unterstützen. Für eine Verantwortungsrechnung sind sie jedoch unseres Erachtens ein zu schwankender Boden. Hierfür können sie immer nur sekundär eine Rolle spielen.

Auch bei der Wahl von Soll-Kosten sind grundsätzlich zwei Möglichkeiten zu unterscheiden. Soll-Kosten können einmal feste Verrechnungspreise sein, derart, daß die Leistungen der Stelle immer mit demselben gleichbleibenden Satz je Einheit bewertet werden und sich der Stellenerfolg als Differenz zwischen den Ist-Kosten und dem ermittelten periodischen Soll der Leistungen ergibt.

Diese Art der Erfolgsermittlung kann ebenfalls nicht voll befriedigen, mag der Verrechnungspreis auch noch so vorsichtig ermittelt, dabei die durchschnittlichen Herstellkosten, langjährige Erfahrungssätze und dgl. mehr berücksichtigt sein. Ein fester Betriebspreis kann, ebenso wie Zeit- und Betriebsvergleich, immer nur relativen Einblick gewähren, vermag nur das Auf- und Abschwanken gegenüber einer festen Norm zu zeigen. Was ihm fehlt, ist das Berücksichtigen der jeweiligen Betriebsverhältnisse[9]). Auf der anderen Seite muß hierin immer noch ein günstigerer Kontrollmaßstab gesehen werden als in zufallsabhängigen Ist-Kosten wie bei Zeit- und Betriebsvergleich. Persönliche Einwirkungsmöglichkeiten und Außenschwankungen sind auf diesem Wege wenigstens annähernd zu erkennen.

Als Soll-Kosten können, abgesehen von festen Verrechnungspreisen, ferner den jeweiligen Betriebsvoraussetzungen angepaßte Normkosten in der Form beweglicher Plankosten dienen. Diese berücksichtigen auf der einen Seite die unterschiedlichen Produktionsvoraussetzungen, tragen aber ebenso auf der anderen den gerechterweise zu stellenden Leistungsanforderungen voll Rechnung. Hierin liegt eine den Anforderungen und Zwecken einer Leistungskontroll- und Verantwortungsrechnung wirklich gerecht werdende Art der Kostenrechnung, zumindest geeigneter als die zuvor gekennzeichneten. Wir wollen daher auch die bewegliche Plankostenrechnung allein den folgenden Ausführungen und Untersuchungen zugrunde legen.

2. Die Plankostenrechnung als höchst entwickelte Form der Stellenerfolgsrechnung.

a) Begriff, Wesen und Aufgabe von Plankosten.

Die bewegliche Plankostenrechnung in dem hier verstandenen Sinn hat universelle Plankosten zur Voraussetzung. Über diese Klarheit zu schaffen, heißt daher, jene bereits weitgehend zu charakterisieren.

Unter Plankosten sind mit wissenschaftlicher Exaktheit und größtmöglicher Objektivität ermittelte Normkosten zu verstehen.

Der Gedanke der Kostennormierung stammt aus Amerika[10]). Ebenso wie die technische Normung und Durchrationalisierung des

---

[9]) S. die Kritik an der Kennziffernkontrolle S. 78.

[10]) Michel leugnet zwar für die Plankostenrechnung den amerikanischen Ursprung (s. Handbuch der Plankostenrechnung, a. a. O. S. 271), doch kann die von ihm gemachte Unterscheidung zwischen Standard- und Plankosten nicht als stichhaltig angesehen werden.

Produktionsprozesses von dort ihren Ausgangspunkt genommen hat, ist auch die rechnerische Kontrolle des Betriebsablaufes drüben zuerst verfolgt und ausgebaut worden. Jedoch sind die in dieser Richtung empfangenen Anregungen auch in Deutschland keineswegs auf unfruchtbaren Boden gefallen. Gerade in letzter Zeit haben sie hier zu eigener Weiterarbeit und selbständiger Fortentwicklung geführt[11]).

Wesen und Bildung von Plankosten lassen sich am besten durch Hinweis auf Taylorsche Grundsätze und Verfahrensweisen kennzeichnen. Taylor verfolgte das Ziel größtmöglicher Kostenökonomie vor allem von seiten der Betriebstechnik. Die Verbesserung der Arbeitsverfahren und der Arbeitsorganisation sowie die Kontrolle der Arbeitsausführung standen bei ihm im Mittelpunkt des Interesses.

Mit Plankosten sollen nicht nur Norm und Kontrollmaßstab für die ausführenden, sondern nach Möglichkeit auch für die leitenden Funktionsträger im Betrieb, besonders die Stellen- und Abteilungsleitung, aufgestellt werden. Man ist also bestrebt, Taylorsche Ziele und Gedankengänge, insbesondere die der Arbeitsvorgabe und Leistungskontrolle, auf die gesamte verantwortliche Betriebsführung auszudehnen. Zu diesem Zweck sind Mengen-

[11]) Es sei nur auf die Arbeiten von Mellerowicz, Michel und Neumayer hingewiesen, die die gleiche Denkrichtung mit aller Deutlichkeit zeigen, wenn auch die Durchführung zweifellos noch weiter vordringender Forschung und in die Einzelheiten gehender Anleitung bedarf.

Erwähnt seien hier aus der Literatur nur:

Mellerowicz, Kosten und Kostenrechnung, Bd. II, 1 und 2, insbesondere die Abschnitte über die Bildung und Verrechnung der Standardkosten sowie über den Soll-Ist-Vergleich.

Michel, Handbuch der Plankostenrechnung, Berlin 1937.

Ferner sei auf einige Aufsätze von Michel und Neumayer hingewiesen, so z. B.

Michel in der Deutschen Bergwerkszeitung:

Planmäßige Betriebsführung als Mittel zur Vereinfachung des gesamten Rechnungswesens. 4. Nov. 1934.

Industrielles Rechnungswesen am Scheidewege: Selbstkostenermittlung und Erfolgsrechnung unter den Gesichtspunkten der Plankosten. 24. Febr. 1935.

Neumayer in der Deutschen Bergwerkszeitung:

Durchführung des Leistungsprinzips in Wirtschaft und Verwaltung. 23. Sept. 1934.

Neumayer in den Mitteilungen des internationalen Rationalisierungs-Instituts, Genf:

Neue Wege des Budgetwesens. Febr. 1933.

Bedeutung des Standardkostenprinzips für Industrieunternehmen. Sept. 1933.

Auch die schon etwas weiter zurückliegenden Arbeiten, wie die von Neuberg (Das Industriebudget, Berlin 1932), Ludwig (Budgetkontrolle in industriellen Unternehmungen, Berlin 1930) und Lohmann (Der Wirtschaftsplan des Betriebes und seine Untersuchung, Berlin 1930) müssen hier erwähnt werden, da sie bereits den Planungsgedanken vertreten und zu fördern suchen.

standards nicht ausreichend, sondern an ihre Stelle müssen Kostennormen treten, denn nur wertmäßig kann dem gesamten Betriebsgeschehen einheitlicher Ausdruck verliehen werden.

Die Grundsätze und Verfahrensweisen einer Mengennormung sind allerdings weitgehend auch Ausgangspunkt und Grundlage zur Ermittlung von Kostennormen. Zunächst gilt für diese in gleicher Weise wie für jene, daß sie nicht als ideale, unerreichbare Kosten anzusehen sind, sondern das unter den üblichen Betriebsbedingungen und bei normalem Kräfteeinsatz Erreichbare darstellen. Der persönlichen Initiative und Disposition der Abteilungsleitung bleibt also jederzeit die Möglichkeit einer Kostenunterschreitung offen, ja sie wird sogar erstrebt. Es ist demnach Beste keineswegs Recht zu geben, wenn er meint, es sei ein Beweis, „daß das dem Betrieb gesetzte Soll zu hoch festgesetzt ist, wenn die Ist-Aufwendungen die Soll-Aufwendungen unterschreiten“[12]).

Weiterhin baut auch die Bestimmung von Plankosten weitgehend auf der Ermittlung von Soll-Mengen und -Zeiten und damit auf Zeitstudien, Arbeitsbeobachtung und den sonstigen bereits erwähnten Hilfsmitteln einer Mengenkontrolle auf. Hierzu tritt aber zusätzlich vor allem die Normierung des Gemeinverbrauchs, der mengenmäßig nur selten bis in alle Einzelheiten überwacht wird: die Aufstellung von Normen für Hilfsmaterialien und -lohn, für Instandhaltung, Strom-, Dampf-, Wasserverbrauch, für Reparaturen, Porti, Telephon usw., die alle stellenmäßiger Beeinflussung unterliegen.

Die weitgehend auf Zeit- und Materialstudien aufbauende Normierung der Einzelkosten ist verhältnismäßig unproblematisch. Standardpreis × Standardmenge ergibt hier ohne weiteres den gewünschten Kostensatz. Die eigentlichen Schwierigkeiten ergeben sich erst bei der Normierung der Gemeinkosten. Die Gemeinkosten sind in ihrer Entwicklung, in ihrer Abhängigkeit von Beschäftigungsumfang und Leistungsmenge, kaum völlig exakt analysierbar. Dazu sind die hierauf einwirkenden Einflußfaktoren nach Art und Zahl viel zu groß und nicht bis in alle Einzelheiten übersehbar[13]). Das darf auf der anderen Seite nicht zu der Ansicht führen, die Gemeinkosten seien grundsätzlich überhaupt nur sehr bedingt und beschränkt normierungsfähig. Eine praktisch ausreichende Möglichkeit hierfür ist unbedingt zu bejahen, allerdings ist diese an mehrere Voraussetzungen geknüpft.

Als erste unentbehrliche Grundlage sind umfassender Überblick und tiefgründige Erfahrung des Kostenfachmanns zu fordern. Ebenso wie bei Zeitaufnahme und Mengennormung kann auch hier das persönliche Einfühlungsvermögen und die Urteilskraft des mit der Normierung Betrauten durch nichts ersetzt werden. Dieser Gesichtspunkt fällt hier entscheidend ins Gewicht.

---

[12]) Beste, Die kurzfristige Erfolgsrechnung, a. a. O. S. 127.

[13]) Besonders deutlich zeigt das die jüngst erschienene Arbeit von Henzel über „Kostenanalyse“ (Bühl-Baden, 1937).

Hierzu muß zweitens, als Ergänzung, die möglichst exakte Analyse der Betriebsverhältnisse, insbesondere der Betriebsziffern aus Vergangenheit und Gegenwart treten, die die beste Grundlage liefern. Nicht zuletzt aus diesem Grund ist der Ausbau interner Betriebsabrechnung, auch wenn sie zunächst nur Ist-Rechnung ist[14]), so wichtig. Auf diese Weise werden Grundlagen für eine ständige Verbesserung der Rechnungsauswertung sowie der Rechnungslegung und -organisation (Soll-Kosten an Stelle Ist-Kostenrechnung) geschaffen.

Als dritte Voraussetzung ist zu fordern, daß Plankosten nicht für alle vorkommenden Fälle einheitlich, sondern in gewisser Anpassung an die Produktionsvoraussetzungen, vor allem unter Berücksichtigung der Beschäftigungsschwankungen, ermittelt werden. Wir wissen, daß sich die Gemeinkosten sehr unterschiedlich zum Beschäftigungsumfang verhalten, entweder unter- oder überproportional (Sprungkosten) zu diesem ansteigen oder auch, z. B. bei Beschäftigungsrückgang, in gleicher Höhe verharren (Erscheinung der Kostenremanenz). Soweit Einflüsse und Entwicklung dieser Art mit einiger Sicherheit voraussehbar sind, also in gewissem Sinn gesetzmäßigen Charakter haben, ist darauf bei der Kostenstandardisierung Rücksicht zu nehmen. So sind Plankosten grundsätzlich in Anpassung an die verschiedenen Beschäftigungslagen, sind als universelle Plankosten zu ermitteln, so daß jedem Beschäftigungsgrad das ihm entsprechende Soll zugewiesen werden kann[15]).

Viertens schließlich muß als Voraussetzung betont werden, daß man in Plankosten keine 100%igen, ohne weiteres brauchbaren Leistungsmaßstäbe sehen darf, sondern daß auch diese noch des Anpassens an die Zufallsschwankungen und nicht voraussehbaren Gegebenheiten des Einzelfalls bedürfen, die sich jeder Vorausberücksichtigung entziehen. Es kann, auch ganz grundsätzlich gesehen, keineswegs Ziel und Aufgabe sein, bei der Normierung möglichst allen erdenklichen Außenwirkungen Rechnung zu tragen und diese auszuschalten zu suchen. Das führt höchstens zur Annahme von Gesetzmäßigkeiten, wo solche in Wirklichkeit gar nicht bestehen. Das genaue Anpassen an die Voraussetzungen des Einzelfalls muß der nachträglichen Rechnungsauswertung, der Analyse der Soll-Ist-Abweichungen, überlassen bleiben. Nur die großen Gesetzmäßigkeiten, die wirklich klar er-

---

[14]) So z. B. auch die den Wirtschaftsgruppen anempfohlene Rechnungslegung des Ausschusses für Betriebswirtschaft beim RKW.

S. Buchhaltungsrichtlinien, RKW-Nachrichten v. November 1937.

[15]) Als Beispiele derartiger universeller Kostenpläne sei vor allem verwiesen auf: Michel, Handbuch der Plankostenrechnung, Berlin 1937, S. 133 ff., ferner Neumayer, Plankostenrechnung auch in Mittel- und Kleinbetrieben. Z. f. O. 1934, S. 421. Reitell: Overhead Expense Control Through Standard Costs and Flexible Budget; Factory Management and Maintenance, May 1935. Außerdem sei auf die „Leitsätze über Richtzahlen und Wirtschaftsplan-Kontrolle", herausgegeben vom Plankostenausschuß beim VDI, hingewiesen (Beilage zu Technik und Wirtschaft, 1931, Nr. 9).

kennbaren Abhängigkeiten und Beziehungen zwischen Aufwand und Leistung, sind bei der Ermittlung der Plankosten zugrunde zu legen und zu berücksichtigen. Im übrigen ist weitgehend von den durchschnittlichen Gegebenheiten (z. B. durchschnittliche Auftragszusammensetzung, Materialqualität, Preise usw.) auszugehen. Wir können daher der Plankostenermittlung die Aufgabe der Grobanalyse, der nachfolgenden Abweichungsanalyse dagegen die Aufgabe der Feinanalyse und 100%igen Anpassung an die Gegebenheiten des Einzelfalles zusprechen[16]). Wie hierbei die Teilung zwischen beiden ist, wird in den einzelnen Fällen sehr verschieden sein. Gewisse Zweifel könnten sich z. B. hinsichtlich der Auftragszusammensetzung ergeben, die als ein aus einer Verantwortungsrechnung wohl grundsätzlich auszuschaltender Außenfaktor den Kostenverlauf beeinflußt. Sind Schwankungen in der Auftragszusammensetzung die Regel, so werden sich gewisse gesetzmäßige Abhängigkeiten zwischen Auftragsgröße, Einrichte- und unmittelbaren Fertigungskosten feststellen lassen. Ist das nicht der Fall, so ist von einer durchschnittlichen Losgröße auszugehen und evtl. Abweichungen bei dem nachfolgenden Soll-Ist-Vergleich Rechnung zu tragen.

Vorstehend haben wir ausschließlich auf die Kontrollfunktion der Plankosten hingewiesen. Außer dieser wohnen ihnen natürlicherweise noch zwei weitere Funktionen inne, die an dieser Stelle wenigstens erwähnt werden sollen.

Das eine ist die Dispositions- und Planungsfunktion[17]). Auch diese ist ohne weiteres ersichtlich. Derartige, auf genauester Analyse der betrieblichen Zusammenhänge basierende Kostennormen müssen ein vorzügliches Hilfsmittel zielbewußter Betriebslenkung und damit der Vorgabe der vorgesetzten an ihre nachgeordneten Stellen sein. Hierdurch wird eigener Disposition und Initiative keineswegs Abbruch getan, wie Schmalenbach zu fürchten scheint[18]), denn mit diesen Normen werden ja immer nur Regel und Richtschnur gegeben, die keineswegs zwingend befolgt, allerdings bei negativen Abweichungen als Verantwortungsmaßstab anerkannt werden müssen.

Abgesehen von dieser Planungsfunktion haben Plankosten ferner eine gewisse kalkulatorische und Preisbildungsfunktion. Es dürfte heute wohl keinem Zweifel mehr unterliegen, daß nicht das mit allen Zufallsschwankungen behaftete Ist, sondern nur ein bereinigtes, den allgemeinen Betriebsbedingungen entsprechendes Soll Berech-

---

[16]) Hiermit wird auch bereits ein gut Teil der gegen „bewegliche Kostenpläne" geltend gemachten Einwände hinfällig. Es sollen hiermit keineswegs 100%ig exakte Abhängigkeiten zwischen Kostenverlauf und Beschäftigungsumfang festgestellt, sondern nur der Trend der einzelnen Kostenarten, ihre Anpassungsfähigkeit und Elastizität in etwa im voraus ermittelt werden, und das ist zweifellos, vor allem unter der Voraussetzung längerer Erfahrung und genauer Beobachtung, mit einiger Zuverlässigkeit und Sicherheit möglich.

[17]) Daher hat sich auch in Deutschland für wissenschaftlich ermittelte exakte Soll- bzw. Standardkosten der Begriff der Plankosten durchgesetzt.

[18]) Schmalenbach, Der Kontenrahmen, a. a. O. S. 11.

tigung hat, sich im Preis durchzusetzen. Daher müssen u. E. Plankosten als der natürliche Ausgangspunkt aller einzelbetrieblichen Preisstellung, vor allem auch aller zwischenbetrieblichen Kostenvergleiche, insoweit diese Zwecken der Preisbildung und Preisüberwachung dienen, angesehen werden.

Näher kann hier auf Bildung und Bedeutung von Plankosten nicht eingegangen werden. Es kann jedoch auf eine recht umfangreiche, vor allem amerikanische Literatur verwiesen werden, die sich mit der Bildung von Plan- bzw. Standardkosten befaßt[19]).

b) Materielle und formelle Fragen der Plankostenrechnung.

Plankostenrechnung ist sowohl Planungs- als auch Abrechnung. Als Planungsrechnung gibt sie das Kosten-Soll entsprechend den erwarteten Beschäftigungsbedingungen, insbesondere der erwarteten Beschäftigungslage, den voraussehbaren Preis- und den wahrscheinlichen Auftragsverhältnissen vor. Dieses sind die wichtigsten, die betriebliche Kostenentwicklung beeinflussenden Außenwirkungen, die schon im voraus bis zu einem gewissen Grad erkannt und berücksichtigt werden können.

Als Abrechnung stellt sie jedem Ist sein Soll gegenüber und gibt so unmittelbaren Ausgangspunkt für eine Kostenkontrolle, deren natürliche Form die Analyse der Soll-Ist-Abweichungen ist.

Soll-Kostenrechnung ist auch lediglich als Nach- und Kontrollrechnung denkbar derart, daß jedem Ist erst nach seiner Entstehung sein Soll zugerechnet wird.

Jede betriebliche Rechnung bekommt aber erst in Verbindung mit der Planungsidee höchste Wirkungs- und Erkenntniskraft.

Die Vorgabe des Soll hat einmal eine erzieherische Wirkung auf den Funktionsträger. Ihm wird ein Ziel gesteckt, ihm wird gezeigt, was zur Erhaltung betrieblicher Existenz und Wirtschaftlichkeit erforderlich ist. Das wirkt leistungsanspornend, gibt ferner seinem Leistungseinsatz Richtung und Weg.

Ferner ist die Vorausplanung der einzige Weg, die betrieblichen Einzel- und Teilleistungen bestmöglich aufeinander abzustimmen, den gesamten Betriebsablauf zu harmonisieren. Wenn Leerlaufverluste, Arbeitsüberschneidungen und sonstige Mängel

---

[19]) Erwähnt seien vor allem: Ch. Harrison, Standard Costs, New York 1930; Meyer—Keating—Metsch, How to set Standards, New York 1931; Camman, Basic Standard Costs, New York 1932; Gillespie, Accounting Procedure for Standard Costs, New York 1935; ferner die Year Books der National Association of Cost Accountants (NACA).

organisatorischer Art vermieden werden sollen, so ist eine umfassende Planung von höherer betrieblicher Warte aus hierzu der einzige Weg.

Mit einer Plankostenrechnung in dem gekennzeichneten Sinn sind mehrere Fragen materieller wie auch formeller Art verbunden.

Materielle Rechnungsfragen sind Wertungsfragen. Unter Wertungsgesichtspunkten steht speziell für die Plankostenrechnung die Frage nach Vorgabe optimaler oder praktischer Soll-Kosten an erster Stelle.

Optimale Soll-Kosten beruhen auf der Annahme voller, also bestmöglicher Kapazitätsausnutzung. Die Kosten werden vorgegeben ohne Rücksicht auf die tatsächlichen Markt- und Betriebsschwankungen. Praktische Soll-Kosten gehen dagegen von der erwarteten Beschäftigung aus. Sie versuchen also, der Wirklichkeit möglichst nahe zu kommen.

Wenn auch diese Frage heute, wo die Mehrzahl aller Betriebe mit Vollausnutzung rechnen kann, nicht so wichtig erscheint, so ist sie doch in Krisenzeiten, bei Konjunkturrückschlag und ferner für Betriebe mit schwankendem Beschäftigungsrhythmus von entscheidendem Belang und grundsätzlicher Bedeutung.

Die Vorgabe optimaler Soll-Kosten hat den Vorzug, daß der Betrieb jederzeit seine Entfernung von der optimalen Kostenlage vor Augen hat und sich damit vielleicht ein um so intensiveres Bestreben, diese zu erreichen, verbindet.

Dieser Vorteil verschwindet jedoch völlig gegenüber den Vorzügen, die die Vorgabe praktischer, wirklichkeitsnaher Soll-Kosten hat.

Den erwarteten Beschäftigungs-, Auftrags- und Preisschwankungen angepaßte praktische Soll-Kosten sind einmal die einzig brauchbare Grundlage einer innerbetrieblichen Kontroll- und Verantwortungsrechnung. Die Betriebsleistung kann niemals an einem optimalen, sondern immer nur an einem praktisch erreichbaren Soll gemessen werden, wie schon wiederholt betont wurde. Das gilt auch für eine Leistungsmessung an den Kosten.

Zum anderen ist aber unseres Erachtens auch eine Planung nur auf der Basis tatsächlicher Verhältnisse sinnvoll durchführbar. Auch die Abstimmung des Betriebes kann nur in engster Anlehnung an die Wirklichkeit bestmöglich erfolgen.

Wir entscheiden uns daher hier für die Vorgabe praktischer Soll-Kosten.

Mit der Entscheidung der vorstehenden ist zum Teil bereits eine weitere Wertungsfrage der Plankostenrechnung beantwortet, nämlich die nach Beibehaltung oder Abänderung des geplanten Kosten-Soll.

Die Kostenplanung wird in der Regel in der Weise vorgenommen, daß für eine längere Planperiode von vielleicht einem Jahr die zu erwartenden Preis-, Beschäftigungs- und Auftragsverhältnisse so genau wie möglich ermittelt und hiervon ausgehend, in Verbindung mit dem universellen Kostenplan, die entsprechenden Kostennormen vorgegeben werden. Die üblichen Beschäftigungsrhythmen, wie Wochen-, Monats- und Saisonschwankungen, sind dabei natürlich bereits zu berücksichtigen.

Es ist nun durchaus möglich, ja in vielen Fällen wohl sogar wahrscheinlich, daß sich die bei der Planung angenommenen Betriebsverhältnisse und -bedingungen im Lauf der Planperiode ändern. Diese Änderungen können von zwei Seiten kommen, einmal vom Markt, zum anderen von der Seite innerbetrieblicher Produktionstechnik und -organisation. Verfahren werden verändert, Kapazitäten abgebaut oder erweitert. Damit wandelt sich natürlich auch die Kostenlage des Betriebes.

Wie ist in Fällen derartiger markt- oder betriebswirtschaftlicher Wandlungen grundsätzlich zu verfahren, ist das einmal vorgegebene Soll unverändert beizubehalten oder ist der Kostenplan den tatsächlichen Verhältnissen anzupassen?

Für die Beibehaltung des Soll spricht zweifellos die Einfachheit und Sicherheit der Rechnungslegung ferner auch die Möglichkeit der einzelnen Betriebsglieder, auf längere Zeit im voraus disponieren zu können. Jedes Soll verlangt im Interesse möglichst sicherer Betriebsplanung eine gewisse Konstanz. Zu häufige Änderungen und Wandlungen bringen nur zu leicht Unruhe und Unsicherheit in den Produktionsablauf und machen die angestrebte Betriebsharmonie zunichte. Darum ist nach Möglichkeit das für eine Planperiode einmal aufgestellte Produktions- und Kosten-Soll aufrecht zu erhalten.

Wesentlichen Änderungen und entscheidenden Wandlungen marktwirtschaftlicher oder produktionstechnischer Art muß dagegen auch bei der Planung durch entsprechende Anpassung der Kostenvorgaben Rechnung getragen werden. Das verlangt schon das Prinzip möglichst wirklichkeitsnaher Soll-Kosten, aus dem heraus auch die Frage der optimalen und praktischen Plankosten bereits entschieden wurde. Je besser ein Soll den tatsächlichen Verhältnissen entspricht, um so eher kann es seine Planungs- wie auch seine Kontrollfunktion erfüllen. Die Beschränkung auf wesentliche und einschneidende Wandlungen der Betriebsverhältnisse muß dafür sorgen, daß die auf der anderen Seite bestehende Gefahr der Betriebsunruhe und Betriebsunsicherheit nicht zu groß wird.

Nach den vorstehend entwickelten und vertretenen Grundsätzen hat sich die Plankostenrechnung unter Wertungsgesichtspunkten grundsätzlich in folgender Weise zu vollziehen:

1. Auf Grund der technischen und organisatorischen Betriebsbedingungen ist ein Kostenplan aufzustellen, der für alle Beschäftigungslagen Kostennormen der einzelnen Kostenstellen enthält.
   Prinzip des universellen Kostenplans.
2. Für eine längere Planperiode von in der Regel einem Jahr ist, ausgehend von erwarteten Beschäftigungsbedingungen und universellem Kostenplan, ein Kostenbudget für den Betrieb aufzustellen und auf Grund desselben den einzelnen Betriebsstellen ihr Kosten-Soll vorzugeben.
   Prinzip der Kostenvorgabe.
3. Das Kostenbudget ist wesentlichen wirtschaftlichen oder technischen Produktionswandlungen monatlich anzupassen, so daß die Plankosten möglichst der Wirklichkeit entsprechen.
   Prinzip wirklichkeitsnaher Plankosten.

Neben diesen materiellen bestehen formelle Fragen der Plankostenrechnung.

Formelle Rechnungsfragen sind Fragen der Rechnungsgliederung und -unterteilung. Für die Plankostenrechnung kommen unter diesem Gesichtspunkt Fragen der Kostenstellen- und Kostenartengliederung in Betracht.

Die Kostenstellengliederung wurde schon im Verhältnis zu der organisatorischen Verantwortungsabgrenzung kurz gestreift[20]). Hier sei zusätzlich nur darauf hingewiesen, daß vom Standpunkt einer Verantwortungsrechnung Funktionsbereiche immer so abgegrenzt werden müssen, daß sie auch wirklich Träger eigener Verantwortung sein können. Zu diesem Zweck ist erforderlich, daß sie auf der einen Seite nicht zu groß, auf der anderen nicht zu klein sind, daß sie ferner selbständig zu erfassende und abzurechnende Teilaufgaben enthalten.

Als Mindestmaß ist eine sich aus den betrieblichen Grundfunktionen ergebende natürliche Stellengliederung zu fordern. Als derartige natürliche Betriebsstellen sind z. B. für die Industrie: Materialbeschaffung und -lagerung, Fertigung, Verwaltung und Vertrieb; für den Handel: Beschaffung und Vertrieb anzusehen. In der Bank kann die sich immer mehr durchsetzende Gliederung nach Geschäftskreisen: in Kredit-, Effekten- und laufenden Geschäftsverkehr als der natürliche Ausgangspunkt einer Stellenbildung angesehen werden. Im Verkehr hat z. B. die Reichsbahn in der Gliederung nach: Zugbildung, Zugabfertigung und Zugförderung, die Seeschiffahrt in der Abgrenzung nach: Reiserouten und Verkehrsrichtungen ein derartiges natürliches Stellenbildungsprinzip gefunden.

Diese natürliche Stellengliederung, wie sie sich aus den betrieblichen Grundfunktionen ergibt, kann zweifellos nur für Klein- und Kleinstbetriebe als ausreichend angesehen werden. Mittel- und Großbetriebe haben im Rahmen dieser Unterteilung weiterzugehen. Sie

[20]) S. S. 81 ff.

müssen dabei nach den weiter oben angedeuteten Aufgabengliederungs- und Stellenbildungsprinzipien verfahren[21]) in bestmöglicher Anpassung an die Eigenarten ihres Betriebsproduktes, ihres Produktionsprozesses und ihrer marktwirtschaftlichen, betriebstechnischen und -organisatorischen Voraussetzungen.

Was die Kostenartengliederung betrifft, so glauben wir für die Sollkostenrechnung ein anderes Gliederungsprinzip aufstellen zu können wie es für die Ist-Kostenrechnung gilt, nämlich das der praktisch ausreichenden an Stelle der möglichst weitgehenden Kostenunterteilung.

Daß als Prinzip für die Ist-Kostenrechnung die möglichst weitgehende Kostengliederung angesehen werden muß, hat vor allem zwei Gründe.

Einmal sind Ist-Kosten das Ergebnis sowohl von Außen- als auch Inneneinflüssen des Betriebes. Innerbetriebliche Leistungs- und außerbetriebliche Marktschwankungen können sich infolgedessen leicht ausgleichen. Daß diese Gefahr um so größer wird, je summarischer die Kostenerfassung ist, liegt auf der Hand.

Auch der zweite Grund ergibt sich aus der mangelnden Maßstäblichkeit der Ist-Kosten. Ein Ist-Vergleich kann seiner Kontrollfunktion nur dadurch nachkommen, daß er den einzelnen Kostenelementen möglichst weit nachgeht und sie bis zu ihren letzten Entstehungsgründen und möglichen Ursachen verfolgt. Praktisch kommt das einer tiefgehenden Kostengliederung gleich.

Bei einer Plankostenrechnung liegen dagegen die Dinge grundsätzlich anders.

Einmal ist hier mit dem Kosten-Soll ein absoluter Wirtschaftlichkeitsmaßstab gegeben, so daß Einfluß und Ausgleich durch Außenschwankungen nicht befürchtet zu werden brauchen.

Aber auch in dem Kontrollprinzip liegt ein wesentlicher Unterschied zur Ist-Kostenrechnung. Ausgangspunkt und Grundlage der Soll-Kostenkontrolle sind nicht die absoluten Kosten, sondern lediglich die Ausnahmen; das Schwergewicht liegt auf der Analyse der Abweichungen, die den „anormalen" Betriebsverhältnissen und Zufallsschwankungen des Einzelfalls auf den Grund geht.

Durch die Tatsache dieser systematischen Abweichungsanalyse ist es bei Plankostenrechnung möglich, die Kosten nach den hauptsächlichen Elementen und Kostengruppen zusammenzufassen und nicht schon bei der Artengliederung alle erdenklichen Entstehungsgründe und Einflußfaktoren zu berücksichtigen[22]).

In dieser Beschränkung auf die hauptsächlichen Kostengruppen ist z. B. ein wesentlicher Vorteil für alle Vereinheitlichungsbestrebungen in der Rechnungslegung zu sehen, wie sie vor allem das RKW schon seit langem verfolgt. Die Kostenstellengliederung ist

---

[21]) S. S. 81.

[22]) Vgl. hierzu Michel, Handbuch der Plankostenrechnung, a. a. O. S. 81 ff.

nie von den spezifischen Eigenarten des Betriebs- und Produktionsprozesses zu befreien, die Kostenartengliederung kann dagegen weitgehend einheitlich gestaltet werden, und das erst recht, wenn durch die Art einzelbetrieblicher Rechnungslegung eine Beschränkung auf die hauptsächlichen, sich aus den Betriebsfunktionen ergebenden natürlichen Kostenarten möglich ist[23]).

c) Der Plankosten-Abrechnungsbogen als Hauptstütze der Plankostenrechnung. Grundsätze und Beispiele.

Rein rechnerisch gesehen bestehen für die Durchführung der Plankostenrechnung grundsätzlich drei Möglichkeiten:

1. Einschaltung in das System der Doppik;
2. Freie statistische Nebenrechnung;
3. Teilweise Einfügung in das Doppiksystem und Ergänzung durch freie Nebenrechnung.

Die Einschaltung der Soll-Kostenrechnung in den Buchungsgang ist entweder mit Hilfe von Differenzkonten[24]) oder auf dem Wege der Vierspaltenbuchführung[25]) möglich. Beide Verfahren bedeuten zweifellos eine erhebliche Komplizierung und Belastung des laufenden Rechnungsganges, da sie für jeden Buchungsfall eine Vierfachverrechnung notwendig machen. Es ist daher verständlich, wenn man diesen Weg möglichst zu vemeiden sucht. Doch sind durchaus auch Beispiele vollbuchhalterischer Soll-Ist-Rechnung zu finden[26]).

In ausgesprochenem Gegensatz zu der buchhalterisch zwangsläufigen steht die völlig freie Soll-Ist-Rechnung. Bei dieser wird entweder nur das Soll oder nur das Ist — in der Regel das letzte — buchhalterisch geführt und der Soll-Ist-Vergleich völlig unabhängig hiervon in freier statistischer Nebenrechnung durchgeführt[27]).

Mit diesem Verfahren ist zweifellos der Vorteil äußerster rechnerischer Beweglichkeit verbunden. Was jedoch fehlt, ist der rechnerische Zwang. Auf diese Weise wird nur zu leicht Korrektheit und Zuverlässigkeit der Rechnungsergebnisse gefährdet. Rechnerischer Zwang ist schon gut und erforderlich, er darf nur nicht übertrieben werden.

---

[23]) Die Kostenartengliederung des RKW-Abrechnungsbogens (25 Kostarten der Stellen) ist zweifellos schon als ein brauchbarer Ausgangspunkt für eine derartige natürliche Kostengliederung anzusehen.

[24]) Als Beispiel s. Schlatter, Das Verfahren der Standardkosten an Hand eines praktischen Beispiels; Die Betriebswirtschaft 1932, S. 12 ff. Ferner: Mellerowicz, Verrechnung der Verrechnungspreise und Standardkosten, in: Kosten und Kostenrechnung, Bd. II, 1, a. a. O.

[25]) Zur Veranschaulichung sei auf die Anlagen V und VI zu Camman, Basic Standard Costs, a. a. O. verwiesen.

[26]) S. z. B. Kunze, Die Durchführung der Plankostenrechnung in der Einzel-, Reihen- und Massenanfertigung; Maschinenbau-Betrieb 1935, S. 450.

[27]) Beispiel hierfür sind Produktions-, Maschinenleistungs- und sonstige laufende Betriebsberichte, wie sie in graphischer Form oder auch lediglich in zahlenmäßiger Gegenüberstellung von Soll und Ist aufgestellt werden. S. hierzu die nachfolgenden Beispiele S. 120.

Darum scheint uns für die Plankostenrechnung insbesondere der dritte Weg in Frage zu kommen, wie ihn das RKW bereits für die Ist-Kostenrechnung beschritten hat, das ist die Verlegung der Kostenstellenrechnung in die freie Nebenrechnung und die Führung der Buchhaltung lediglich nach Kostenarten und Kostenträgern. Hierdurch wird die rechnerische Komplizierung, die eine Vierfachverbuchung mit sich bringt, praktisch vermieden, denn gerade die Stellenrechnung bringt durch die gegenseitige Abhängigkeit und Verflechtung der Stellen untereinander buchhalterisch die wesentliche Erschwerung. Auf der anderen Seite ist durch eine feste Verkoppelung von Arten-, Stellen- und Trägerrechnung durchaus die Möglichkeit rechnerischer Zwangsläufigkeit und der Garantie zuverlässiger Zahlenwerte gegeben. Der Plankosten-Stellenbogen wird daher als Hauptträger und Mittelpunkt betrieblicher Plankostenrechnung angesehen und steht nachfolgend allein im Mittelpunkt des Interesses.

Für die Aufstellung eines Stellenabrechnungsbogens sind, bei Ist- wie bei Plankostenrechnung in gleicher Weise, die folgenden Grundsätze aufzustellen.

1. Die Einschaltung der statistischen Stellenrechnung in den Gang der Betriebsbuchhaltung hat so zu erfolgen, daß die Kostenarten aus der Buchhaltung entnommen[28]) und als „verrechnete Kosten" an diese zurückgegeben werden[29]). Auf diese Weise erfolgt eine Umformung und Umgliederung der Gesamtkosten eines Betriebes unter Gesichtspunkten stellenmäßiger Verrechnung. Durch die feste Verankerung der Stellenabrechnung sowohl mit Zahleneingang wie -ausgang in der Buchhaltung ist dafür Sorge zu tragen, daß diese Umgliederung mit der erforderlichen Korrektheit und Exaktheit erfolgt.

2. Die Aufteilung des Abrechnungsbogens ist so vorzunehmen, daß in der Horizontalen die Kostenstellen, in der Vertikalen die Kostenarten geführt werden sowie ferner Leistungsangaben, die für die Ermittlung von kalkulatorischem Verrechnungssatz, Beschäftigungsgrad und wichtigen betrieblichen Kennziffern, so z. B. Arbeitsstunden-, Maschinenstunden-, kg- oder sonstigem Mengensatz, erforderlich sind.

Für den Plankosten-Stellenbogen sind außerdem die folgenden drei Sonderanforderungen zu stellen:

3. Nicht nur die Gemeinkosten, wie es häufig bei Ist-Rechnung geschieht, sondern auch die Einzelkosten sind stellenmäßig zu erfassen, um sie in eine Verantwortungskontrolle einbeziehen zu können.

4. Jede Kostenart einer Stelle ist grundsätzlich nach Soll und Ist zu führen, so daß die Abweichungen sofort nach Art und Ursache

---

[28]) Aus den Kontenklassen 3 und 4 nach dem Kontenrahmen, den die Buchhaltungsrichtlinien (a. a. O.) vorsehen. S. das den Buchhaltungsrichtlinien angefügte „Beispiel eines Kontenplans für Fertigungsbetriebe".

[29]) Kontenklasse 5 bei Zugrundelegung der RKW-Abrechnung.

zu übersehen sind. In die Soll-Spalte sind die geplanten, in die Ist-Spalte die tatsächlich aufgelaufenen Kosten einzusetzen[30]).

Die fünfte Forderung ergibt sich aus kostenanalytischen Erwägungen:

Aus einem nach den vorstehenden Grundsätzen aufgestellten Stellenabrechnungsbogen lassen sich bei horizontaler Summierung die Gesamtabweichungen der Kostenarten, bei vertikaler Summierung die Gesamtabweichungen der Stellen ermitteln. Die letzten interessieren vom Standpunkt einer Verantwortungsrechnung allein.

Die sich aus Gegenüberstellung von geplantem Soll und tatsächlichem Ist ergebenden Gesamtabweichungen der Stellen können grundsätzlich auf zwei Ursachen zurückzuführen sein:
1. eine Mehr- bzw. Minderleistung,
2. einen Mehr- bzw. Minderverbrauch.
Beide Ursachen können auch zusammenkommen und sich in der Wirkung unterstützen bzw. im Endergebnis kompensieren. Das ist vielfach der Fall[31]).

Ob und inwieweit die Gesamtstellenabweichung auf die Leistungs- oder Verbrauchsseite zurückzuführen ist, ist leicht dadurch festzustellen, daß die praktischen Plankosten der Ist-Leistung ermittelt werden. Aus der Differenz zwischen Plankosten der vorgegebenen und Plankosten der tatsächlichen Leistung auf der einen Seite und Plankosten und Ist-Kosten der tatsächlichen Leistung auf der anderen Seite ergeben sich nunmehr zwei Teilabweichungen, die wir als Beschäftigungs- und Verbrauchsabweichungen kennzeichnen wollen. Die erste zeigt die Mehr- bzw. Minderleistung, die zweite den Mehr- bzw. Minderverbrauch an.

Diese beiden Abweichungen geben für die Gesamtbeurteilung der betrieblichen Kostenlage bereits weitgehenden Anhalt und sind auch für die Plankostenauswertung geeigneter Ausgangspunkt. Wir halten es daher für zweckmäßig, diese Abweichungsaufspaltung, obwohl sie bereits den ersten Schritt einer Abweichungsanalyse und -auswertung darstellt, in den Abrechnungsbogen einzufügen.

Als fünfte Forderung an den Plankosten-Stellenbogen stellen wir daher auf: Aufspaltung der Gesamtabweichung in Beschäftigungs- und Verbrauchsabweichung.

Die vorstehend entwickelten Grundsätze seien an Hand von zwei praktischen Beispielen näher veranschaulicht und erläutert (siehe hierzu die Abbildungen 4 und 5).

Als erstes Beispiel (Abb. 4) ist der von Neumayer veröffentlichte[32]) Plankosten-Stellenabrechnungsbogen einer mittleren Maschinenfabrik gewählt.

---

[30]) S. hierzu die Grundsätze der Abweichungsanalyse S. 102 ff.
[31]) S. die folgenden Beispiele.
[32]) Warum Plankostenrechnung im Industriebetrieb? Z. f. O. 1935, S. 149.

Inhalt und Aufstellung des Abrechnungsbogens schließen sich zum guten Teil dem RKW-Schema an.

Unterschiede ergeben sich einmal in der Kostenstellengliederung. Hier fällt vor allem die Einordnung der Verwaltungs- bzw. der Geschäfts- und Betriebsleitungsstellen unter die Hilfsstellen auf. Da die Hilfsstellen in diesem Fall ebenso wie die „Allgemeinen Kostenstellen" des RKW-Schemas behandelt, also auf die übrigen Kostenstellen umgelegt werden, finden wir entsprechend Betriebs- und Geschäftsleitung auch im Vertikalkopf der Kostenarten wieder: Kostenpositionen 14 und 15. Diese Praxis stellenweiser Verrechnung auch der Verwaltungs- und Leitungskosten haben wir bereits an anderer Stelle kritisiert und grundsätzlich abgelehnt[33]).

Unterschiede zeigt auch die Kostenartengliederung. Die Zahl der Gemeinkostenarten ist auf 15 beschränkt gegenüber 25 im RKW-Abrechnungsbogen. Doch mag diese Untergliederung für den speziellen Fall ausreichen.

Was besonders unter Plankostengesichtspunkten interessiert, sind einmal die Positionen 16 und 17 der Kostenarten, die als „Einzelkostenabweichungen" gekennzeichnet sind. Durch ihre Einbeziehung in den Abrechnungsbogen ist die stellenmäßige Kontrolle auch der Einzelkosten möglich, wie sie von uns im Interesse vollständiger und umfassender Stellenverantwortungsrechnung gefordert wurde[34]). Daß in diesem Fall lediglich die Abweichungen und nicht die vollen Soll-Istbeträge der Einzelkosten geführt werden, spielt dabei keine Rolle.

Was unter Plankostengesichtspunkten ferner interessiert, ist die Kostenverrechnung. Diese geschieht zu optimalen Kosten. Neumayer selbst spricht von den „kalkulatorischen Verrechnungspreisen, die der normalen oder optimalen Beschäftigung entsprechen und ‚Vollaufskosten' darstellen".

Wir finden hier also einen ausgesprochenen Gegensatz zu der von uns geforderten Vorgabe und Verrechnung praktischer Plankosten. Hieraus wird einmal erklärlich, daß die Stellenabweichungen zum Teil erhebliche Beträge ausmachen, denn die Beschäftigung liegt in den meisten Fällen weit unter dem Optimum[35]). Hieraus wird ferner verständlich, daß lediglich die Gesamtstellenkosten und nicht auch die Kostenarten nach Soll und Ist gegenübergestellt werden, denn optimale Soll-Kosten haben, wie bereits betont, nur geringen Kontrollwert. Die Kontrolle verantwortlicher Betriebsführung muß daher völlig der nachträglichen Plankostenauswertung überlassen bleiben.

Dagegen wird in dem in Frage stehenden Beispiel die Forderung einer Abweichungsaufspaltung in Beschäftigungs- und Verbrauchsabweichungen erfüllt. Die Beschäftigungsabweichungen werden als Differenz zwischen optimalen und praktischen Plankosten, die Verbrauchsabweichungen als Differenz zwischen praktischen Plankosten und Ist-Kosten ermittelt. Dabei ergeben sich die optimalen Plankosten aus der Bewertung der Ist-Leistung zu dem optimalen Plankostensatz, die praktischen Plankosten aus der Bewertung der Ist-Leistung zu dem ihrem Produktionsvolumen entsprechenden, praktischen Plankostensatz. Es werden also anstelle absoluter Kosten vorwiegend kalkulatorische Sätze bei der Abweichungsaufspaltung

33) S. S. 84 f.
34) S. Grundsatz 3 S. 98.
35) S. die Zeile 30 der Vertikalspalte.

Plankosten – Stellenabrec

Kostenstellen			Spalte:	1	2	3	4	5	6	7	8	9
				Hilfs-Stellen							Mat.-St.	
	Linie	Kostenarten	Summe	Gesch.-Leitung	Grundst. u. Gebd.	Kraftstation	Fuhrpark	Rep. Abteilg.	Versuchs-Abt.	Betriebs-Leitung	Einkauf	Rohlager
Gemeinkosten	1	Gehälter	8427	1684	61	42	–	211	68	1917	126	–
	2	Hilfslöhne	3276	–	85	191	95	79	98	548	–	45
	3	Hilfsmaterial	4766	34	94	1526	253	85	35	143	7	7
	4	Reparaturen usw.	2734	–	18	29	–	–	8	–	–	–
	5	Auswärtskosten	5183	2471	261	45	71	–	12	1697	68	–
	6	Strom	1642	5	2	–	2	114	–	8	1	1
	7	Dampf	258	2	3	–	3	6	2	10	1	9
	8	Fuhrpark	480	195	–	–	–	–	–	–	11	–
	9	Sozial-Lasten	2155	–	7	16	8	78	8	30	–	4
	10	Zinsen, Steuern	5286	156	329	50	45	86	19	28	3	101
	11	Versicherung	599	4	183	4	28	9	4	3	1	11
	12	Miete	1800	15	–	60	19	35	11	59	5	234
	13	Abschreibungen	9189	19	670	212	105	203	49	129	3	19
Einzelkosten-Abweichungen	14	Geschäfts-Leitungs-Anteil	3640	–	–	–	–	–	–	856	464	–
	15	Betr.-Ltg. u. Versuchs-Abt.-Anteil	5106	–	–	–	–	–	–	–	–	–
	16	Lohnzuschläge	387	–	–	–	–	18	–	–	–	–
	17	Ausschuß	231	–	–	–	–	–	–	–	–	–
Gewinn u. Verlust	20	Gemeinkosten Ist	56682	4785	1713	2175	629	924	314	5428	690	431
	21	Gemeinkosten Soll	48457	3640	1800	1900	480	842	306	4800	620	320
	22	Gesamt-Abweichungen	8225	1145	- 87	275	149	82	8	628	70	111
	23	Beschäftigungs-Abweichg.	7351	1050	–	290	110	91	–	576	100	100
	24	Verbrauchs-Abweichg.	+ 874	95	- 87	- 15	+ 39	- 9	+ 8	+ 52	- 30	+ 11
Leistungs-Angaben	25	Kostensatz Soll		–	0,30 RM	0,10 RM	0,14 RM	100%	–	25%	4%	2%
	26	Fertigungslöhne Soll	20407	–	–	–	–	(842)	–	–	–	–
	27	Maschinenstunden	—	–	–	612	107	538	–	–	–	–
	28	Mengenleistung	—	–	6000 m^2	16420 KWh	3420 km	–	–	–	15485 RM	15988 RM
	30	Beschäftigungsgrad		62%	–	42%	61%	50%	–	57%	60%	62%

…sbogen (Neumayer) Monat: Februar

…2	13	14	15	16	17	18	19	20	21	22	23	24	25	26	27	28	29	30	31	32
	Fertigungs-Stellen												Zusammenbau-St.				Vertriebs-St.			
…	Rev.-Dreherei	Automaten-Abt.	Fräserei	Hobelei	Bohrerei, groß	Bohrerei, klein	Härterei	Schweißerei	Schleiferei	Stanzerei, groß	Stanzerei, klein	Lackiererei	Halblager	Montage A	Montage B	Montage C	Fertiglager	Packerei, Versand	Vertrieb, Inland	Vertrieb, Ausland
…05	75	195	84	59	177	94	112	—	184	268	116	—	—	138	69	69		62	932	1154
…32	116	58	62	93	84	49	42	118	13	107	149	192	235	54	33	126	363	53	—	—
…78	122	85	37	18	84	37	408	352	341	104	95	193	41	126	64	83	8	30	29	36
…18	125	408	277	229	139	146	58	—	284	345	144	17	—	57	—	29	—	—	—	—
—	—	—	—	—	—	—	—	—	—	—	—	—	—	—	—	—	—	—	316	242
…75	63	81	77	70	89	31	258	188	112	133	97	35	1	12	9	7	1	3	7	7
…12	9	8	10	12	14	6	5	7	11	12	8	10	16	19	15	8	14	3	7	7
—	—	—	—	—	—	—	—	—	—	—	—	—	—	—	—	—	—	—	124	150
…41	96	59	78	106	87	105	89	56	128	131	124	96	20	208	164	109	31	24	—	—
…58	178	218	131	72	117	86	94	92	83	325	126	24	318	41	28	63	585	11	471	398
…18	19	24	17	8	15	9	11	10	9	37	14	3	34	5	3	7	62	1	4	4
…73	54	50	61	71	85	38	35	44	65	74	49	61	105	119	94	49	81	19	8	5
…69	831	557	433	375	598	233	225	292	340	945	520	94	19	142	200	319	24	8	19	16
—	—	—	—	—	—	—	—	—	—	(Halblageranteil:				262	212	129)	—	—	1050	1270
…08	252	155	180	284	262	185	248	136	374	346	325	228	—	588	473	289	(		437	483)
…17	14	30	124	29	13	—	12	—	—	45	—	20	—	38	—	—	Fertiglageranteil:)			
…31	99	6	8	14	—	29	11	—	3	—	1	—	—	—	15	11	—	—	—	—
…35	2053	1934	1579	1440	1774	1048	1608	1295	1947	2872	1768	973	789	1803	1379	1298	1169	214	3892	3760
…60	1810	1605	864	1360	1570	887	1490	1200	1492	2485	1555	913	603	1645	1323	1154	920	162	2938	3457
…75	243	329	715	80	204	161	118	95	455	387	213	60	186	158	56	144	249	52	954	309
…50	250	290	485	10	180	125	150	110	455	220	190	60	110	150	95	120	190	34	1010	250
…25	- 7	+ 39	+230	+ 70	+ 24	+ 36	- 32	- 15	—	+167	+23	—	+76	+ 8	-39	+24	+59	+18	-56	+59
…0%	180%	260%	120%	120%	150%	120%	150%	220%	100%	180%	120%	100%	—	70%	70%	100%	—	70%	10%	10%
…31	1008	618	720	1135	1047	739	994	545	1492	1381	1299	913	—	2352	1891	1154	—	(239)	—	—
…31	1983	1649	2784	2283	6239	1088	—	—	3079	954	1145	—	—	—	—	—	—	—	—	—
…38 …k	11404 Stk	31245 Stk	2089 Stk	839 Stk	3843 Stk	11417 Stk	1129 kg	1942 Stk	6940 Stk	4842 Stk	22396 Stk	18345 Stk	40145 RM	85 Stk	119 Stk	247 Stk	61408 RM	184 Stk	29830 RM	34510 RM
…%	49%	63%	53%	41%	72%	61%	57%	63%	48%	54%	58%	74%	59%	62%	50%	47%	63%	63%	65%	72%

A

Lfd. Nr.	Kostenstellen → / Kostenarten ↓	Verteilungsschlüssel	I Allgemeine Kostenstellen: Grundstücke Gebäude	I Allgemeine Kostenstellen: Heizung Kesselanlage	II. Fertigungsstellen: A	B	C	D	E	F	G	H	I	K	Summe Spalten 3-12
			1	2	3	4	5	6	7	8	9	10	11	12	13
	Flächenraum in m²				307	49	53	525	108	37	316	735	27	25	2182
1	Gehälter	direkt	134 126		65 63	22 24	270 224	41 174	26 36	20 18	25 24	37 40	9 7	15 12	600 598
2	Fertigungslöhne	"			 425 392	 158 136	 1360 1279	 870 827	 235 203	 100 102	 142 136	 233 250	 40 43	 61 68	 3636 3418
3	Hilfslöhne	"	245 236	28 14 48	88 88 158	30 30 55	285 285 518	178 178 334	43 43 83	22 22 41	29 29 55	47 55 93	3 8 17	12 12 27	723 750 1381
4	Personalnebenkosten	"			11 11 19	3 3 7	34 34 63	22 22 41	6 6 10	3 3 5	4 4 7	5 5 11	3 3 2	4 1 3	95 97 168
5	Soziale Aufwendungen	"	38 36	3 5 5	45 57 62	5 18 22	50 163 200	32 105 140	8 26 32	4 13 16	5 14 21	8 28 36	2 4 7	3 7 11	132 437 547
6	Hilfsmaterial	Entnahmeschein	20 14		12 29 43	5 11 15	43 93 132	23 54 73	4 14 19	3 6 4	13 30 40	9 10 25	1 2 7	1 3 6	114 267 367
7	Strom	Inst. kW u. Laufzeit	4 7	3 2	 440 403	 49 47	 38 33	 310 292	 34 36	 12 10	 183 175	 138 165	 72 75	 75 48	 1393 1281
8	Wasser	Zähler		 13 11			 20 18	 80 73			 3 1	 49 52			 132 146
9	Dampf	fester Schlüssel											 255 264		 255 264
10	Gas	Zähler						 133 146				 164 170			 317 316
11	Werkzeuge	Entnahmeschein			 512 493	 52 46	 384 353	 640 609	 83 80	 14 41	 100 95	 227 231			 2029 1918
12	Brennstoffe	Material u. Werkzeuglohn		135 273 415				 360 338				 730 776			 1290 1264
13	Reparaturen	Material u. Reparaturlohn	156 133	20 26	40 150 181	4 15 17	47 60 76	37 140 174	3 13 15	1 3 2	9 38 96	47 166 212	1 5 5	1 6 8	134 618 736
14	Abschreibung	Inventarkarte	745 741	172 174	332 122 467	36 12 50	220 76 302	330 84 425	130 66 180	113 33 151	510 135 690	550 183 727	198 66 280	38 10 50	2469 793 3252
15	Verzinsung	"	1400 1400	102 91	238 233	28 33	125 132	212 214	95 90	79 76	316 321	372 365	138 130	28 25	1661 1633
16	Versicherung	"	78 73		14 12	1 1	7 8	12 11	7 5	4 4	20 17	46 19	9 7	1 1	37 85
17	Postkosten	direkt													
18	Steuern u. Abgaben	"	890 887												
19	Miete	m²			183 187	29 28	30 31	313 304	69 62	22 21	187 183	434 424	16 16	15 19	1295 1270
20	Heizung	m²			26 24	4 4	4 4	45 41	9 8	3 3	27 23	61 37	2 2	2 2	183 148
21	Frachtkosten	direkt		18 16											
22	Reisekosten	"													
23	Vertreterkosten (ohne Prov.)	"													
24	Werbekosten	"													
25	Prozesskosten	"													
26	Gewinnschmälerungen	"					17 13								17 13
27	Sonstige Kosten	"													
a	Summe		3702 3667	301 787 788	1040 1456 2447	169 312 477	1022 1525 570	1335 3214 4388	417 498 787	276 214 758	1145 678 1786	1376 2007 3383	387 433 839	117 143 275	7350 11934 18827
b (Umlegung der Kosten der Fertigungshilfsstellen)	Techn. Betriebsleitung	nach a	Zeile 19	Zeile 9 u. 20	99 14 114	16 2 20	73 13 142	126 24 182	39 4 33	26 1 19	109 5 74	130 15 148	37 3 33	11 1 11	716 88 780
	Werkzeugbau	nach Zeile 11			339 159 512	33 13 78	244 114 367	406 190 631	53 25 83	19 4 11	67 30 58	192 67 240			1290 604 1990
	Reparaturwerkstatt	nach Zeile 13			283 91 378	23 9 33	122 41 130	263 91 362	27 8 32	7 3 4	69 24 96	395 107 492	7 3 10	7 9 19	1100 383 1532
	Betrieb allgemein	nach a			118 37 186	19 11 32	122 81 231	150 107 297	47 10 59	30 7 32	129 22 121	178 66 243	44 13 57	13 5 19	850 384 1277
	Summe				847 325 1188	97 37 133	591 255 898	947 409 1472	160 55 209	72 15 66	366 81 389	763 252 1073	88 21 102	33 18 47	3956 1461 5579
c	Summe a + b	1 Summe der festen Standardkosten			4887	266	1673	2282	577	348	1311	2339	475	148	14506
		2 " " veränderlichen "			2184	379	2780	3623	551	229	759	2259	476	155	13395
		3 Gesamtsumme der Standardkosten			4071	645	4453	5905	1128	567	2270	4588	951	303	24909
		4 Summe der wirklichen Kosten			3933	609	4304	5860	1070	534	2175	4656	941	372	24406
d	Maschinenstunden bezw. Tonnen	1 dem Standard zugrunde gelegt			669	480	2120	715	532	196	316	250	188 t	8 t	
		2 wirklich geleistet			608	438	1940	680	509	190	308	233	194 t	11 t	
e	Maschinenstundensatz bezw. Tonnensatz	Standard $c_3 : d_1$			6.09	1.34	2.10	8.25	2.12	2.89	7.18	18.9	5.06	3.15	
		wirklich $c_4 : d_2$			6.50	1.39	2.23	8.61	2.11	2.82	7.06	20.0	4.85	2.93	

…hilfsstellen			IV. Materialhilfsstellen				V. Vertriebsstellen					VI. Verwaltungsstellen					
…a-…r-…tatt	Betrieb allgemein	Summe Spalten 14-17	Einkauf	Rohstoff- u. Hilfsstoff-lager	Fuhrpark für Anfuhr	Summe Spalten 19-21	Vertrieb u. Korrespondenz	Fertigwaren-lager	Expedition, Verpackung, Versand	Fuhrpark für Abfuhr	Summe Spalten 23-26	Geschäfts-leitung	Buchhaltg. Kasse, Lohnbüro, Kalkulation	Personen-Autos	Allgem. Verwaltgs-stellen	Summe Spalten 28-31	Summe Spalten 13,18,22,27,32
	17	18	19	20	21	22	23	24	25	26	27	28	29	30	31	32	33
[illegible]	298	1536	21	554	21	596	26	1455	502	26	1809	20	80	10	100	210	6339
57	270	1139	375	223		600	1900	593	405		2898	1500	1290	160		2950	8187
42	280	1163	382	220		602	1895	600	401		2896	1500	1300	165		2965	8224
																	3602
																	3478
20	7	184		103	22	125	12	460	190	38	670				60	60	1779
20	7	184		103	20	123	12	460	190	38	670				60	60	1779
76	11	374		202	38	240	22	930	300	122	1374				116	116	3483
7	22	60		2	3	5	18	4			22	500				500	681
7	22	60		2	3	5	18	4			22	500				500	681
77	47	114		3	7	10	32	12			44	1094				1094	1430
33	29	134	38	33	2	73	131	103	33	6	257		130	16	6	152	1848
7	1	19		11	2	13	1	46	14	6	67				6	6	336
73	26	278	37	33	3	72	167	153	38	7	365		117	16	10	143	1403
61	13	57	3	12	3	18	30	75	100	13	218	9	31	15	3	143	950
61	26	128	11	28	2	41	70	175	230	30	505	10	50	33	7	102	1040
92	37	189	17	50	1	68	97	223	350	50	766	12	80	44	9	145	1535
42	65	270		12	3	15		17	5	13	35	5	6	4	6	21	1687
18	57	257		10	1	17		11	3	20	34	3	9	3	1	16	1605
4	21	28								2	2			5	18	23	205
2	30	36								3	3			5	26	31	216
				18		18			14		14						287
				20		20			11		11						293
	42	57															374
	13	53															377
16	4	75		2	1	3				3	3						2110
13	1	74		1	1	2				2	2						1996
26	29	179			15	15				96	96			67		67	1633
28	90	196			10	10				104	104			75		75	1649
7	4	21		7	7	2				4	4			0		0	187
18	16	87		6	2	8				16	16			24		24	750
31	22	103		10	2	12				48	48			46		46	947
70	102	762	10	150	16	160	60	40	30	60	190		8	90	14	100	3087
80	33	246	3	30	2	35	20	13	10	20	63		2	30	1	33	1150
52	132	1000	15	194	7	216	76	60	39	100	273		9	132	3	144	4887
30	70	404	13	340	35	388	100	680	81	106	967	1700	9	30	7	1746	5166
33	73	405	10	351	29	390	91	700	69	100	960	1726	3	23	2	1738	5196
27	9	127		5	9	14				50	50			115		115	287
2	11	17		2	7	9				54	54			122		122	287
			90		8	98	317				317	38	180			218	633
			85		10	95	339				339	45	200			245	679
	68	91			10	10	140				140	700		8	90	798	1039
	68	91			10	10	140				140	700		8	90	798	1039
	141	181			18	18	285				285	1386		10	200	1596	2080
77	170	877	13	327	13	350	13	837	180	14	1038	13	55	7	67	142	3702
50	172	865	12	320	12	344	15	838	174	15	1042	12	48	6	60	126	3667
97	38	172	3	8		10	13	96	50	3	161				5	5	501
67	48	130	2	9		11	11	93	49	3	156				6	6	493
2	16	23		836		836			240		240						1099
1	22	25		828		828			250		250						1103
	13	57	2			2	250				250	80				80	337
			2			2	250				250	80				80	332
	1	1	2			2	481				481	142				142	626
							375				375						375
							375				375						375
							770				770						770
							180				180						180
							191				191						197
							40				40				20	20	60
							40				40				20	20	60
							86				86				56	56	142
							1330				1330						1367
							1397				1397						1410
	27	40						55			55	30	80	55	180	335	430
	27	40						55			55	30	80	45	180	335	430
	57	74						121			121	70	148	95	406	719	914
					Summe	3007				Summe:	11875				Summe	9339	
30	830	3956	348	2047	408	2697	4988	2939	128[illegible]	514	9522	4565	1771	492	432	7270	30995
3	384	1461	18	234	60	310	926	770	413	244	2353	1325	138	218	388	2069	18127
32	1277	5319	359	2261	196	2866	5935	3747	1930	628	12034	5990	1916	744	895	9545	78971

Fertigungsmaterial	36500 35800	Fertigungskosten	24901 24406	Fertigungskosten	24901 24406
Materialzuschlag	8.2% 8.3%	Vertriebszuschlag	47.6% 49.3%	Verwaltungszuschlag	37.5% 39.1%

Plankosten:
- Feste Kosten
- Veränderliche Kosten
- Mischkosten
- Tatsächliche Kosten

Betriebsabrechnungsbogen für Monat.......... 19..

Firma:....................

…rem

benutzt. Die so ermittelten Beschäftigungs- und Verbrauchsabweichungen[36]) stehen nunmehr zur weiteren Analyse zur Verfügung.

Das zweite Beispiel (Abb. 5) stammt von Kreide[37]). Es legt, wie das erste, ebenfalls die Produktionsverhältnisse eines mittleren Industriebetriebes zugrunde.

Inhalt und Aufteilung des Abrechnungsbogens stimmen weitgehend mit dem RKW-Schema überein. Wir können hierin geradezu einen Versuch sehen, den auf Ist-Kosten abgestellten Abrechnungsbogen des RKW den Voraussetzungen und Erfordernissen einer Plankostenrechnung anzupassen.

Was zu Kritik Anlaß gibt, ist einmal die fehlende Stellenkontrolle der Einzelkosten. Hierunter fällt in diesem Fall nur das Fertigungsmaterial, denn die Fertigungslöhne sind in dem Fertigungszuschlag einbegriffen, da dieser sich auf die Maschinenstunde bezieht[38]). Der Abrechnungsbogen muß eine vollständige Kontrollrechnung der Stellen enthalten und kann es auch.

Was ferner besonderer Hervorhebung an diesem zweiten Beispiel verdient, ist die Vorgabe praktischer Soll-Kosten. „Die Plankostenrechnung schafft Kosten- und Leistungsnormen in Abhängigkeit von Beschäftigungsgraden, die vorgegeben werden und deren Einhaltung kontrolliert wird"[39]). Entsprechend dem erhöhten Kontrollwert praktischer Soll-Kosten werden in diesem Beispiel nicht nur die Gesamtkosten der Stellen, sondern ebenfalls die einzelnen Kostenarten nach Soll und Ist gegenübergestellt.

Bei der Soll-Vorgabe fällt vor allem die Trennung nach festen und veränderlichen Kosten auf. Wir glauben, daß die praktischen Voraussetzungen für eine derartige Trennung nur in den wenigsten Fällen gegeben sind. Durch diese Trennung besteht leicht die Gefahr, Gesetzmäßigkeiten anzunehmen, wo solche in Wirklichkeit nicht vorhanden sind, sondern nur Tendenzen und näherungsweise Abhängigkeitsverhältnisse bestehen. Durch das Streben nach übergroßer Exaktheit kann auf diese Weise unter Umständen mehr geschadet werden als durch eine summarische Planung der einzelnen Kostenarten innerhalb gewisser Beschäftigungsstufen, wie es der universelle Kostenplan vorsieht. Wir halten diese daher durchaus für genügend, ja eine Beschränkung hierauf in den meisten Fällen sogar für geeigneter und zweckmäßiger[40]).

Die Plankostenauswertung wird auf dem Abrechnungsbogen von Kreide lediglich unter kalkulatorischen Gesichtspunkten vorgenommen. Als Endergebnis werden in der Spalte e) die tatsächlichen und geplanten Zuschlagssätze gegenübergestellt. Das ist zweifellos für Nachkalkulation und Stückerfolgsberechnung äußerst wertvoll, läßt jedoch nicht ohne weiteres die Zusammensetzung der Gesamtabweichungen einer Stelle erkennen, wie sie Ausgangspunkt einer Verantwortungsrechnung sein müssen. Auf Grund der Kosten-

---

[36]) Zeile 23 und 24 der Vertikalspalte.

[37]) S. Betriebsabrechnung und Kostenplanung; Z. f. O. 1935, S. 183 ff.

[38]) S. entsprechend die Kostenartenposition 2.

[39]) S. Kreide, a. a. O. S. 188.

[40]) Kreide stellt selbst fest: „Diese bis ins äußerste verfeinerte Plankostenrechnung ist wohl kaum wirtschaftlich; man wird sich in der Praxis daher mit einer Näherungslösung begnügen müssen."

und Leistungsangaben Spalte c) und d) sind aber die Gesamt-, sowie auch die Beschäftigungs- und Verbrauchsabweichungen für die einzelnen Stellen leicht zu ermitteln.

3. Die Plankostenauswertung (Analyse der Abweichungen).

a) Allgemeines.

Die Auswertung der Plankostenrechnung vollzieht sich auf dem Weg analysierenden Soll-Ist-Vergleichs. Sie ist eine die summarischen Soll-Ist-Differenzen zerlegende und zu klären suchende Abweichungserforschung. Unter dem Gesichtspunkt einer Verantwortungsrechnung stehen dabei die Beziehungen zu dem einzelnen Funktionsträger im Vordergrund. Bevor auf Einzelheiten eingegangen wird, sollen einige allgemeine Gesichtspunkte ihrer Durchführung hervorgehoben werden.

Als erstes seien die beiden Fälle des Unterschreitens der Kostenvorgabe und der Übereinstimmung von Soll und Ist kurz erörtert. Während man bei einem Nichteinhalten des Soll eine Abweichungsanalyse ohne weiteres bejahen dürfte, könnte man sie in den beiden vorerwähnten Fällen für überflüssig halten. Lediglich unter Kontrollgesichtspunkten wäre dem vielleicht zuzustimmen. Das Soll ist eingehalten bzw. sogar unterschritten worden, mehr wird nicht verlangt. Für den Betriebsanalytiker und Betriebsdisponenten ist darüber hinaus jedoch auch das „Wie" von Interesse. Auf welche Weise ist das Soll eingehalten worden: in weitgehender Anlehnung an die Kostenplanung oder durch Ausgleich gewisser Kostenverschiebungen? Aus welchen Ursachen ist das Unterschreiten des Soll zu erklären: aus mehr zufälligen Schwankungen und Gegebenheiten oder aus grundlegenden Verbesserungen der Organisation und Verfahrensweisen? Alles das interessiert für die weitere zweckmäßige Betriebsanordnung und -führung sowie die dauernde Verbesserung der Betriebsplanung. Als Beispiel sei nur auf die unterschiedliche Zweckmäßigkeit derselben Maßnahmen bei verschiedenen Beschäftigungsgraden hingewiesen, so z. B. von Kurzarbeit und Entlassung, Überstunden und Mehreinstellung[41]); ferner sei an die gegenseitige Ersetzbarkeit gewisser Kostenarten, so z. B. Hilfsmaterial und -löhne bei Eigenerzeugung gegen Fremdbezug, oder Fertigungs- und Hilfslöhne gegen fremde Dienstleistungen, z. B. Reparaturen, erinnert, usw. Wo die größere Wirtschaftlichkeit liegt, ist vielfach durch Voranschlag nur schwer exakt bestimmbar. Daher sollte, weniger aus Kontroll- als vor allem aus Planungs- und Dispositionsgründen, ein Soll-Ist-Vergleich in jedem Fall ein Kostenartenvergleich der Stellen sein, gleichgültig ob die Gesamtkostendifferenz negativ oder positiv oder eine solche überhaupt nicht vorhanden ist.

---

[41]) Verschiedene recht instruktive Beispiele hierfür gibt z. B. Henzel, Kostenanalyse, a. a. O.

Unter Kontrollgesichtspunkten stehen natürlich die negativen Abweichungen, die Fälle des Nichteinhaltens der Kostenvorgabe, im Vordergrund des Interesses. Diese enthalten die eigentliche Problematik gerechter Leistungsbeurteilung, da sie vor allem die Frage der Verantwortlichkeit und Vertretbarkeit aufwerfen. Von diesen gehen daher auch die folgenden Ausführungen in erster Linie aus.

Als zweites sei das allgemeine Verfahren einer Abweichungsanalyse kurz skizziert. Im Interesse möglichst einfacher, schnell zum Ziel führender und leicht übersehbarer Analyse der Soll-Ist-Differenzen empfiehlt sich grundsätzlich der folgende Weg:

1. Zerlegung und Aufteilung der summarischen, von der Plankostenrechnung ermittelten Abweichungen in Einzel- und Teildifferenzen;
2. Erforschung der letzten Ursachen und eigentlichen Entstehungsgründe der so ermittelten Teilgrößen.

Es sind also grundsätzlich zunächst kleine, abgegrenzte Ursachenfelder zu bilden, bevor den letzten Entstehungsgründen nachgegangen wird.

Eine Aufspaltung der summarischen Kostenabweichungen und damit eine Abgrenzung bestimmter Ursachenfelder ist aus verschiedenen Gründen möglich. Einmal sind die Kosten keine linearen Größen, sondern das Produkt aus Menge × Preis. Ferner treten gewisse Abweichungsursachen, wie Abfall, Ausschuß, Leerlauf usw. nach außen deutlich in Erscheinung, so daß sie jederzeit gesondert erfaßt werden können. Vor allem besteht aber im Rahmen der Betriebsabrechnung eine sich aus Rechnungszwecken und Betriebsfunktionen ergebende natürliche Kostengliederung, worauf schon näher eingegangen wurde[42]). Diese scheint uns auch für eine Abweichungsanalyse der natürliche Ausgangspunkt zu sein.

Erst wenn in der vorstehend angedeuteten Weise gewisse Ursachenfelder abgegrenzt sind, ist den eigentlichen Entstehungsgründen der Abweichungen nachzugehen, die damit noch keineswegs geklärt sind. Das ist nunmehr um so leichter und schneller möglich, als die Zahl der jeweils in Frage kommenden Einflußfaktoren wesentlich herabgemindert ist. So sind z. B. die möglichen Ursachen von Material-, Lohn-, Preisabweichungen usw. verhältnismäßig leicht übersehbar. Bei Materialabweichungen können mangelhafte Lieferung oder Lagerung oder auch schlechte Bearbeitung in Frage kommen; bei Lohnabweichungen: mangelnde Arbeitsgelegenheit, schlechte Werkzeuge, Materialien oder auch geringe Arbeitsintensität des Ausführenden, usw.[43]).

---

[42]) S. S. 96.

[43]) Wir weisen in diesem Zusammenhang auf „Maze und Glover" hin: How to analyze Costs (New York 1929), die es unternommen haben, für alle betrieblichen Kostenarten Einflußfaktoren und Einwirkungsmöglichkeiten zusammenzustellen.

In Verfolg einer Leistungskontrolle muß natürlich bei dieser Ursachenforschung immer der Gesichtspunkt der Vertretbarkeit und Stellenverantwortlichkeit im Vordergrund stehen. Funktion und Anordnungsbefugnis der Abteilungsleitung sind genau daraufhin zu prüfen, inwieweit ihr entstandene Soll-Ist-Differenzen zur Last zu legen sind. Allerdings wird nicht immer völlig eindeutig klarzustellen sein, was Außenwirkung und unbeeinflußbarem Zufall und was verantwortlicher Betriebsführung zuzuschreiben ist. Grundsätzlich sind Einfluß und Vertretbarkeit um so weitergehend zu bejahen, je höher die Instanz und je größer die Anordnungsbefugnis ist. Umfassenden Kompetenzen und Befugnissen muß auch entsprechende Verantwortung gegenüberstehen.

Zwecks wirklich umfassender Verantwortungsrechnung muß drittens schließlich die Tatsache berücksichtigt werden, daß eine Abweichungsanalyse der gekennzeichneten Art nicht nur die Verantwortlichkeit der eigenen, sondern auch fremder Stellen feststellen kann. Denken wir z. B. an Einkauf oder Lager. Diese können bis zu einem gewissen Grad Materialausschuß und -abfall der Fertigung zu vertreten haben. Denken wir ferner an Hilfs- und Nebenstellen, die Anlaß mangelnder Reparaturen, ungenügender Stromzufuhr und damit Ursache von Stillstand, Leerlauf oder sonstigen Produktionsunterbrechungen im Betrieb sein können, und dgl. mehr. Hieraus ergibt sich für eine bis zur letzten Konsequenz durchgeführten Verantwortungsrechnung die Notwendigkeit, unter Umständen gewisse Umbelastungen der Stellenabweichungen vorzunehmen derart, daß die wirklich verantwortlichen Abteilungen mit den ermittelten Soll-Ist-Differenzen belastet werden. Deshalb hat sich der Dispositionserfolg der einzelnen Ableitungsleitung grundsätzlich aus dem Ergebnis der eigenen und den vertretbaren Differenzen fremder Stellen zusammenzusetzen.

b) Kennzeichnung der Abweichungen nach Art und Ursache.

ba) Beschäftigungsabweichungen.

Beschäftigungsabweichungen sind die Differenzen zwischen Plankosten der vorgegebenen und der tatsächlichen Leistung[44]). Diese pflegen als von der Stelle nicht beeinflußbar und vertretbar angesehen zu werden. Das trifft sicherlich insoweit zu, als sie in zeitlichen Marktschwankungen, insbesondere in der rhythmisch wechselnden Beanspruchung von Woche, Monat, Saison, Konjunktur usw. begründet liegen. Zwar brauchen auch diese vom Betrieb keineswegs als unabänderliche Tatsachen hingenommen zu werden, sondern es bestehen eine Reihe von Möglichkeiten, sie aufzufangen oder doch abzumildern, wie Werbung, zeitliche Preisdifferenzierungen und sonstige absatzpolitische Maßnahmen. Jedoch pflegen diese in der Regel nicht in das Aufgabengebiet produktionstechnischer Fertigung zu fallen, worauf hier zunächst das Schwergewicht

[44]) S. Ausführungen S. 99.

gelegt wird, sondern dem Vertrieb oder auch der übergeordneten Betriebs- und Geschäftsleitung obzuliegen. Wirksamkeit und Zweckmäßigkeit ihrer Handhabung kann daher auch nur ausgehend von diesen beurteilt werden[45]).

Ferner muß auf die betriebliche Möglichkeit hingewiesen werden, auf dem Weg über die Lagerpolitik die Beschäftigung bis zu einem gewissen Grad zu regulieren. Das gilt wenigstens für Serien-, Reihen- und Massenfertigung, wo die Läger ausgleichend bei zeitlichen Marktschwankungen wirken können.

Die Möglichkeit, diesen beschäftigungsregulierenden Einfluß des Betriebes in eine Verantwortungsrechnung der Fertigung mit einzubeziehen, erscheint nur äußerst gering.

Zunächst dürften Dispositionen dieser Art in der Regel vorgesetzter Instanz, sei es der Geschäfts- oder auch der oberen Betriebsleitung, obliegen, so daß die unmittelbare Fertigung hierdurch nicht berührt wird.

Ferner dürfte aber auch nur schwer ein zuverlässiger größenhafter Beurteilungsmaßstab hierfür gefunden werden können. Das Gegenüberstellen von Lagerzins, Schwund und Verderb auf der einen und Stillstands- und Wiederanlaufskosten auf der anderen Seite gibt wohl für die vorausschauende und planende Beschäftigungsdisposition einen brauchbaren Anhalt, ja die unentbehrliche wirtschaftliche Grundlage, ist jedoch für eine nachträgliche Leistungskontroll- und Verantwortungsrechnung nicht ausreichend. Dazu sind die Schätzungsunterlagen viel zu unsicher.

Beschäftigungsabweichungen, wie sie von der beweglichen Plankostenrechnung ermittelt werden, brauchen aber nicht nur markt- und absatzbedingt zu sein, sondern können ferner auch auf innerbetrieblichen Ursachen produktionstechnischer oder -organisatorischer Art beruhen, denn sie sind lediglich auf Grund von Mehr- oder Minderleistungen gegenüber dem erwarteten Beschäftigungsumfang ermittelt worden. So können z. B. technische Produktionsstörungen wie Maschinenausfall, Werkzeugbruch, Unterbrechung in der Kraftzufuhr usw., können ferner Arbeitsorganisation und -verteilung oder auch mangelnde Materialdisposition Ursachen betrieblicher Minderleistung sein. Daß in diesen Fällen eine Betriebsverantwortlichkeit grundsätzlich zu bejahen, zumindest viel weitergehend anzunehmen ist als in den vorerwähnten Fällen zeitlicher Marktschwankungen, dürfte ohne weiteres einleuchten. Wie weit allerdings die Abteilung selbst, bei der diese Abweichungen zutage treten, hierfür verantwortlich gemacht werden kann, ist eine zweite Frage. Das ist vor allem von der individuellen Betriebsorganisation und Aufgabenverteilung abhängig. So kann für technische Störungen in erster Linie die technische Betriebsleitung, die Dampf-, Strom- oder Krafterzeugung oder auch die Reparaturenabteilung verantwortlich sein, so kann einen evtl. mangelhaften Materialnachschub der Einkauf zu vertreten haben, und so fort. Immerhin wird stets ein gut Teil als von der Abteilung selbst zu begründen und zu klären übrig bleiben, da ihr die Fürsorge für das reibungslose Funktionieren des gesamten tech-

[45]) S. die Ausführungen unter III, 4b. S. 126 ff.

nischen Produktionsapparates obliegt, insbesondere die laufende Überwachung der Betriebsbereitschaft von Anlagen und Maschinen sowie der zweckmäßige Einsatz und die wirtschaftliche Nutzung der vorhandenen Arbeitskräfte.

Beschäftigungsabweichungen sind demnach keineswegs von vornherein als nicht stellenverantwortlich abzutun und von jeder weiteren Analyse auszuschließen. Dem produktionstechnisch und -organisatorisch begründeten Leistungsminus ist auf jeden Fall näher auf den Grund zu gehen, um Ursachen und Vertretbarkeit festzustellen.

Das wird bis zu einem gewissen Grad auch von der Verbrauchsseite her geschehen können, nämlich was den Mehrverbrauch wie Abfall, Fertigungsausschuß usw. betrifft, der zugleich Minderleistung ist. Der Nutzentgang, wie er in Stillstand, Leerlauf und sonstigem festen Gemeinverbrauch liegt, kann dagegen nur von der Leistungsseite erfaßt werden. Daher ist vom Standpunkt einer Verantwortungsrechnung auch eine Analyse der Beschäftigungsabweichungen unbedingt erforderlich.

bb) Verbrauchsabweichungen.

Werden die Beschäftigungsabweichungen in der Regel als nicht von der Stelle verantwortlich angesehen, so gelten die Verbrauchsabweichungen, die Differenzen zwischen Plankosten und tatsächlichen Kosten der Ist-Leistung, als die typisch vertretbaren. Auch das trifft in dieser allgemeinen Fassung nicht zu, wenn man in der Mehrzahl der Fälle auch geneigt sein wird, eine Einwirkungsmöglichkeit der Abteilung auf den Verbrauch anzunehmen.

Zwecks Analyse zergliedert man Verbrauchsabweichungen zweckmäßigerweise zunächst in Einzel- und Gemeinkostenabweichungen. Bei den Einzelkostenabweichungen sind wiederum Material- und Lohnabweichungen zu unterscheiden. Der Gemeinverbrauch wird zweckmäßigerweise nach den wesentlichen, vor allem dem Abteilungseinfluß unterliegenden Gemeinkostenarten untergliedert, wie Hilfslohn, Hilfsmaterial, Strom, Reparaturen usw.[46]).

Bei den Einzelkostenabweichungen kann, entsprechend den beiden Kostenkomponenten Menge und Preis, eine Preis- und eine Mengenabweichung unterschieden werden. Die eine zeigt sich in dem Kostensatz je Mengeneinheit, die andere in dem absoluten Mengenverbrauch. Es kann sich natürlich durchaus als zweckmäßig oder gar notwendig erweisen, die gleiche Aufspaltung auch beim Gemeinverbrauch vorzunehmen. Je stärker dieser ins Gewicht fällt und je beeinflußbarer er ist, um so eher trifft das zu.

Wenn wir hier von Preisabweichungen sprechen, so sind damit weniger die durch zeitliche Marktschwankungen verursachten Materialpreisabweichungen gemeint. Diese werden in der Regel von der Buch-

[46]) S. die Kostengliederungen der weiter oben abgebildeten Plankosten-Abrechnungsbogen.

haltung vor Materialeingang in den Betrieb auf Differenzkonten abgefangen, so daß sie die Stelle nicht berühren. Es sind zwar durchaus Fälle denkbar, wo auch Marktpreisänderungen sich unmittelbar auf der Stelle auswirken können, so z. B. bei Tarifänderungen für Strom-, Gas-, und Wasserverbrauch, Änderung der Lohnsätze usw. Doch dürften diese Fälle die Ausnahme sein.

Neben dem Preis der von außen bezogenen Leistungen spielt ferner der Wertansatz der im Betrieb erstellten Einzel- und Teilleistungen eine Rolle, also z. B. die Verrechnung von eigenerzeugtem Strom und Dampf, von Eigenreparaturen oder sonstigen selbst ausgeführten Hilfs- oder Nebenleistungen.

Für ihre Verrechnung bestehen grundsätzlich zwei Möglichkeiten: entweder die internen Betriebsleistungen werden zu einem länger gleichbleibenden, festen Betriebspreis abgerechnet oder die Gesamtkosten der erzeugenden werden nach Maßgabe bestimmter Schlüssel auf die verbrauchenden Stellen umgelegt. Im ersten Fall wird praktisch das gleiche Ergebnis wie bei der Abfangung von Marktpreisschwankungen auf besonderen Differenzkonten erzielt. Die sich aus der Erzeugung ergebenden Kostendifferenzen verbleiben auf der erzeugenden Stelle, berühren also die verbrauchende Stelle nicht. Im zweiten Fall kann dagegen der Verbrauch nur auf Grund gesonderter Mengenkontrolle überwacht werden, da die umgelegten Kosten von den Wirtschaftlichkeitsschwankungen, zumindest den Beschäftigungsschwankungen der erzeugenden Stelle auch im Fall der Plankostenrechnung nicht bereinigt sind.

Was vielmehr als Hauptursache einer Preisabweichung auf der verbrauchenden Stelle übrigbleibt, sind Abweichungen qualitativer Art, so z. B. die Benutzung anderswertiger Materialien, Arbeitskräfte, Maschinen usw. wie vorgegeben. Der Ersatz niedrigwertigen durch höherwertiges Material, ungelernter durch hochqualifizierte Arbeitskräfte, die Benutzung hochwertiger an Stelle einfacher Maschinen muß sich in einer entsprechenden Veränderung des Kostensatzes je Mengeneinheit niederschlagen und läßt eine nähere Untersuchung nach Ursache und Vertretbarkeit durchaus ratsam erscheinen.

Mengenabweichungen können in verschiedener Weise zum Ausdruck konnen. Sie sind im Rahmen des Einzelverbrauchs entweder Material- oder Zeitverbrauchsabweichungen, die sich in Mehrabfall, Mehrausschuß bzw. in Leerlauf- und Stillstandsüberschreitung zeigen können. Es besteht die Möglichkeit der Unterteilung nach einzelnen Produktgattungen, Sorten und Serien bzw. nach Arbeitsplätzen, -gruppen und -maschinen. Doch ist auf die ökonomische Grenze einer Abweichungsaufspaltung und -unterteilung hinzuweisen.

Was die Verantwortlichkeit für die gekennzeichneten Mengenabweichungen betrifft, so sind diese in der Regel als von der Stelle abhängig und vertretbar anzusehen. Sie sind entweder auf die Intensität, Sorgfalt und Ausdauer des ausführenden Personals oder auf die mangelnde Kontrolle, Anordnung und Überwachung der Stellenleitung zurückzuführen. Genau wird darüber jedoch immer nur von Fall zu Fall zu befinden sein.

Mit ganz besonderer Vorsicht muß bei der Analyse der *Gemeinkostenabweichungen* verfahren werden.

Die Gemeinkostenkontrolle hat sich grundsätzlich in erster Linie auf die „kritischen" Gemeinkostenarten zu beziehen. Diese können für die einzelnen Stellen verschiedener Art sein. So kommen z. B. für das Lager vor allem der „Zins", bei besonders wartungs- und pflegeabhängigen Maschinen und Apparaten die Abnutzungsabschreibung, in Leitung und Verwaltung vor allem die Handlungsunkosten in Form von Porto, Reisen, Spesen, Repräsentationskosten usw. in Frage. Im allgemeinen ist als „kritisch" der *veränderliche, leistungsabhängige Gemeinverbrauch* anzusehen.

Was die Gemeinkostenkontrolle, insbesondere unter dem Gesichtspunkt zuverlässiger Verantwortungsrechnung, so problematisch macht, sind die vom Betrieb nicht zu beeinflussenden Außenschwankungen. Wir haben schon in Zusammenhang mit der Kostenstandardisierung auf die Tatsache hingewiesen, daß diese Außeneinflüsse nur beschränkt durch die Soll-Vorgabe zu berücksichtigen und zu neutralisieren sind, nämlich nur insoweit, als sie von längerer Dauer sind oder mit gewisser Regelmäßigkeit wiederkehren. Alles andere muß nachträglicher Abweichungsanalyse überlassen bleiben.

Beschäftigungsabweichungen sind, wie wir gesehen haben, durch die Bildung universeller Plankosten bis zu einem gewissen Grad neutralisierbar. Was aber vor allem einer Abweichungsanalyse verbleibt, ist einmal die Ausschaltung von *Auftragsschwankungen*, wie bereits betont wurde, ist ferner die Berücksichtigung des *Sprungaufwands* bzw. die hierauf zurückzuführende *Kostenremanenz*.

Auftragsschwankungen, d. h. Schwankungen in Auftragsgröße und Auftragszusammensetzung, wirken sich vor allem in Einrichte- und sonstigen Kosten der Auftragsvorbereitung aus, wie z. B. Lohn, Hilfsmaterial, Reinigungskosten und dgl. mehr.

Unter *Sprungkosten* sind die bei Beschäftigungsausweitung stufenweise entstehenden bzw. bei Beschäftigungsrückgang entsprechend verharrenden halbfixen Kapazitätskosten zu verstehen, wie z. B. Kosten neuer Apparate und Maschinen, neu eingestellter Hilfskräfte usw. Diese können sich auch auf den vor allem als veränderlich geltenden Gemeinverbrauch auswirken, wie z. B. Strom-, Dampf-, Kraftverbrauch, Hilfslöhne, Gehälter usw.

Diese Entstehungsgründe von Gemeinkostenabweichungen müssen bei einer Gemeinkostenanalyse *an erster Stelle* berücksichtigt werden. Einmal besteht die Möglichkeit, auf diese Weise bereits ein gut Teil der Soll-Ist-Differenzen zu klären. Zum anderen verlangt aber eine korrekte Leistungskontroll- und Verantwortungsrechnung unbedingt das Ausschalten dieser Ursachen, die weitgehend als nicht betriebsvertretbar anzusehen sind und daher nur das wahre Leistungsbild trüben.

Auch sonstige Außeneinwirkungen, wie Witterungsschäden, Naturkatastrophen, Anordnung der Geschäftsleitung hinsichtlich Lohn-, Arbeits- und Beschäftigungspolitik sind, wenigstens soweit sie in ihrer Kostenwirkung übersehbar sind, im voraus zu berücksichtigen, um jede weitere, überflüssige Analyse und Ursachenforschung zu ersparen.

Im übrigen ist bei einer Analyse der Gemeinkostenabweichungen in gleicher Weise wie bei den Einzelkosten zu verfahren. Die einzelnen Kostenarten sind zum Ausgangspunkt zu nehmen und die Abweichungsgründe möglichst genau zu ermitteln. Dabei werden bei den Gemeinkosten häufig mit Feststellung einer Ursache mehrere Abweichungen ihre Erklärung finden. Wir denken z. B. an den Fall eines größeren Maschinendefekts, der einmal ein Mehr an Reparaturkosten zur Folge hat, ferner aber auch ein Überschreiten von Hilfsmaterial-, Hilfslohn-, Stromverbrauch usw. verursacht infolge vorübergehender Ersatznotwendigkeit. Ferner wird sich z. B. Nacharbeit infolge Ausschuß in einem Strom-, Dampf-, Wasser-, sowie auch einem Mehrverbrauch an Hilfsmaterial zeigen, usw. Das erleichtert natürlich die Analyse der Gemeinkostenabweichungen wesentlich. In der Regel wird mit ein oder zwei Ursachen, vielfach auch durch die Erforschung der Einzelkostenabweichungen, bereits ausreichende Klarheit zu schaffen sein.

c) Die Größenaufspaltung der Abweichungen.

Die größenhafte Aufspaltung summarischer Kostenabweichungen kann sich grundsätzlich auf doppeltem Weg vollziehen, nämlich:

1. mathematisch-statistisch,
2. buchhalterisch.

Beide Verfahren seien nachfolgend kurz gekennzeichnet.

ca) Mathematisch-statistisches Verfahren.

Die mathematisch-statistische Abweichungsaufspaltung stützt sich auf Verhältnisziffern.

Sie ist eine mathematische deshalb, weil sie Gesetzmäßigkeiten zwischen Kosten und Zeiten, Mengen oder Werten, so z. B. Arbeiter- und Maschinenstunden, Tonnen, Stück, Fertigungslohn usw., voraussetzt und die Analyse der Abweichungen mit Hilfe entsprechend gebildeter Kennziffern vornimmt.

Sie ist eine statistische, weil sie erstens zur Bildung der erforderlichen Kennziffern der Ergänzung durch statistische Erhebungen bedarf, weil sie zweitens sich selbst der freien statistischen Vergleichsrechnung bedient.

Das Verfahren mathematischer Abweichungsaufspaltung ist dadurch zu kennzeichnen, daß jede absolute Kostengröße in ein Produkt aus Menge und Einheitswert zerlegt wird und die Gesamtabweichungen durch ein Variieren dieser Faktoren nach Soll und Ist in Einzel- bzw. Teilabweichungen aufgespalten werden. Zum Beispiel:

Geplante Unkosten eines Monats	2 000
Tatsächliche Unkosten des Monats	2 500
Gesamtabweichung	500

Angenommen, die Unkosten werden kalkulatorisch auf die Löhne geschlagen, dann können diese als das Produkt aus Fertigungslohn mal Zuschlag angesehen werden. Hieraus ergibt sich die Möglichkeit folgender Abweichungsaufspaltung:

1. Ist-Fertigungslohn × Ist-Zuschlag	= 2 500		
./. Ist-Fertigungslohn × Soll-Zuschlag	= 2 400		
Unkostenmehrverbrauch		100	
2. Ist-Fertigungslohn × Soll-Zuschlag	= 2 400		
./. Soll-Fertigungslohn × Soll-Zuschlag	= 2 400		
Lohnmehrverbrauch		400	
Insgesamt			500

Die Gesamtunkostenabweichung von 500 ist auf eine Lohnüberschreitung von 400 und nur auf einen eigentlichen Unkostenmehrverbrauch von 100 zurückzuführen.

Allgemein lassen sich für den zuvor gekennzeichneten Rechnungsgang die folgenden Formeln aufstellen:

1. Ist-Menge × Ist-Satz = Ist-Kosten
./. Soll-Menge × Soll-Satz = Soll-Kosten
Differenz: **Gesamtabweichung.**

2. Ist-Menge × Ist-Satz = Ist-Kosten
./. Ist-Menge × Soll-Satz = Teilstandard
Differenz: **Satz- bzw. Preisabweichung.**

3. Ist-Menge × Soll-Satz = Teilstandard
./. Soll-Menge × Soll-Satz = Soll-Kosten
Differenz: **Mengenabweichung.**

Diese Rechnungsformeln werden bei der mathematischen, freien Abweichungsaufspaltung nach dem Prinzip der fortschreitenden Isolierung angewandt. Dieses kann in doppelter Richtung verfolgt werden:

1. vertikal: Jede Gesamtabweichung wird zunächst in zwei Teilabweichungen zerlegt und diese einzeln nach Bedarf weiter aufgespalten.
2. horizontal: Von mehreren gleichrangigen Abweichungsfaktoren wird immer einer variiert, die übrigen dagegen unverändert gehalten und so eine Abweichungsursache nach der anderen in ihrer Wirkung erfaßt.

Als erster Schritt vertikaler Abweichungsaufspaltung kann die bereits näher erläuterte Zerlegung der Gesamtstellenabweichung in Beschäftigungs- und Verbrauchsabweichung gekennzeichnet werden. Diese vollzieht sich nach der folgenden Formel, die sich ihrem Inhalt nach mit der obigen, allgemeinen deckt:

1a. Ist-Menge × Ist-Satz = Ist-Kosten
./. b. Ist-Menge × Plankostensatz = Ist-Menge zu Plankosten (Teilstandard)

Differenz: = **Verbrauchsabweichung.**

2a. Ist-Menge × Plankostensatz = Teilstandard (wie 1b)
./. b. Soll-Menge × Plankostensatz = Vorgegebene (absolute) Plankosten

Differenz = **Beschäftigungsabweichung.**

Inwieweit die Teilbeträge 1a, b, 2a, b, aus der Buchhaltung bzw. dem Abrechnungsbogen entnommen werden können oder erst in der gekennzeichneten Weise errechnet werden müssen, ist von der Vorgabe optimaler oder praktischer Plankosten abhängig[47]).

Diese beiden Teilabweichungen können nun vertikal weiter zerlegt werden, z. B. die Beschäftigungsabweichungen in auftragsbedingte und betriebsverschuldete Leistungsabweichungen, die letzten wiederum in Ausschuß- und Stillstandsabweichungen usf. Die Verbrauchsabweichungen können in Rohstoff m e n g e n - und -preisabweichungen, in Maschinen-, Einrichte-, Arbeits z e i t - und Lohnabweichungen usw. zerlegt werden, vorausgesetzt, daß man gesetzmäßige Abhängigkeiten zwischen den einzelnen Kostenkomponenten garantiert.

Rein rechnerisch ist immer die weiter oben aufgestellte Kostenaufspaltungsformel der Analyse zugrunde zu legen. Diese kompliziert sich höchstens dadurch, daß bei einer horizontalen Aufspaltung in mehrere als zwei Komponenten entsprechend mehrere Glieder nebeneinander stehen und sich ebenso mehrere Teilabweichungen ergeben[48]).

Zur K r i t i k der gekennzeichneten „mathematischen" Abweichungsaufspaltung sei einmal darauf hingewiesen, daß die Teilabweichungen grundsätzlich sowohl auf der Basis des Ist- als auch des Soll-Produktes ermittelt werden und sich auf diese Weise unterschiedliche Beträge ergeben können. Zur Ermittlung der Preisabweichung bestehen z. B. die beiden folgenden Möglichkeiten:

1. I s t - Menge × Ist-Preis
./. I s t - Menge × Soll-Preis
= Preisabweichung.

2. S o l l - Menge × Ist-Preis
./. S o l l - Menge × Soll-Preis.
= Preisabweichung.

---

[47]) S. hierzu die Erläuterungen zu dem Neumayerschen Abrechnungsbogen S. 100.

[48]) Hinsichtlich weiterer rechnerischer Beispiele sei vor allem hingewiesen auf: Camman, Basic Standard Costs, a. a. O.; Mellerowicz, Der Soll-Ist-Vergleich, in Kosten und Kostenrechnung, Bd. II. 2, a. a. O.; Rummel, Grundlagen der Selbstkostenrechnung, Düsseldorf 1934.

Im Fall 1 ist die Ist-Menge, im Fall 2 die Soll-Menge zum Ausgangspunkt genommen worden.

Die auf der Ist-Basis ermittelten Teilabweichungen erscheinen immer um einen „Zufallsbetrag" höher als die auf der Soll-Basis errechneten. Der Differenzbetrag ist gleich dem Produkt aus den beiden Soll-Ist-Differenzen.

Da immer im Zug einer Abweichungsaufspaltung eine Teilabweichung auf der Basis der Ist-Werte, die andere dagegen auf der der Soll-Werte ermittelt werden muß, um zu einem richtigen Größenausgleich zu gelangen, muß diese „Zufallsabweichung" mit in Kauf genommen werden. Jedoch ist hierin keine wesentliche Beeinträchtigung zu sehen. Dagegen lassen sich vor allem drei Gründe anführen:

1. ist das Größenausmaß dieser Zufallsabweichung in der Regel nicht sehr erheblich. Das Abweichungsbild kann hierdurch also kaum wesentlich verzerrt oder beeinträchtigt werden.
2. ist bei laufender Beibehaltung der gleichen Ausgangswerte und Berechnungsweise auf jeden Fall eine zeitliche Vergleichbarkeit der Einzeldifferenzen zu erzielen.
3. kann versucht werden, die Zufallsabweichungen möglichst immer dem nicht betriebsverantwortlichen Faktor zuzuschlagen, so daß eine Verantwortungsrechnung der einzelnen Stelle und des einzelnen Betriebsgliedes möglichst günstig ausfällt.

Was wesentlich bedenklicher anmutet als diese Tatsache der Zufallsabweichung ist das Ausgehen von gesetzmäßigen Kostenverhältnissen und -abhängigkeiten, wie es bei einer weitgehenden Kennziffernaufspaltung der Fall ist.

Zunächst ist hierin rein rechnerisch eine gewisse Komplizierung zu sehen. Es müssen immer erst Kennziffern gebildet werden, bevor an eine Abweichungszerlegung gedacht werden kann. Dem ist allerdings entgegenzuhalten, daß die betrieblichen Kosten- und Leistungsstatistiken heute bereits soweit ausgebaut sind, daß die erforderlichen Unterlagen hierfür in der Regel vorhanden sein dürften.

Auf keinen Fall kann aber der Vorwurf rechnerischer Komplizierung erspart bleiben, wenn eine indexmäßige Abweichungsaufspaltung zum Rechnungsprinzip gemacht wird.

Diese Methode hat z. B. Camman[49]) mit geradezu erstaunlicher Konsequenz und Virtuosität durchgeführt. Jede Größe wird in v. H. ihrer Norm ausgedrückt und entsprechend auch die Abweichungen als Indizes ermittelt. Dabei wird diese Methode noch weiter kompliziert dadurch, daß zwei verschiedene Indexbasen berücksichtigt werden: einmal das technische, praktisch nicht erreichbare Optimum, zum anderen der practical standard, das vorgegebene und einzuhaltende Soll. Der erste wird in der Regel gleich 100, der zweite um eine angemessene Abfall-, Ausschuß-, Leerlauftoleranz höher angesetzt. Camman will hier die Möglichkeit doppelter Kontrolle, nämlich ein-

---

[49]) S. Camman, Basic Standard Costs, a. a. O., mit reichhaltigem Beispiel- und Zahlenmaterial.

mal der Organisation und Verfahrensweisen, zum anderen verantwortlicher Betriebsleistung, verbinden[50]).

Wir lehnen diese Form der Indexrechnung für Zwecke rechnerischer Abweichungsanlayse und -aufspaltung ab. Sie ist viel zu kompliziert, um praktisch brauchbar zu sein. Die amerikanische Literatur zeigt das mit aller Deutlichkeit. Hier ist die grundsätzliche Feststellung am Platz, daß ein an sich einwandfreies und brauchbares Verfahren durch Übertreibung und Überspitzung untauglich wird. In Mammutbetrieben, wie den amerikanischen Konzernen und Trusts, mögen Rechnungsverfahren dieser Art eine Berechtigung haben. Bei den vorherrschenden deutschen Verhältnissen scheinen sie jedoch grundsätzlich fehl am Platz. Hier kommt höchstens ein nachträgliches Umrechnen der Hauptabweichungen auf Indizes in Frage.

Ferner müssen unter erkenntnistheoretischen Gesichtspunkten einige Vorbehalte und Bedenken gegen eine mathematische Kostenanalyse der gekennzeichneten Art geltend gemacht werden.

Die Annahme mathematischer Gesetzmäßigkeiten im Kostenverlauf setzt voraus, daß solche auch tatsächlich vorhanden sind. Wann und wo verlaufen aber Kosten wirklich gesetzmäßig? Die kostenanalytischen Untersuchungen von Theorie und Praxis zeigen immer wieder, daß es mit einem derartigen mathematisch exakten Kostenverlauf nur sehr schwach bestellt ist. Es müssen schon ganz bestimmte Voraussetzungen marktwirtschaftlicher und produktionstechnischer Art gegeben sein, um derartige gesetzmäßige Abhängigkeiten wirklich sinnvoll aufstellen zu können.

Infolgedessen ist auch mit einer auf derartigen Abhängigkeiten aufbauenden Kostenanalyse sehr leicht die Gefahr verbunden, daß die tatsächlichen Verhältnisse nicht richtig erkannt und beurteilt werden, daß man Gesetzmäßigkeiten annimmt, wo solche in Wirklichkeit gar nicht vorhanden sind und so der Wirklichkeit Gewalt antut.

Auf der anderen Seite darf zweifellos die praktische Bedeutung dieser mathematisch analysierenden Methode nicht verkannt und unterschätzt werden. Sie ist jedoch unseres Erachtens vor allem auf die Sphäre technischer Produktion im Rahmen wirtschaftlicher Leistungserstellung beschränkt. Hier sind physikalische oder chemische Gesetzmäßigkeiten vorherrschend, hier ist daher auch eine mathematische Kostenanalyse sinnvoll.

Tatsächlich wird auch die Forderung, „jede Kostenart nach den für sie geeigneten Maßstäben zu messen", „Proportionalitäten" der einzelnen Kostenarten zu ermitteln, vor allem von der Seite laut, wo technische Gesetzmäßigkeiten den Produktionsgang überwiegend bestimmen, so z. B. von der

---

[50]) Hier kann eine Parallele zu Bedeaux gezogen werden, der durch die Gewährung von „Methodenzuschüssen" ebenfalls sowohl die eigentliche Arbeitsausführung als auch die Organisation und Verfahrensweisen bestmöglich gestalten wollte.

Seite des Eisenhüttenwesens, der Stahl- und Walzwerkerzeugung[51]). Hier kann zweifellos die Berücksichtigung der verschiedenen Zeit- und Mengenabhängigkeiten eine Kostenanalyse wesentlich exakter gestalten und die Betriebserkenntnis vertiefen. Doch muß man sich hüten, die hier möglichen Verfahren auch auf alle anderen Betriebe übertragen zu wollen. Jeder Betrieb muß seinen Bedingungen entsprechende Verfahren finden, und eine mathematische Abweichungsaufspaltung scheint uns bei den meisten sehr schnell eine Grenze zu erreichen.

cb) Buchhalterisches Verfahren.

Die Abweichungsaufspaltung im Rahmen der Buchhaltung ist eine solche nach *Kostenarten*. Diese kann jeder Betrieb durchführen. Sie erscheint daher als die allgemeine und natürliche.

Die Erfassung der Kostenarten nach Soll und Ist ist, wenigstens was die auftragsabhängigen *Einzelkosten* betrifft, weitgehend von der *Belegführung* abhängig. Dabei wird weniger an die in erster Linie die Geschäftsbuchhaltung betreffenden Außenbelege, als vielmehr an die vom Betrieb selbst auszustellenden, zur Erfassung von Betriebsaufwand und -leistung erforderlichen *internen Rechnungsbelege* gedacht. Diese müssen bereits nach Soll und Ist geführt werden, wenn die Betriebsabrechnung die Kostenarten entsprechend erfassen will. Denn der Beleg ist der erste rechnerische Niederschlag des Betriebsgeschehens und die natürliche Grundlage der gesamten Betriebsrechnung. Auch eine Soll-Kostenrechnung muß sich daher hierauf stützen, wenn sie korrekt und bis in alle Einzelheiten genau sein, vor allem die Soll-Ist-Abweichung erforschen will.

Das Führen der betriebsinternen Rechnungsbelege nach Soll und Ist kann grundsätzlich in doppelter Weise geschehen:

1. nach dem Prinzip der *Soll-Ist-Aufschreibung*;
2. nach dem Prinzip der *Abweichungsbelege* (Mehraufwandsbelege).

Im Fall 1 wird grundsätzlich für jeden Arbeitsgang, jeden Materialbedarf usw., wie es der einzelne Auftrag erfordert, ein Beleg ausgestellt und auf diesem das *Ist neben dem Soll* geführt. Praktisch ist das etwa in der Weise vorzustellen, daß ein Plan-, Arbeitsvorbereitungs- oder

---

51) S. z. B. Rummel, Grundlagen der Selbstkostenrechnung, a. a. O. Dieser sieht „in der Proportionalität der Kosten zu irgend welchen Maßgrößen den entscheidenden Gesichtspunkt" der Kostenrechnung. S. ferner: Czermak, Betriebsnachrechnung und Kostenplanung im Stahlwerksbetrieb; Archiv f. Eisenhüttenwesen 1932/33, S. 459 ff. Ammonn, Kostengliederung nach Zeitabhängigkeiten für die Zwecke technischer Betriebsüberwachung und Sortenrechnung; Berichte des Ausschusses f. Betriebswirtschaft beim VDEh Nr. 45. Ferner Lechner, Praktische Durchführung der Budgetrechnung in einem gemischten Hüttenwerk; Archiv f. d. Eisenhüttenwesen 1933/34, S. 373 ff. Hierin ist, ebenso wie bei Rummel, das Beispiel eines unterschiedliche Kostenproportionen berücksichtigenden Stellenbogens enthalten.

sonstiges Kontrollbüro im Betrieb der unmittelbaren Fertigung das jeweilige Auftragssoll kostenmäßig vorgibt und diese das tatsächlich aufgelaufene Ist hierzu feststellt. Dieses kann entweder von der Kontrollstelle zu dem Soll vermerkt oder auch vom Betrieb unmittelbar eingetragen werden.

Der Fall 2 ist dadurch zu charakterisieren, daß grundsätzlich kein Aufwand im Betrieb ohne zugehörigen Vorgabebeleg vorgenommen wird. Auch jede Nacharbeit, jeder Ersatz von Abfall- und Ausschußmaterial geschieht nur auf Grund entsprechender Beleganweisung. Das führt zwangsläufig zu einer getrennten Belegführung nach Soll und Soll-Abweichungen. Das praktische Vorgehen in diesem Fall ist so vorzustellen, daß, wie im Fall 1, als erstes dem Betrieb das Auftragssoll vorgegeben wird, dieser dann jede Nichteinhaltung zu melden und eine Nachbewilligung in Form eines Mehraufwands- bzw. Abweichungsbelegs zu fordern hat, so daß auch jede Soll-Überschreitung schon vor dem Moment ihrer Entstehung den Weg durch die kontrollierende und planende Rechnungsstelle nimmt. Hierdurch ergibt sich von selbst die belegmäßige Trennung allen Einzelaufwands nach Soll und Soll-Abweichung.

Das Prinzip der Abweichungsbelege scheint uns im Vergleich zu dem ersterwähnten der Soll-Ist-Belegführung mehrere Vorteile zu haben. Wir glauben insbesondere die folgenden vier hierfür anführen zu können:

1. ist auf Grund der getrennten Belegführung schneller ein Überblick über Grad und Ausmaß der Soll-Überschreitung zu gewinnen. Dadurch, daß das Prinzip der Ausnahme nicht nur der Kontrolle und Rechnungsauswertung, sondern auch schon der Kostenerfassung nutzbar gemacht wird, ist eine wesentliche rechnerische Vereinfachung und Erleichterung zu erzielen. Die Mehraufwandsbelege brauchen lediglich addiert zu werden, um einen Überblick über die vor allem interessierende Soll-Überschreitung zu gewinnen. Durch ihren Zuschlag zum Soll ist auch ohne weiteres das Ist in vollem Umfang zu erkennen.

2. ist mit der Ausstellung von Abweichungsbelegen neben dem rechnungstechnischen ein rechnungsorganisatorischer Vorteil verbunden. Dadurch, daß nicht nur das Soll, sondern auch jede Soll-Überschreitung vom Planbüro neu vorgegeben und entsprechend rechnerisch belegt wird, wird dem Betrieb weitgehend jede Schreibarbeit abgenommen. Ihm bleibt lediglich das Feststellen von Einhaltung bzw. Überschreitung und entsprechend die Anforderung von Neuvorgaben oder weiteren Limiten.

3. dürfte in der strengen Bindung an das Planbüro ein nicht zu unterschätzender erzieherischer und psychologischer Vorteil liegen. Die Tatsache, daß jede Nichteinhaltung des Soll zu melden ist, daß kein Material ausgegeben, keine Arbeitsverrichtung anerkannt wird, die nicht entsprechend vorgegeben und belegt ist, ist besonders dazu angetan, zur Einhaltung der gesetzten Limite anzuspornen.

4. schließlich muß noch ein wesentlicher allgemein wirtschaftlicher Vorteil darin gesehen werden, daß dem Planbüro auf Grund der betrieblichen Mehranforderungen die Möglichkeit gegeben ist, vermeidbar oder unverhältnismäßig groß erscheinenden Abweichungen sofort nachzugehen, Ursachen festzustellen und durchgreifende Abhilfemaßnahmen zu veranlassen. Auf diese Weise können dem Betrieb unter Umständen erhebliche Verluste und Mehraufwände erspart bleiben.

Sind die internen Rechnungsbelege in einer der vorstehend gekennzeichneten Weisen nach Soll und Ist geführt, so liegt in ihrer Sammlung und Verwendung für Zwecke der Betriebsabrechnung keine besondere Schwierigkeit mehr. Die Zusammenfassung hat grundsätzlich nach den entscheidenden rechnerischen Bezugsgrößen des Betriebs, d. h.: Gesamtbetrieb, Kostenstelle und Kostenträger, zu erfolgen. Uns interessiert in Verfolg einer innerbetrieblichen Verantwortungsrechnung lediglich die Sammlung auf die Stelle.

Die Sammlung der Kosten auf die Stelle erfolgt auf dem Betriebsabrechnungsbogen. Hier sind Fertigungsmaterial und -lohn nach Soll und Ist bzw. nach Soll und Soll-Abweichung gegenüberzustellen.

Haben wir bisher vorwiegend die Einzelkosten berücksichtigt, so müssen wir einen kurzen Blick auch noch auf die Gemeinkosten werfen.

Bei den Gemeinkosten tritt an die Stelle der Auftrags- in der Regel die Zeitvorgabe. Der Auftrag ist also nur noch mittelbarer Regulator und Bezugsgröße des betrieblichen Aufwands. Es können aber auch andere Bezugsgrößen, wie ein Produktionsgang oder eine größere Produktionseinheit, z. B. die Charge oder Auflage, sich als natürlicher und geeigneter erweisen.

Bei Vorgabe nach Zeit wird der Gemeinverbrauch der Stelle in der Regel monatlich, also gleichfristig mit der Abrechnungsperiode, vorgegeben, kann aber auch kürzerfristig, z. B. täglich, wöchentlich oder halbmonatlich, bemessen sein. Das ist von dem Grad der Beschäftigungs- und Auftragsschwankungen, ferner von dem Wert des Gemeinverbrauchs abhängig. So ist z. B. durchaus denkbar, daß hochwertiges Hilfsmaterial kürzerfristiger Überwachung und Kontrolle bedarf.

Bei monatlicher Gemeinkostenvorgabe ergibt sich kein besonderes Problem der Soll-Ist-Rechnung. Hier hat das Ist laufend durch Fortschreibung und statistische Verbrauchserfassung (z. B. Erfassung von Strom-, Hilfsmaterialverbrauch usw.) ermittelt und dem Soll am Ende der Periode gegenübergestellt zu werden.

Wird das Soll kürzerfristig oder nach einer anderen Bezugsgröße, auf jeden Fall nicht in Übereinstimmung mit der Abrechnungsperiode, bemessen, so muß nach den gleichen Prinzipien verfahren werden, wie sie weiter oben bereits für die Einzelkosten gekennzeichnet wurden. Auch hier sind Rechnungsunterlagen und -belege aufzustellen, die den Verbrauch nach Soll und Ist erkennen lassen, und diese am Monatsende zusammenzustellen.

Hierbei ist vor allem auf die richtige Periodisierung zu achten.

Die Zusammenfassung der Gemeinkosten zwecks periodischer Stellenabrechnung erfolgt ebenfalls auf den Abrechnungsbogen.

Die Hauptproblematik buchhalterischer Abweichungszerlegung muß in der Soll-Ist-Belegführung gesehen werden, wie sie in erster Linie für die Einzelkostenerfassung in Frage kommt. Hierin liegt die einzige Möglichkeit, auch buchhalterisch die einzelnen Kostenartenabweichungen der Stellen weiter aufzugliedern, und zwar nach Aufträgen, Auftragsgruppen usw. und ihren letzten Ursachen nachzugehen.

d) Organisatorische Fragen.

Vom organisatorischen Standpunkt interessieren hinsichtlich Soll-Kostenrechnung und Abweichungsanalyse vor allem drei Teilfragen; die Fragen nach dem Träger, dem Zeitpunkt und den organisatorischen Hilfsmitteln, nach dem „Wo", dem „Wann" und der zweckmäßigen Gestaltung des „Wie".

Wo Soll-Kostenrechnung und Abweichungsanalyse durchzuführen sind, hängt grundsätzlich von der individuellen Organisation eines Betriebes ab. Auf jeden Fall ist eine gesonderte, neutrale Rechnungsstelle hiermit zu betrauen, sei diese nun die Buchhaltungsabteilung, die Statistik, ein besonderes Plan- und Arbeitsvorbereitungsbüro oder eine sonstige Verwaltungsstelle. Diese muß auf der einen Seite unbeeinflußt und objektiv urteilen können, auf der anderen die notwendige Einsicht und Erfahrung besitzen. Welche Stelle diesen Anforderungen am besten entspricht, kann nur im Einzelfall bestimmt werden. Auf keinen Fall kommt die verwaltungsmäßig vorgesetzte Stelle, also die nächst höhere Instanz, in Frage. Diese hat sich zwar an den Ergebnissen in ihren Dispositionen und Anordnungen auszurichten, sich jedoch nicht mit ihrer Ermittlung zu befassen. Die Rechnungskontrolle, wie überhaupt die gesamte Rechnungslegung im Betrieb, hat möglichst zentral, neutral und unbeeinflußt zu erfolgen. Auf diese Weise wird die Verfolgung der einzelnen Rechnungszwecke am besten garantiert.

Die so bestimmte zentrale Rechnungsstelle hat auf Grund der bei ihr anfallenden Rechnungsunterlagen und -belege den Stellenerfolg in der für die bewegliche Plankostenrechnung charakteristischen Form zu ermitteln. Eine andere Frage ist dagegen, inwieweit sie auch die weitere Analyse und Ursachenforschung zu betreiben hat. Alle rechnerische Zerlegung und Aufspaltung liegt ihr zweifellos ob. Hinsichtlich der Klärung der letzten Entstehungsgründe und Abweichungsursachen des einzelnen Falles scheint uns dagegen ein anderer Grundsatz verfolgt werden zu müssen, nämlich: soweit wie möglich die kontrollierte Stelle selbst, vertreten durch die Abteilungsleitung, zur Klärung heranzuziehen. Diese hat den erforderlichen Einblick und die notwendige Erfahrung, um die Ursachen der jeweiligen Abweichungen schnell erkennen zu lassen. Zweckmäßigerweise wird daher grundsätzlich in der Weise vorgegangen, daß zunächst alle von der Abteilung scheinbar oder doch möglicherweise zu vertretenden Abweichungen, das sind in erster Linie die Verbrauchsabweichungen, ferner auch die organisatorisch oder technisch bedingten Leistungsabweichungen, dieser zur Last gelegt werden und sie hierüber zur Verantwortung gezogen wird. Gelingt es von Abteilungsseite, überzeugende und als unabwendbar anzuerkennende Entstehungsgründe nachzuweisen, so ist das in der Leistungsrechnung entsprechend zu vermerken. Dabei wird natürlich die Fähigkeit der Rechnungsstelle vorausgesetzt, die angeführten Ursachen schnell und sicher auf Stichhaltigkeit und Angemessenheit beurteilen zu können. In dieser Einzelverantwortung liegt der letzte Schritt einer persönlichen, auf das einzelne Betriebsglied zugeschnittenen Verantwortungsrechnung, die sowohl den jeweiligen Befugnissen des einzelnen Funktionsträgers als auch den spezifischen Bedingungen der Leistungsperiode gerecht wird.

Auf den Zeitpunkt, das „Wann" der Leistungskontrolle, ist im Lauf der vorhergehenden Ausführungen schon wiederholt hingewiesen worden. Als Periode für die innerbetriebliche Rechnungskontrolle hat sich im Lauf der Zeit der Monat entwickelt. Das Jahr ist zu lang, um rechtzeitig Verlustquellen, Entwicklungsunterbrechungen und -kehren und sonstige wichtige Markt- oder Betriebstendenzen erkennen zu lassen; der Tag, die Woche, der halbe Monat in der Regel wiederum zu kurz, um aus den üblichen zeitlichen Überschneidungen und Verlagerungen ein objektives und zuverlässiges Bild zu gewinnen. Der Monat kann durchweg als der geeignete Kontrollzeitraum angesehen werden.

Für eine Verantwortungsrechnung gilt das noch um so mehr, als damit zugleich eine Übereinstimmung mit dem üblichen Gehaltszahlungstermin besteht, so daß eine eventuell hierauf aufbauende Leistungsvergütung direkt bei der Gehaltszahlung mit einbezogen werden kann. Das ist vor allem psychologisch von Belang. Der einzelne Funktionsträger gewöhnt sich daran, das Gehalt nicht mehr als Fixum, sondern als eine bis zum gewissen Grade schwankende, leistungsbedingte Größe anzusehen, wie es im Sinn einer konsequenten Verfolgung des Leistungsprinzips und darauf aufbauender Leistungsentlohnung liegt[52]).

[52]) Wenn Michel (s. Handbuch der Plankostenrechnung, a. a. O. S. 295 ff.) z. B. vorschlägt, trotz monatlicher Stellenerfolgsermittlung nur vierteljährlich Gehaltskorrekturen und Leistungsvergütungen vorzunehmen, so mag das bei sehr unausgeglichenen und schwankenden, und daher nur schwer übersehbaren Betriebsverhältnissen vielleicht angebracht sein. Im übrigen glauben wir aber, nach Möglichkeit auch eine monatliche Gehaltskorrektur befürworten zu sollen. Denn der in einer Leistungsentlohnung liegende Leistungsansporn muß möglichst häufig Nahrung bekommen, um wirksam zu sein. Mag auch im Endergebnis ein Plus und Minus sich aufheben, der Überschuß des einen den Fehlbetrag des anderen Monats decken, die psychologische Wirkung wird auf jeden Fall erzielt, denn anspornend vermögen sowohl positive als auch

Was schließlich das „Wie", die organisatorischen Hilfsmittel einer Soll-Kostenrechnung und Abweichungsanalyse angeht, so stehen hier wiederum die Kostenbelege, auf die bereits vorstehend eingegangen wurde, im Vordergrund. Ihre Ausstattung kann die Rechnungsführung, vor allem aber auch die Rechnungsauswertung, wesentlich beeinflussen und erleichtern.

Hier wird einmal an die inhaltliche Belegausstattung gedacht. Im Interesse zielsicherer Planung, zuverlässiger Kalkulation und vor allem auch schneller und sicherer Abweichungsanalyse dürfen die Rechnungsbelege grundsätzlich nicht nur die Kostensummen ausweisen, sondern müssen ferner alle Einzelheiten über Arbeitsart und -gegenstand enthalten, die die gekennzeichneten Rechnungszwecke erfordern. Dazu gehört vor allem die Angabe von Auftragsort, -position oder -nummer und Fertigungsstelle, dazu gehört ferner die Angabe von Materialsorte, Werkzeug, Maschine evtl. auch Arbeiter, sowie eine kurze Beschreibung des Arbeitsganges. Nicht zuletzt sind die Kosten, getrennt nach Menge und Kostensatz[53]), zu führen, so daß ihre Zusammensetzung jederzeit erkennbar ist.

Neben der inhaltlichen wird ferner an die äußere Belegausstattung gedacht, wie sie vor allem durch Größe, Form und Farbe möglich ist. Auch auf diesem Wege können Planung, Abweichungsanalyse und Kalkulation wesentlich erleichtert werden. So ist z. B. die Abweichungsermittlung zweifellos dadurch zu beschleunigen, daß die Mehraufwandsbelege farblich von den eigentlichen Soll-Belegen unterschieden werden. Nicht weniger zweckmäßig wäre es z. B., Hilfs- und Fertigungsmaterial, Hilfs- und Fertigungslöhne, produktive und Gemeinkostenaufträge in ähnlicher Weise rein äußerlich kenntlich zu machen.

Was uns schließlich für die Plankostenauswertung ebenfalls noch von Belang zu sein scheint, ist das Führen gewisser Übersichten und Berichte betriebsstatistischer Art. Wir denken hier vor allem an Aufstellungen, wie Maschinenlaufzeit-, Ausschuß-, Abfallkarten usw., die nicht nur Zahlen sondern auch die wichtigsten Ursachen von Stillstand, Ausschuß und sonstiger erheblicher Kostenüberschreitung erkennen lassen. Derartige Aufstellungen sind häufig, vor allem in anlageintensiven Betrieben und bei vorwiegend maschineller Fertigung, zu finden, um der Abteilungsleitung laufend Einblick in die Betriebsgebarung und Anhalt für die Betriebsdisposition zu geben. Diese können auch für eine Abweichungsanalyse wertvollen Anhalt geben, sei es, daß sie der Planstelle unmittelbaren Einblick geben, sei es, daß sie der Abteilung die Begründung und Klärung etwaiger Soll-Ist-Differenzen ermöglichen.

---

negative Ergebnisse zu wirken. Doch wird über die Zweckmäßigkeit des Vorgehens nur im Einzelfall entschieden werden können.

[53]) Das gilt vor allem für die Kennziffernaufspaltung. Für die buchhalterische Analyse genügt eine Trennung nach Mengen und Preisen (Materialpreis, Lohnsatz).

Zur Veranschaulichung sei z. B. auf die uns recht einleuchtend und brauchbar erscheinende Produktionsliste eines Webereibetriebes verwiesen[54]). Diese enthält im Horizontalkopf die folgenden Angaben:

1. Stuhl (Nr.)
2. Weber (Nr. und Name)
3. Zählerstand (alt und neu; die Differenz ergibt die Produktion)
4. Artikel (Art)
5. Stillstände: diese sind in 10 verschiedene Ursachen unterteilt! z. B. Stuhlreparatur, Zerreißen der Jacquardkarten und Ausbesserung, Kettenandrehen usw.
6. Arbeitszeit
7. Nutzeffekt
   a) des Arbeiters (tatsächliche Arbeitszeit)
   b) der Maschine (Betriebszeit)
8. Warum so schlecht gearbeitet?
   Hier sind als Untergliederung 4 Gründe angeführt, nämlich:
   a) Kettmaterial
   b) Schußmaterial
   c) Schwierige Muster
   d) Sonstige Gründe.

Dazu wird ausgeführt, daß für die Herabminderung der Stillstandszeiten Prämien gewährt werden. So ist z. B. für Stillstand auf Grund von Reparaturen je nach Konstruktion, Anschaffungsjahr, Abnutzungsgrad usw. für jede Stuhlgruppe eine Standardzeit vorgesehen. Ebenso ist für das Kettenandrehen, das die längsten Wartezeiten erfordert, eine Grundzeit festgelegt. Werden diese Zeiten unterschritten, so erhalten Arbeiter und Meister eine Prämie, Überschreitungen gehen, je nach dem Verschulden, zu ihren Lasten.

In diesem Zusammenhang sei auch kurz auf das Prinzip der Gantt-Karten hingewiesen, die sich im Lauf der Zeit in manchen Betrieben für die laufende Produktionskontrolle und Verantwortungsrechnung der Stellen recht brauchbar gezeigt haben.

Gantt hat für die Durchführung von Soll-Ist-Abrechnung und Abweichungsanalyse ein besonderes graphisches Verfahren entwickelt. In ein Netz von „Tageskästen" (Rechtecken), deren Länge das Tages-Soll darstellt, wird laufend das Ist in Form von Strichen für Einzelverrichtungen, Teilarbeiten usw. eingetragen. Die Einzelergebnisse werden zu Gruppen-, die Gruppen- zu Gesamt-, und die Tages- wiederum zu Wochenergebnissen zusammengefaßt. Die Abweichungen des Ist von dem Soll (z. B. bei der Maschinenüberwachung: die Stillstandszeiten) werden durch entsprechende Buchstaben in ihren Ursachen kenntlich gemacht. Hierbei findet eine weitgehende Aufteilung statt, derart, daß auch die Verantwortlichkeits- und Verschuldensfrage ohne weiteres geklärt werden. In einer Maschinennachweiskarte werden z. B. 8 Abweichungsursachen unterschieden, in einer anderen Arbeiternachweiskarte 9 und so fort[55]).

---

[54]) Im Anschluß an Hoeselbarth, Wirkungsgrad-Kontrolle in Webereibetrieben; Z. f. O. 1934, S. 442.

[55]) Näheres s. bei Witte, Leistungs- und Material-Kontrolle nach dem Gantt-Verfahren (deutsche, verkürzte Ausgabe), Berlin 1925, insbesondere S. 11, 22 und 33 ff.

Derartige Aufstellungen und Produktionsberichte sind natürlich für eine periodische Abweichungsanalyse eine wertvolle Hilfe. Das vielfach schwierige, nachträgliche Rekonstruieren von Vorgängen und Zusammenhängen wird vermieden, dem Vertuschen bestimmter Vorkommnisse vorgebeugt und das Ist festgehalten, wie es tatsächlich entsteht. Wir sehen hierin vor allem für die Analyse der Gemeinkostenabweichungen, wie sie in Mehrdampf-, -kraft- und Stromverbrauch, in mangelhafter Anlagen-, Maschinen-, Personalnutzung und dgl. mehr begründet liegen, eine wertvolle Hilfe.

Wenn wir abschließend die zuvor gekennzeichneten organisatorischen Voraussetzungen und Hilfsmittel einer Plankostenrechnung noch kurz vom ökonomischen Standpunkt beleuchten wollen, denn dieser ist letztlich für den Betrieb entscheidend, so muß hierbei vor allem von den folgenden drei Gesichtspunkten ausgegangen werden:

1. Der Arbeitsaufwand der speziell mit der Stellenerfolgsermittlung und Abweichungsanalyse betrauten Rechnungsstelle kann mit einem Minimum an Arbeitskraft bewältigt werden.

Der Rechnungsstelle liegt einmal die Arbeitsvorbereitung und -vorgabe, zum anderen die Rechnungsauswertung ob. Die rechnerische Arbeitsvorbereitung besteht in der Regel darin, aus den festliegenden Stücklisten des Betriebes, die Arbeitsgänge und Werkstoffangaben für die verschiedenen Betriebsprodukte in allen Einzelheiten enthalten, die für den jeweiligen Auftrag in Frage kommenden Zeit- und Mengennormen zusammenstellen. Daß diese Werte neu ermittelt werden müssen, kommt nur in den Fällen ausgesprochener Einzel- und Sonderfertigung in Frage. Die so ermittelten Werte müssen dem Betrieb im einzelnen vorgegeben, sowie ferner zur Vorbereitung der Stück- und Stellenkontrolle zusammengefaßt werden. Hierin könnte unter Umständen ein erheblicher Arbeitsaufwand für die Rechnungsstelle gesehen werden. Es bestehen jedoch heute Hilfsmittel genug, diesen auf ein Minimum herabzusetzen. Es sei hier vor allem auf das Hollerith-, ferner auch auf halbmaschinelle, wie z. B. das Ormigverfahren, hingewiesen. Hier bleibt als einziger manueller Arbeitsgang die Zusammenstellung der „Auftragsstammkarte" aus den verschiedenen Stücklisten. Die Ausstellung sämtlicher Vorgabebelege: an die einzelnen Stellen, an die Arbeiter, an die Magazine für die Werkstoffausgabe, ferner die Ausstellung von Auftragslauf-, Auftragsabrechnungs-, Stellenkontrollbelegen usw. erledigt die Maschine in einem Arbeitsgang, so daß hierfür die Beanspruchung menschlicher Arbeitskraft, bis auf die Maschinenbedienung, zu vermeiden ist. Auf der anderen Seite dürften die Abschreibungssätze nicht allzu wesentlich ins Gewicht fallen.

Auf die vereinfachenden und erleichternden Möglichkeiten für die Rechnungsauswertung, also für Soll-Ist-Vergleich und Abweichungsanalyse, ist bereits im Lauf der vorstehenden Ausführungen hingewiesen worden. Wir haben vor allem das Prinzip der Abweichungsbelege, ferner die Heranziehung der Stelle zur Klärung der Abweichungsursachen als solche erkannt.

Unter Würdigung dieser Tatsachen dürfen Angaben von Praktikern nicht wundernehmen, die z. B. für einen Betrieb von 500 Leuten eine Planstelle mit zirka 3 Arbeitskräften für ausreichend halten.

2. Leistungskontrolle der Arbeitsausführung und Leistungskontrolle der Betriebsführung kommen sich in der Plankostenrechnung weitgehend entgegen.

Die Mengenkontrolle ist ein Teil der Kostenkontrolle; da die Plankostenrechnung allen Abweichungen bis in die letzten Ursachen nachgeht, wird die Arbeitsausführung auf diesem Weg von selbst miterfaßt. Die Plankostenrechnung muß als ein den Gesamtbetrieb umfassendes Kontrollsystem angesehen und kann entsprechend auch nur als solches beurteilt werden.

3. Die Plankostenrechnung macht gewöhnlich eine Reihe im Betrieb geführter Sonder- und Einzelstatistiken überflüssig. Derartige Einzelstatistiken haben sich in der Regel im Lauf der Zeit aus irgendeinem Kontrollbedürfnis heraus entwickelt. Sie stehen jedoch mehr oder weniger unorganisch nebeneinander und sind daher nie voll auswertbar. Erst das Einreihen in ein festes, geschlossenes Rechnungssystem gibt ihnen volle Aussage- und Erkenntniskraft. Die Plankostenrechnung kann für viele Betriebe also nur als das straffe Zusammenfassen mehr oder weniger nebeneinander laufender und unabhängig voneinander durchgeführter Einzelrechnungen unter einem einheitlichen Gesichtspunkt angesehen werden.

Unter Berücksichtigung der vorstehenden drei Gesichtspunkte glauben wir behaupten zu können, daß die Durchführung einer Plankostenrechnung keineswegs solche Anforderungen stellt oder gar solchen Mehraufwand bedeutet, wie es bei oberflächlicher Beurteilung vielleicht scheinen könnte. Was zunächst zweifellos einige Schwierigkeit bedeutet, ist die Festsetzung des Soll. Doch diese ist einmalig. Die laufende Durchführung bedeutet mehr oder weniger nur, das Vorhandene dem Prinzip der „Ausnahme" und „Abweichungskontrolle" möglichst zweckmäßig dienstbar zu machen. In diesem Zusammenhang dürfte vielleicht die Angabe von Michel[56]) interessieren, daß für mittlere Werke nur eine Rechenkraft als Mehrerfordernis einer Plankostenrechnung gegenüber den üblichen Rechenverfahren anzusehen ist. Wertmäßig wird dieser Mehraufwand mit 1 ‰ vom Umsatz einschließlich Tilgung der Einführungskosten beziffert, ein Betrag, der bei Abwägung von Vor- und Nachteilen der Plankostenrechnung kaum ins Gewicht fallen dürfte.

4. Leistungsmessung an den Kosten: Funktionelle Betrachtung.

Wir haben bisher bei der Betrachtung von Plankostenrechnung und Abweichungsanalyse vor allem die Verhältnisse produktionstechnischer Fertigung zugrunde gelegt. Im Vordergrund haben die Stellen des

---

[56]) Michel, Handbuch der Plankostenrechnung, a. a. O. S. 285 f.

Betriebs, der eigentlichen Produktion, gestanden. Hierzu sind sowohl die unmittelbaren Fertigungs- als auch die Fertigungshilfsstellen zu zählen, wie Strom-, Dampf-, Gas-, Wassererzeugung usw. Ihnen allen gemeinsam ist die Leistungserstellung unter dem vorwiegenden Einsatz von Material, Lohn und sonstigem Stoffverbrauch.

Weitgehend unberücksichtigt geblieben oder doch nur am Rande berührt worden sind dagegen die spezifisch kaufmännischen Funktionen, wie sie einmal durch die Stellen der kaufmännischen Verwaltung, ferner durch Ein- und Verkauf verkörpert werden. Auf diese soll nachstehend im besonderen noch kurz eingegangen und auf die Unterschiede gegenüber den eigentlichen Fertigungsstellen hingewiesen werden.

a) Die Verwaltung.

Zu den typischen Verwaltungsstellen im Betrieb sind einmal Buchhaltung, Kalkulation und Statistik, eventuell auch das Planbüro, also die Stellen der betrieblichen Rechnungslegung, sind ferner die Stellen der Personal-, Grundstücks- und Gebäude- und der sonstigen „allgemeinen Verwaltung" zu rechnen; hierzu ist schließlich auch die Geschäftsleitung zu zählen, da diese in Arbeits- und Betriebsweise mit den vorerwähnten „Stellen des Geschäfts" durchaus auf eine Stufe zu stellen ist.

Nicht bei allen Stellen läßt sich eine Eingliederung in Fertigungs- oder Verwaltungsstellen so leicht vornehmen wie bei den vorerwähnten Geschäftsstellen, sondern es gibt eine Reihe von Grenzfällen, ferner eine Reihe von Stellen, bei denen die Dinge von Fall zu Fall durchaus verschieden gelagert sein können.

Zu den letzten gehört z. B. die Kostenstelle Lager. Wir nehmen hier die Gelegenheit wahr, diese nach Art der Aufgabenstellung einer kurzen Sonderbetrachtung zu unterziehen, zumal auf den Lagerzins als Maßstab der Leistungskontrolle schon wiederholt hingewiesen wurde.

Das Lager pflegt häufig rechnerisch nicht selbständig, sondern mit dem Einkauf (Rohstofflager), mit einer Fertigungsstelle (Halbfabrikate- und Zwischenläger) oder auch mit dem Vertrieb (Fertigfabrikatelager) verbunden zu sein. Es besteht aber durchaus auch die Möglichkeit selbständiger Rechnungsführung. Der RKW-Abrechnungsbogen sieht z. B. sowohl für Rohstoff-, als auch für Halb- und Fertigfabrikatelager selbständige Rechnungsstellen vor. In diesem Fall ist eine rechnerische Kontrolle und Verantwortungsrechnung ebenso natürlich wie notwendig. Um ihre Eigenart zu erkennen, muß von der Lagerungsfunktion ausgegangen werden.

Die Funktion der Lagerung steht auf der Grenze zwischen produktionstechnischer Fertigungs- und kaufmännischer Verwaltungsfunktion. Sie kann unter Umständen beides enthalten.

Die eigentliche Lagerdisposition, die Entscheidung über den Lagerbestand, sei es die Wiederauffüllung oder die Niedrighaltung der Läger, pflegt in der Regel nicht von der unmittelbaren Lagerleitung, sondern von einem anderen Funktionskreis aus bestimmt zu werden, sei es dem Einkauf, der Fertigung oder auch dem Vertrieb. Auf jeden Fall bestehen hier äußerst enge Wechsel- und Einflußbeziehungen. So dürfte auch in der Regel der Lagerzins, als der Maßstab der Lagerdisposition, in seinen Bewegungen und Abweichungen von dem Soll nicht der unmittelbaren Lagerleitung zur Last zu legen, sondern auf die entscheidende Einflußabteilung umzubelasten sein.

Für die Lagerleitung bleiben die Betreuung, Überwachung, eventuell auch die Weiter- und Nachbehandlung (z. B. in Keltereien, Brauereien) der eingelagerten Waren, ferner die Lagerverwaltung, d. i. die Kontrolle und Rechnungsführung über ein-, ausgehende Ware und verbleibenden Bestand, als eigentliche Funktionen zurück. Je nach der Eigenart des Produktionsprozesses überwiegt das eine oder andere. Allgemein kann nur festgestellt werden, daß das Lager in seiner Kostengestaltung sich um so mehr der Fertigungsstelle nähert, je mehr die technische Weiterbehandlung, die Bearbeitung und Betreuung der Ware überwiegt, während es im anderen Fall in Kostengestaltung und Kontrollmöglichkeit mehr der Verwaltungsstelle ähnelt.

Ähnlich wie beim Lager liegen die Dinge auch bei Transportabteilungen, vorausgesetzt, daß diese selbständig abgerechnet werden, was aber in den meisten Fällen ratsam sein dürfte. Auch diese können reine Verkehrsverwaltungs-, können ebensogut aber auch Verkehrsbetriebsabteilungen sein. Im ersten Fall liegt ihnen lediglich die Ausstellung von Versandpapieren, die Angabe der günstigsten Leitwege für die Ware, die Kontrolle der von den Frachtführern eingesetzten Rechnungsfrachten und dgl. mehr ob, im zweiten Fall haben sie, unter wesentlichem Einsatz von Material und Lohn, selbständig Verkehr zu betreiben (Werkverkehr) und ähneln dann in ihrer Kostengestaltung mehr den produktionstechnischen Fertigungsabteilungen.

Der überwiegende Charakter der einzelnen Abteilungen ist für die Leistungskontrolle von gewisser Bedeutung, was die weitere Betrachtung der Leistungsmessung und Kontrolle der Verwaltungsabteilungen zeigen wird.

Kostenmäßig gesehen ist allen Verwaltungsstellen der Fixkostencharakter gemeinsam. Die beeinflußbaren Kosten machen einen nur verhältnismäßig geringen Anteil der Gesamtkosten aus[57]). Für eine Stellenkostenkontrolle bedeutet das eine erhebliche Vereinfachung, denn der Rahmen der Verantwortungsrechnung kann wesentlich enger gezogen werden.

Ferner ist zu berücksichtigen, daß die Beschäftigung bei der Mehrzahl der Verwaltungsstellen in keinem unmittelbaren Verhältnis zu der Beschäftigungslage der Produktion steht. Ihre Aufgaben laufen

[57]) Es sei hier verwiesen auf die Dissertation: Brenken, Die Verwaltungskosten wirtschaftlicher Betriebe, Köln 1934, die das an einigen Zahlenbeispielen anschaulich beweist.

zum guten Teil weiter, wenn die Fertigung auch nur mit dreiviertel oder halber Kraft produziert. Ja, sie können in Krisenzeiten sogar zu besonders intensiver Beanspruchung führen. Es sei hier z. B. nur auf die straffere Überwachung der Außenstände, auf die intensiveren Bemühungen der Rationalisierung, Kosteneinsparung usw. verwiesen, die eine nicht unerhebliche Mehrbeanspruchung des vorhandenen Verwaltungspersonals verursachen können.

Das alles will sagen, daß die Beschäftigungsschwankungen im Rahmen der Verwaltungsabteilungen grundsätzlich als nicht so groß und häufig vorkommend angenommen werden können wie im Rahmen des eigentlichen Fertigungsbetriebs. Das Kosten-Soll kann also weitgehend gleich gehalten werden. Auch das bedeutet eine wesentliche Erleichterung der Kontrolle, namentlich was die Aufstellung beweglicher Kostenpläne angeht. Es brauchen nur verhältnismäßig große Beschäftigungsstufen und die möglichen Fälle organisatorischer Anpassung durch Abbau oder Erweiterung des Verwaltungsapparates an die jeweilige Betriebslage, berücksichtigt zu werden.

Auf der anderen Seite müssen aber die vorhandenen Kontrollmöglichkeiten auch im Rahmen der Verwaltungsstellen voll ausgenutzt werden. Man hört immer wieder, daß gerade die Verwaltung sich weitgehend einer Kontrolle entzieht. Das ist keineswegs der Fall, zumindest sind die vorhandenen Möglichkeiten größer als in der Regel angenommen wird. Wir haben auch hier eine Reihe von beeinflußbaren Kostenarten, die einer Verantwortungsrechnung zugrunde zu legen sind. Zu diesen gehören z. B. insbesondere der Hilfsmaterialverbrauch (Kohlepapier, Schreibpapier, Farbbänder, Ordner und sonstiger Büroverbrauch), gehören ferner Kosten wie Porti, Spesen, Telephon, Reisen, auch Repräsentationskosten und sonstige, vielfach nicht gern offen ausgewiesene Posten, die sich unter: „Allgemeine Unkosten" verbergen.

Im übrigen ist die Verantwortungsrechnung nach den gleichen Prinzipien durchzuführen, wie sie vorstehend entwickelt wurden. Die Ist-Kosten sind laufend den zuvor ermittelten maßstäblichen Plankosten gegenüberzustellen und eventuelle Abweichungen nach Art und Ursache zu analysieren.

Nun scheint uns aber eine Kontrolle der Stellenkosten in der dargestellten Weise nur einen Teil der Verwaltungsfunktion, nämlich nur ihre unmittelbare ökonomische Durchführung zu erfassen, nicht auch ihre Wirkung auf den Betrieb, die eigentliche „Qualität ihrer Ausführung". Und diese ist doch entscheidend. Denn im Gegensatz zu den Stellen der Fertigung und des Betriebs, sowie auch des Einkaufs und des Vertriebs, ist das Objekt der Verwaltung nicht das einzelne Stück, das Betriebsprodukt, sondern der Betrieb selbst. Die Funktion der Verwaltung ist die „Ermöglichung einer geordneten, geregelten und reibungslosen, fortgesetzten Leistungserstellung“[58]), ist „Risikoumhegung“[59]). Das Betriebsprodukt berührt sie nur mittelbar. Man muß daher in den Betrieb hineingehen, sich von dem reibungslosen Funktionieren und Ineinandergreifen aller Arbeitsgänge und -kräfte überzeugen, um der Verwaltung voll gerecht werden und ihre Leistung umfassend beurteilen zu können.

Dieser Tatsache hat auch eine Verantwortungsrechnung gerecht zu werden, damit sie ein vollständiges Leistungsbild geben kann. Und sie kann ihr auch, wenigstens zum Teil, gerecht werden, nämlich dadurch, daß alle bei den Fertigungs- und Betriebsstellen auftauchenden und von dieser nicht zu vertretenden Verbrauchs- oder Beschäftigungsabweichungen auf die Vertretbarkeit der Verwaltung hin geprüft werden. Es ist z. B. durchaus denkbar, daß hier Grundstücks- und Gebäudeverwaltung, Personalabteilung, Materialverwaltung oder ein sonstiges Betriebs- oder Geschäftsbüro zur Verantwortung zu ziehen sind, wobei natürlich auch dabei entschuldbaren Entstehungsgründen jederzeit Rechnung getragen werden muß.

Und so scheint uns für die Verwaltungskontrolle eine Praxis der Verantwortungsrechnung von besonderer Bedeutung zu sein, auf die bereits allgemein hingewiesen wurde[60]), d. i. die Umbelastung von Abweichungen einer Betriebs- und Fertigungsstelle auf den eigentlich verantwortlichen Funktionsbereich. Auf diese Weise wird es möglich, auch die Verwaltungsleistung in weitgehender Berücksichtigung der Verwaltungsfunktion zu erfassen. Dies ist auch mit praktisch kaum fühlbarem Mehraufwand möglich, denn wenn bereits die Verantwortlichkeit der unmittelbaren Fertigungsstellen geprüft und zu diesem Zweck den letzten Entstehungsgründen der Abweichungen nachgegangen wird, so muß es ein kleines sein, auch die Verantwortlichkeit von Verwaltungs- oder sonstiger Einfluß habenden Kostenstelle festzustellen.

b) Einkauf und Verkauf.

Wenn wir im Anschluß an die Verwaltungsstellen auch die Leistungsmessung von Ein- und Verkauf noch kurz gesondert behandeln, so setzen wir dabei voraus, daß beide Funktionen im Betrieb stellenmäßig verselbständigt und auch entsprechend abgerechnet werden. Gerade hinsichtlich des Einkaufs ist das bei Kleinbetrieben vielfach nicht der Fall, sondern wir finden hier eine organisatorische, zumindest aber eine rechnerische Vereinigung mit der Geschäftsverwaltung. In Mittel- und Großbetrieben ist das funktions- und kontrollmäßig gesehen durchaus unzweckmäßig. Der Einkauf verlangt schon aus der Art seiner Aufgabenstellung heraus eine möglichst selbständige Rechnungsführung.

Was für die Verwaltungsstellen gilt, gilt zum großen Teil auch für die Funktionsbereiche des Ein- und Verkaufs.

---

[58]) S. Brenken, Die Verwaltungskosten wirtsch. Betriebe, a. a. O. S. 8.

[59]) S. Schramm, Die betrieblichen Funktionen und ihre Organisation, a. a. O. S. 21.

[60]) S. S. 104 f. (Kapitel III, 3a).

Auch hier steht an erster Stelle der Verantwortungsrechnung die Kontrolle der eigenen, beeinflußbaren Stellenkosten. Diese decken sich nach Art und Inhalt weitgehend mit denen der übrigen Kostenstellen des Betriebes, insbesondere mit denen der Verwaltungsstellen. Auch hier stehen Hilfsmaterialverbrauch, Porti, Telephon, Reisen, Telegraph usw. an erster Stelle, deren Nichteinhaltung, gemessen an einem vorgegebenen Soll, zu verantwortlichen Verbrauchsabweichungen führt.

Hierzu kommen ferner die umbelasteten Abweichungen anderer, dem Einfluß von Einkauf oder Verkauf unterliegender Stellen. Es wäre hier z. B. an Materialverbrauchsabweichungen zu denken, die auf unbrauchbare und dem Einkauf zur Last zu legende Materialqualität zurückzuführen sind. Im Mittelpunkt stehen hier jedoch entschieden die Beschäftigungsabweichungen, die durch die Minderleistung des Betriebes entstandenen und von diesem nicht zu vertretenden Verluste. Inwieweit sind diese Ein- oder Verkauf zur Last zu legen?

Der Einkauf kommt hier wohl zum verhältnismäßig geringeren Teil in Frage. Jedoch ist gerade in heutiger Zeit des Rohstoffmangels durchaus an die Möglichkeit einer Beschäftigungsstockung infolge mangelnden Materials zu denken, also einer Beschäftigungsabweichung aus Einkaufs- und Beschaffungsgründen. Inwieweit der Einkauf hierfür verantwortlich gemacht werden kann, ist allerdings eine zweite Frage. Diese kann erst eine genaue Untersuchung der Bedingungen und Voraussetzungen des Einzelfalls gerecht entscheiden.

Normalerweise werden die Ursachen von Beschäftigungsabweichungen in mangelndem und rückläufigem Absatz zu suchen und entsprechend von der Seite des Vertriebs zu untersuchen sein. Wie weit Absatzmangel, Beschäftigungsrückgang oder auch das Umgekehrte als Leistungskriterien des Vertriebs angesehen werden können, hängt natürlich weitgehend von der allgemeinen Konjunktur- und Branchenentwicklung ab. Über diese muß zunächst volle Klarheit herrschen, bevor über die eigenen Betriebsverhältnisse geurteilt werden kann. Jedoch geben hierüber die offiziellen Ziffern der öffentlichen Institute, ferner auch Branchen- und Verbandszahlen so ausreichende Auskunft, daß eine gerechte und objektive Beurteilung der individuellen Betriebslage möglich erscheint.

Ebenso wie für den Betrieb die der wirklichen Beschäftigung entsprechenden praktischen Plankosten Kontrollmaßstab sind, so ist es für den Vertrieb die erwartete Beschäftigung. Die sich aus der Verrechnung optimaler Plankosten ergebenden Beschäftigungsabweichungen können auch für den Vertrieb kein Verantwortungsmaßstab sein, sondern bedürfen zu diesem Zweck zuvor weiterer Zerlegung. Nur die Abweichungen zwischen erwarteter und tatsächlicher Beschäftigung sind als „vertriebsverantwortlich" anzusehen und daher näher zu analysieren.

Bei der Analyse der Beschäftigungsabweichungen ist am zweckmäßigsten der gleiche Grundsatz zu befolgen, wie er für die Erforschung der Verbrauchsabweichungen bereits aufgestellt wurde, nämlich die auftragsbedingten Beschäftigungsabweichungen zunächst in vollem Umfang dem Vertrieb zur Last zu legen, also auf ihn umzubelasten, und sodann diesen, der die Entstehungsgründe und Verhältnisse am besten übersieht, zur Klärung und Rechtfertigung heranzuziehen. Hierdurch wird der rechnungsführenden Abteilung zusätzliche Mehrarbeit weitgehend abgenommen. Natürlich muß auch in diesem Fall das Endurteil stets ihr selbst bzw. der Geschäftsleitung überlassen bleiben. Ihr allgemeiner und grundsätzlicher Einblick ist daher auch in diesem Fall erforderlich.

Eine Leistungsmessung, aufbauend auf den eigenen Stellenkosten von Ein- und Verkauf und erweitert durch die umbelasteten Kostenabweichungen anderer, abhängiger oder beeinflußter Stellen, reicht jedoch für eine vollständige Verantwortungsrechnung dieser in unmittelbarer Berührung mit dem Markt stehenden Funktionsbereiche nicht aus. Sondern um diese wirklich umfassend zu beurteilen, muß noch eine weitere Rechnungsgröße einbezogen werden, das sind die Preisabweichungen. Preisabweichungen ergeben sich aus der Differenz zwischen verrechneten Materialplan- und tatsächlich gezahlten Einkaufspreisen. Ebenso können sie natürlich auch aus der Differenz zwischen geplanten und tatsächlich erzielten Verkaufspreisen entstehen. Sie werden in der Regel von der Buchhaltung gesondert auf Differenzkonten erfaßt.

Wir wollen hier zunächst die Preisabweichungen kurz als Maßstab des Beschaffungserfolges beleuchten.

Preisgünstiger Einkauf ist, neben der Bereitstellung des Materials in richtiger Menge, Qualität und zum richtigen Zeitpunkt, eine der wichtigsten, wenn nicht sogar die Hauptbeschaffungsfunktion. Auf jeden Fall hieße es, nur Bruchstücke einer Verantwortungsrechnung liefern, wollte man diese unberücksichtigt lassen. Das führt zu der unbedingten Notwendigkeit einer Analyse der Preisabweichungen unter Kontroll- und Verantwortungsgesichtspunkten.

Als unentbehrliches Hilfsmittel sind für eine derartige Analyse die durchschnittlich gezahlten Marktpreise der Beschaffungsperiode heranzuziehen, wie sie in Börsennotizen, Marktveröffentlichungen und sonstigen amtlichen Verlautbarungen zu finden sind, sind ferner für nicht börsengängige Waren: Branchenberichte, Verbandsveröffentlichungen und sonstige Informationen mehr privater Art zu Hilfe zu nehmen. Diese ergeben den im nachhinein festgestellten, praktischen Kontrollmaßstab für die Preisbeurteilung. Ein wesentliches Überschreiten des so ermittelten Soll-Preises dürfte als Kriterium ungeschickter Einkaufspolitik anzusehen sein, ein Unterschreiten das Gegenteil beweisen.

Wir möchten es an dieser Stelle nicht unterlassen, auf eine uns recht empfehlenswert und vom Standpunkt der Einkaufskontrolle brauchbar erscheinende Praxis hinzuweisen, das ist die Aufstellung von Preis- und Einkaufskarten. Das Handbuch für Industrielle Werkleitung enthält z. B. einige recht anschauliche Darstellungen[61]). Diese Karten werden in der Regel in der Weise aufgestellt, daß die *monatlichen mittleren Marktpreise* und die *tatsächlich gezahlten Preise*, evtl. auch noch die zu diesen Preisen *bezogenen Mengen*, kurvenmäßig gegenübergestellt werden. Hierdurch ergibt sich ein vorzügliches Bild von der Zweckmäßigkeit der Einkaufspolitik und damit zugleich auch eine brauchbare Grundlage für Leistungsbeurteilung und Verantwortungsrechnung des Einkaufs.

Hinsichtlich der Preisabweichungen als Grundlage einer Messung des Beschaffungserfolges soll nicht unerwähnt bleiben, daß diese unter den heutigen *Verhältnissen der Preisregelung und -bindung an Bedeutung wesentlich verloren* haben. Das freie Aushandeln der Preise gehört zu den seltenen Ausnahmen. In der Mehrzahl der Fälle schreiben Gesetz, Verordnung oder verbandsmäßige Norm den zu fordernden Preis vor. Dennoch sind immer noch eine Reihe von Möglichkeiten vorhanden, kaufmännisches Geschick auch bei Materialeinkauf und -beschaffung unter Beweis zu stellen. Es sei hier nur auf die Wahrnehmung von Staffelsätzen, Mengenrabatten, zeitlichen Preisdifferenzen usw. verwiesen, es sei vor allem auch an die Beschaffung der Welthandelsartikel, der ausländischen Rohstoffe, wie Metalle, Textilien usw. erinnert, deren Preisbildung noch eine weitgehend freie ist, wenn auch hier heute durch die Devisenzwangslage die völlig freie Betätigungsmöglichkeit ziemlich beschnitten sein mag.

Wenn wir auch die *Verkaufspreisabweichungen* als Maßstab des *Vertriebs*erfolges noch einer kurzen Betrachtung unterziehen, so **befinden wir uns damit** nicht mehr auf dem Gebiet der *Kosten*kontrolle. Die Analyse der Beschaffungspreisabweichungen konnte als solche angesehen werden (Materialkosten), ebenso war der Umsatz- bzw. Absatz*menge* von dieser Seite nachzugehen (Beschäftigungsabweichungen), die Umsatz*preis*abweichungen müssen dagegen als besondere *umsatzanalytische Ergänzung der Kostenkontrolle* angesehen werden.

Die Preisabweichungen spielen bei der Leistungsmessung des Verkaufs keineswegs die Rolle wie beim Einkauf, vor allem in heutiger Zeit nicht, wo infolge der Marktordnung und -regelung die Bewegungsfreiheit in den Veraufspreisen ganz erheblich beschnitten ist. Festpreise, Kalkulationsnormen und -vorschriften regeln das Angebot und schreiben dem Verkauf, ebenso wie dem Einkauf, eine weitgehend ausgeglichene und übereinstimmende Preisbasis vor. Das Verkaufsgeschick hat sich infolgedessen *von der Preis- auf die Mengenseite verlagert*. Steigerung der Absatz*mengen* und Vergrößerung des Umsatzes und dadurch verbesserte Kapazitätsausnutzung ist als Hauptaufgabe des Verkaufs anzusehen. Im Augenblick scheint sich allerdings auch in diesem Punkt ein gewisser Wandel vollzogen zu haben. Der Absatz ist in gewissen Teilen

---

[61]) S. Art. Marshall, Einkauf und Lagerhaltung, S. 213 f., in der Übersetzung von Frölich, a. a. O.

der heutigen Wirtschaft überhaupt aus seiner normalerweise vorherrschenden Stellung verdrängt worden. Das Schwergewicht hat sich auf den Einkauf, auf die Beschaffung von Roh-, Hilfs- und Ausgangsstoffen, verlagert. Die erforderlichen Mittel zur Befriedigung der vorhandenen Aufträge zu beschaffen, ist im Augenblick oberstes Gebot der Stunde und der brennendste Ansatzpunkt kaufmännischer Initiative und unternehmerischer Betätigung.

Wie dem auch sei, auf jeden Fall sind auch unter den heutigen Verhältnissen immer noch Möglichkeiten und auch die Notwendigkeit für den Betrieb vorhanden, preisgünstig, vor allem preisangemessen zu verkaufen. Wir denken hier nur an Einzel- und Sonderfertigungen, Spezialaufträge usw., die in der Preisstellung noch relativ frei sind, denken ferner an die Rabatt-, Skonto- und sonstige Abzugsgewährung, die sich in einer „Erlösschmälerung" bemerkbar machen. Diese bedürfen zweifellos ebenfalls einer Kontrolle und Überwachung, denn schließlich muß die Menge durch einen entsprechenden Preis ergänzt werden, um zur Kostendeckung führen zu können.

Für die Durchführung einer derartigen Kontrolle dürfte das Bestimmen eines normalen durchschnittlichen Verkaufssatzes, seine Gegenüberstellung mit den tatsächlich erzielten Erlösen und eine Analyse der sich hierbei ergebenden Abweichungen ebenfalls brauchbar und geeignet sein. Um einer Verantwortungsrechnung hierbei besonders Rechnung zu tragen, ist dabei zweckmäßigerweise nach Vertretern, Verkaufsgruppen, Absatzbezirken usw. zu scheiden, wie das überhaupt für eine Umsatzanalyse das Natürliche und Gegebene ist.

Zusammenfassend können wir demnach feststellen, daß sich für die auf den Markt gerichteten Funktionsbereiche des Einkaufs und Verkaufs drei Teilgrößen ergeben, die einer Messung und Beurteilung ihrer wirtschaftlichen Leistung zugrunde zu legen sind, das sind

1. die sich auf Grund der eigenen Stellenkosten ergebenden Kostenabweichungen (Verbrauchsabweichungen);
2. die umbelasteten Kostenabweichungen anderer beeinflußter oder abhängiger Stellen (in erster Linie Beschäftigungsabweichungen);
3. die sich aus der eigentlichen Marktbetätigung ergebenden Preisabweichungen.

Zum Beweis, daß eine Erfolgs- und Leistungsmessung dieser Art nicht völligen Ausnahmecharakter hat, sondern sich in Literatur und Praxis bereits ähnliche Beispiele finden, seien anschließend zwei Vorschläge einer Vertriebserfolgsmessung angefügt. Der eine stammt von Neumayer[62]), der zweite von Herr[63]).

---

[62]) S. Neumayer, Plankostenrechnung auch im Mittel- und Kleinbetrieb; Z. f. O. 1934, S. 426 ff.

[63]) Herr, Erfolgsbeteiligung der Verkaufsabtlg.; Z. f. O. 1932/9.

Neumayer geht nach der folgenden Formel vor:

Vertriebserfolg = a — (b + c1 + c2/Vertrieb), wobei bedeutet:

a = Umsatzwert
b = Plankosten
c = Plankostenabweichungen, und zwar
c_1 = Beschäftigungs- und Leerlaufverluste
c_2 = Verbrauchsabweichungen (in diesem Fall nur für den Vertrieb).

Wir sehen also auch hier deutlich, wie zunächst den beiden grundlegenden Komponenten: Kosten und Umsatz Rechnung getragen wird.

Bei der Kostenkontrolle wird nach dem Prinzip der Ausnahme und Abweichungsanalyse vorgegangen. In die Erfolgsberechnung werden die umbelasteten Beschäftigungsabweichungen (c 1), ferner die Kostenabweichungen der eigenen Stelle (c 2) einbezogen, ähnlich, wie wir es weiter oben gekennzeichnet haben.

Bei der Umsatzanalyse wird von den Ist-Werten (a) ausgegangen, doch wird diesen der entsprechende Plankostenwert gegenübergestellt, so daß im Ergebnis ebenfalls nur Abweichungen in die Erfolgsberechnung eingehen.

Diese Art der Leistungsberechnung scheint uns überaus klar und vom Standpunkt einer Plankostenrechnung einleuchtend zu sein. Sie stimmt im übrigen weitgehend mit den von uns aufgestellten Grundsätzen der Beschaffungs- und Vertriebskontrolle überein. Voraussetzung hierfür ist allerdings, daß von der erwarteten Beschäftigung ausgegangen wird und entsprechend praktische Plankosten vorgegeben werden. Die Beschäftigungsabweichungen, die sich aus der Vorgabe optimaler Plankosten ergeben, führen zu keinem maßstäblichen Vertriebserfolg.

Herr schlägt für die Ermittlung einer Verkaufsabteilungsprämie die folgenden drei Maßgrößen vor:

Prämienbasis 1 = Differenz zwischen Geschäftserlös und fixen Kosten. Unter Geschäftserlös versteht er den um die proportionalen Kosten verringerten Gesamterlös, also einen Bruttoertrag, so daß die Prämienbasis 1 praktisch den Reingewinn darstellt.

Prämienbasis 2 = Differenz zwischen Geschäftserlös (wie unter 1) und Abteilungskosten des Vertriebs.

Prämienbasis 3 = Saldo des Verkaufsspesenkontos, ermittelt als Differenz zwischen den tatsächlich aufgelaufenen und den verrechneten, also durch die ausgegangenen Aufträge gedeckten Verkaufsspesen (fester kalkulierter Satz).

Auch aus diesem Beispiel lassen sich die drei Teilgrößen herauskristallisieren, die wir für eine Erfolgsmessung des Vertriebes als maßstäblich erkannt haben, nämlich:

1. der Geschäftserlös als Maßstab des Umsatzwertes,
2. die Fixkosten als Maßstab der Beschäftigung und damit der Umsatzmenge,
3. die Abteilungskosten und die Verkaufsspesen als die speziell durch den Vertrieb verursachten und zu beeinflussenden Kosten.

Die Art der Berechnung ist allerdings eine andere. Wir haben hier eine ausgesprochene Ist-Rechnung vor uns. Nur im Fall 3, der Spesenberechnung, wird von der Differenz zwischen dem tatsächlich aufgelaufenen Ist und einem Verrechnungs-Soll ausgegangen. Dieses kann jedoch ebenfalls nicht als maßstäblich anerkannt werden, da es die Schwankungen des Umsatzvolumens nicht mitmacht.

Wir sehen also sofort die aus der Ist-Rechnung sich ergebende geringere Erkenntniskraft dieser Erfolgsberechnung. Es ist nur ein Abwägen zwischen Kosten und Erlös möglich. Wo die Ursache eines zu geringen Erfolgs, wo die Ansatzpunkte einer Leistungssteigerung zu suchen sind, ist nicht ohne weiteres zu ersehen. Dazu fehlt der absolute Vergleichsmaßstab.

Die beiden vorstehenden Hinweise mögen genügen. Sie sollen vor allem noch einmal die Notwendigkeit betonen, eine Leistungsmessung für Ein- und Verkauf immer nach zwei Seiten zu orientieren, entsprechend der Funktion dieser Abteilungen: einmal zum Betrieb, zum anderen zum Markt hin. Umsatz und Kosten sind als Ausgangspunkt zu berücksichtigen. Bei dem Umsatz ist das in der Regel der Fall. Die Kosten werden bei der Messung des Vertriebserfolgs vielfach vernachlässigt, wobei unter „Kosten" hier die spezifischen Kosten der Vertriebsabteilung zu verstehen sind. Das gleiche gilt für die Messung des Beschaffungserfolges und die Abteilungskosten des Einkaufs.

Eine Plankostenrechnung schiebt dieser Außerachtlassung durch die stellenweise Kostenerfassung und -kontrolle von selbst einen Riegel vor, nimmt ferner auch die Umsatzmengenkontrolle im Rahmen der Kostenrechnung vor (Beschäftigungsabweichungen), so daß als Ergänzung lediglich eine Umsatzpreiskontrolle notwendig ist. Die Kontrolle der Beschaffungspreise ist dagegen ebenfalls auf dem Weg über die Materialkosten in einer Kostenanalyse mit einbegriffen.

IV. Gegenüberstellung von Punktwertung und Kostenanalyse als Kontrollverfahren dispositiver Leistungen im Betriebe.

Im Rahmen der vorstehenden Ausführungen ist versucht worden, neben der Kontrolle rein ausführender Arbeit im Betrieb zwei weitere Möglichkeiten zur Kontrolle auch dispositiver Betriebsleistungen aufzuzeigen: die Punktwertung als Methode summierender, auf einzelnen Kriterien und Leistungselementen aufbauender Leistungserfassung und die Plankostenrechnung als analysierendes, von dem Prinzip der Ausnahme ausgehendes Verfahren. Es ist natürlich und notwendig, die beiden letzten abschließend einer kurzen Gegenüberstellung zu unterziehen.

Zwecks Gegenüberstellung und Kritik werden zunächst die bei der Punktwertung bereits als nachteilig gekennzeichneten Wesensmerkmale auch für die Plankostenrechnung geprüft. Das waren die folgenden drei:

1. die Frage der Aufgabenerfassung,
2. die Frage der Soll-Größen und
3. die Frage der Gewichtung.

Wie liegen in diesen Punkten die Dinge bei Plankostenrechnung und Abweichungsanalyse?

Was zunächst die Gefahr nicht vollständiger Leistungserfassung angeht, so ist diese bei einem Soll-Ist-Vergleich nach den gekennzeichneten Prinzipien nicht gegeben. Der Grund ist leicht ersichtlich und ohne weiteres einleuchtend. Absolute Kosten- und Umsatzgrößen sind die wirtschaftlich entscheidenden Maßstäbe für den Betrieb, die Bestimmungsgrößen des Erfolgs. Alle wirtschaftlich wirksamen Leistungen müssen sich in einer dieser beiden Größen niederschlagen und bei einer zweckentsprechenden Analyse erkennbar sein. Ein Nachlassen oder Verbessern, plötzliche Veränderungen oder entscheidende Entwicklungen, können auf diese Weise nicht übersehen werden. Kosten und Umsatz, als die entscheidenden, zuverlässigsten und in ihrer Erkenntniskraft nicht zu überbietenden Wirtschaftsmaßstäbe, müssen daher auch für eine Leistungsmessung der Betriebsglieder, die ja nur die Ausführenden und Vollstrecker der gesamtbetrieblichen Aufgabe sind, als die sichersten und umfassendsten Beurteilungsmaßstäbe angesehen werden. Einzelne Kennziffern, äußere Kriterien und Merkmale, können im Vergleich hierzu in der Regel nur ein unvollständiges Leistungsbild geben.

Was ferner die Frage der Soll-Größen betrifft, so scheint uns auch in diesem Punkt ein nicht zu unterschätzender Vorteil auf der Seite der Plankostenrechnung zu liegen. Wir haben uns bei der vorstehenden Charakterisierung der Plankostenrechnung immer wieder bemüht, auf Bedeutung und Wesen wirklichkeitsnaher Plankosten hinzuweisen und die Tatsache eines dauernden Anpassens der Sollvorgaben an die schwankenden Markt- und Betriebsbedingungen als entscheidend herausgestellt. Die individuelle Leistung des Betriebes und der Betriebsglieder kann nicht an starren Größen gemessen werden und eine bewegliche Plankostenrechnung der gekennzeichneten Art scheint uns dieser Tatsache in befriedigender Weise Rechnung zu tragen.

Was schließlich den dritten Gesichtspunkt, die Gewichtung, angeht, so fällt auch das hierin liegende Bedenken bei der Kostenanalyse fort. Ein größenhaftes Abwägen von Leistungselementen, ein Zusammenfassen und Gewichten, ist hier nicht erforderlich. Die Leistung ist bereits in dem wirtschaftlich entscheidenden Maßstab, in Kosten oder Umsatz, beziffert, und es bedarf lediglich einer Analyse nach: beeinflußbar und nicht beeinflußbar, nach: verantwortlich und nicht verantwortlich, um das endgültige Leistungsbild zu gewinnen. Es kann allerdings nicht geleugnet werden, daß auch bei dieser Auswertung subjektive Meinung und Beurteilung eine Rolle spielen. Doch steht das in keinem Verhältnis zu der größenhaften Gewichtung. Zunächst gilt es hier, nur ein Verantwortlich oder Nichtverantwortlich zu entscheiden, wobei im Zweifelsfall immer zugunsten des Funktionsträgers entschieden werden kann. Bei der Punktwertung ist dagegen eine genaue größenhafte Bezifferung erforderlich. Außerdem ist die Frage der Verantwortlichkeit und Beeinflußbarkeit von Kostenabweichungen in den meisten Fällen, sei es durch allgemeine Anschauung oder auch durch spezielle Beobachtung und Erfahrung, als hinreichend geklärt anzusehen, so daß sich hier kaum tiefergehende Zweifel ergeben. Dagegen muß das Abwägen einzelner Leistungsgrößen und Kontrollkennziffern dem persönlichen Ermessen und subjektiven Erwägen des Kontrollierenden, sei es der rechnungsführenden oder auch der betriebsleitenden Stelle, überlassen bleiben, was natürlich dem subjektiven Einfluß einen wesentlich größeren Spielraum gibt.

Bei der bisherigen Gegenüberstellung haben sich lediglich Vorteile zugunsten von Kostenanalyse und Soll-Ist-Vergleich ergeben. Diese lassen sich noch um einige vermehren, wenn wir nicht nur den speziellen Gesichtspunkt einer Kontrolle der betrieblichen Funktionsträger berücksichtigen, sondern darüber hinaus auch die sonstigen Anwendungs- und Auswertungsmöglichkeiten beider Verfahren für den Betrieb mit in die Wagschale werfen.

Hierbei muß als erstes festgestellt werden, daß die Punktwertung ein reines Kontrollverfahren der Arbeitsleistung, im Sinne menschlicher Tätigkeit im Betrieb, ist. Andere Ziele sind hiermit, schon infolge der neutralen, nur diesem Zweck dienenden Bezifferung, nicht zu verfolgen.

Dem steht auf der anderen Seite die vielseitige Anwendungs- und Auswertungsmöglichkeit der Plankostenrechnung gegenüber. Diese liegt einmal in der rechnerischen Normierung des gesamten Produktionsganges, wodurch Leerlauf, Arbeitsüberschneidungen und sonstige organisatorische Mängel erkannt werden. Diese liegen aber vor allem in der laufenden Abweichungsanalyse und Ursachenforschung, wodurch die Wirkung von Mensch, Maschine, Material und sonstigem Leistungseinsatz erkannt und damit zugleich die Möglichkeit gegeben wird, auf alle betrieblichen Produktionskräfte einzuwirken und sie durch sinnvolle Betriebspolitik zu optimaler Gesamtleistung zu bringen.

Neben diesen Kontroll- stehen ferner Kalkulations- und Planungsgesichtspunkte. Es wurde schon kurz auf die natürliche Funktion der Plankosten in dieser Richtung hingewiesen[1]). Auch die Kalkulation rückt immer mehr ab von der reinen Ist-Kostenrechnung sowohl was die Kontrolle des Stückerfolges als auch was die Ziele der Preisstellung betrifft. Vor allem für die Ermittlung des Angebotspreises können die individuellen Kosten des einzelnen Stücks, Auftrags oder sonstigen Kostenträgers nicht als entscheidend angesehen werden. Sie haben nicht die Berechtigung, im Preis rückvergütet zu werden. Entscheidend allein ist die zufallsbereinigte Norm, der unter den gegebenen Betriebsbedingungen und der vorauszusehenden Betriebsentwicklung einzuhaltende Kostenstandard. Im einzelnen wird über diese Fragen zwar erst nach Durchsetzung der unlängst erschienenen Kostenrechnungsgrundsätze klar zu sehen sein, doch kann diese Tendenz schon heute als allgemein gültig herausgestellt werden.

So kann auch unter kalkulatorischen Gesichtspunkten die Plankostenrechnung als die entscheidende Rechnung der Zukunft angesehen werden, um so mehr, als durch entsprechende Ermittlung und Sammlung der Abweichungen auch über die jeweiligen Ist-Kosten ein Überblick zu gewinnen ist und diese durch entsprechende Zuschläge auch kalkulatorisch im Bedarfsfall berücksichtigt werden können.

Was die Planung heute für den Betrieb bedeutet, wird immer mehr zur allgemein anerkannten Tatsache. Der moderne Großbetrieb ist nicht mehr ohne ein planendes Rechnungswerk von Budgetziffern, Kosten- und Leistungsvorgaben reibungslos und optimal zu führen. Einheitlicher Wille und bessere Einsicht der höheren Instanzen sind nur auf diesem Weg durchzusetzen.

Die Plankostenrechnung vereinigt nun in äußerst glücklichster Weise das Budget- und das Kontrollprinzip. Indem sie wissenschaftlich ermittelte und praktische Sollkosten vorgibt, plant und kontrolliert sie zugleich, wobei die Kontrolle noch durch die Analyse der Abweichungen eine bis in alle Einzelheiten des Ist vordringende Verfeinerung erfährt.

Man könnte vom Standpunkt der Punktwertung den erwähnten Vorteilen der Plankostenrechnung entgegenhalten, daß diese auch mit wesentlich größerem Aufwand verbunden sind, daß die Kostenanalyse also ökonomisch gesehen wesentlich ungünstiger dastehe als ein der Punktwertung entsprechendes Verfahren.

Dieser Einwand ist einmal durch den Hinweis auf die soeben gekennzeichneten wesentlich größeren Auswertungsmöglichkeiten und die tiefer-

[1]) S. S. 91.

gehende, umfassendere Erkenntniskraft einer Plankostenrechnung schon weitgehend entkräftet. Dem ist ferner auch die Tatsache der wesentlich sichereren und zuverlässigeren Leistungsbeurteilung entgegenzuhalten, die an Hand von drei Gesichtspunkten zu beweisen versucht wurde. Schließlich müssen aber auch durchaus Zweifel an einem behaupteten ökonomischen Vorteil einer Punktwertung gehegt werden. Wir haben schon betont, daß die Plankostenrechnung in der Regel nur an die Stelle eines bereits vorhandenen, jedoch unorganisch nebeneinander stehenden Zahlen- und Rechnungswerks tritt. Unter dem speziellen Gesichtspunkt der Leistungskontrolle der Betriebsglieder wird vielleicht der Punktwertung, rein verfahrenstechnisch gesehen, ein kleiner ökonomischer Vorteil zuzubilligen sein. Dieser muß sich aber in Hinblick sowohl auf die bessere, gründlichere als auch die umfassendere Erkenntniskraft der Plankostenrechnung praktisch in ein Nichts verlieren.

Schließlich sei hier zwecks vollständiger und gerechter Gesamtbeurteilung auch auf den erwähnten Vorteil der Punktwertung, nämlich die äußerste Beweglichkeit und Freiheit in der Berücksichtigung verschiedenster Beurteilungsgesichtspunkte und Leistungskriterien noch kurz eingegangen. Dieser ist nicht zu leugnen und auch von gewisser Bedeutung. Man kann im Betrieb nicht nur nach rein wirtschaftlichen Gesichtspunkten urteilen, sondern muß stets auch den Menschen in seiner sozialen Stellung, in seinen Fähigkeiten und Anlagen, sowie auch in seinem Charakter und in seiner grundsätzlichen Arbeitseinstellung bis zu einem gewissen Grad berücksichtigen, um zu einem gerechten Urteil zu kommen. Zu diesem Zweck müssen auch gewisse andere Maßstäbe, wie Arbeitsausdauer und -pünktlichkeit, Betriebszugehörigkeit und sonstige sich nicht ohne weiteres im wirtschaftlichen Erfolg niederschlagende Merkmale berücksichtigt werden. Das ist bei einer summierenden Kennziffernkontrolle durch Einbeziehen einer entsprechenden Verhältnisgröße sehr leicht möglich. Eine reine Kosten- und Umsatzanalyse versagt an diesem Punkt. Sie muß sich zu diesem Zweck besonderer Erkenntnisquellen bedienen.

Nun scheint uns jedoch dieser Gesichtspunkt, insgesamt und im Verhältnis zu den übrigen gesehen, wenig ins Gewicht zu fallen. Denn es muß in jedem Fall ein leichtes sein, diese außerwirtschaftlichen Gesichtspunkte und Kriterien durch besondere statistische Erhebung oder auch durch persönliches Urteil mit zu berücksichtigen. Es sei nur auf die sehr leicht durchführbaren und auch in der Regel durchgeführten Anwesenheits-, Pünktlichkeitskontrollen usw. hingewiesen, die die Kennziffernbildung in gleicher Weise erfordert, so daß sich hinsichtlich der rechnerischen Unterlagen praktisch kein Unterschied ergibt.

Vor allem muß aber immer wieder betont werden, daß der wirtschaftliche Gesichtspunkt letzten Endes für den Betrieb der entscheidende und daher auch grundsätzlich ausschlaggebende ist. Nur auf wirtschaftlichen Maßstäben vermag er seine Dispositionen objektiv und zuverlässig aufzubauen. Es ist daher auf der einen Seite sogar als unzweckmäßig anzusehen, das Leistungsbild zu sehr durch andere Beurteilungsgesichtspunkte zu beeinträchtigen, auf der anderen Seite jedoch ein leichtes, das sowohl sozial als auch psychologisch und rein menschlich als gerecht empfundene Maß außerwirtschaftlicher Belange miteinzubeziehen.

Wie dem auch sei, auf jeden Fall kann über das Gesamturteil kein Zweifel herrschen. Unter den angeführten Gesichtspunkten liegt der Vorteil entschieden auf der Seite der analysierenden Methode der Leistungsmessung. Sie scheint uns daher in erster Linie befürwortet und verfolgt werden zu müssen. Gewiß ist auch eine Punktwertung möglich und wird, vor allem bei sorgfältiger Behandlung der als kritisch gekennzeichneten Punkte, für den Betrieb bereits von gewissem Wert sein. Doch scheint sie uns immer nur als Not- und Übergangslösung für die Fälle noch nicht ausreichend ausgebauter Kostenstellenrechnung in der gekennzeichneten Form angesehen werden zu müssen. Auf die Dauer kann sich nur das behaupten, was die Garantie höchster Zuverlässigkeit und die Möglichkeit weitestgehender Auswertung gibt, und das ist in diesem Fall die das Gesamtbetriebsgeschehen in absoluten Zahlen aufzeigende Plankostenrechnung.

V. Anwendungsgrenzen.

Im Gegensatz zur ausführenden Tätigkeit im Betrieb werden die Leistungen der dispositiven Arbeit häufig als nicht meßbar angesehen. Man sieht dann nur die Schwierigkeiten der Durchführung, dagegen nicht ihre Möglichkeiten. Wie wir gezeigt haben, ist aber auch die dispositive Tätigkeit meßbar. Vor allem die zuletzt gekennzeichnete Form einer systematischen Soll-Ist-Rechnung ist hierzu geeignet. Nur muß man sich im Fall dispositiver Leistung besonders vor Übertreibung hüten und sich der viel näher liegenden *Grenzen* bewußt sein.

Schon im Lauf der vorstehenden Ausführugen sind verschiedene Voraussetzungen zuverlässiger Kostenkontrolle und Kostenrechnungsauswertung betont worden. So wurden vor allem *zuverlässige Ist-Größen* der Vergangenheit als unmittelbare Grundlage für die Soll-Kostenbestimmung, wurden ferner umfassender *Überblick und Erfahrung* in den spezifischen Betriebs- und Produktionsverhältnissen zwecks schneller und treffsicherer Rechnungsauswertung, wurden schließlich auch *bestimmte Verfahren der Kostenerfassung und Rechnungslegung* verlangt, deren Durchführung Kleinbetrieben vielleicht schon gewisse Schwierigkeiten bereiten könnte.

Neben diesen vornehmlich rechnerischen muß an dieser Stelle noch eine *organisatorische* Voraussetzung besonders betont werden, die im vorstehenden mehr oder weniger als selbstverständlich vorausgesetzt und daher im einzelnen nicht hervorgehoben wurde, das ist die *übersichtliche und klare Gliederung der Produktions- und Betriebsverhältnisse*.

Diese lassen in manchen, vor allem Mittel- und Kleinbetrieben, vielfach sehr zu wünschen übrig. Ein reichhaltiges Produktionsprogramm in relativ kleinem Rahmen, weitgehende Berücksichtigung von Kundenwünschen auf dem Weg über Sonderanfertigung und individuelle Auftragserledigung, sich überschneidende Arbeits- und Fertigungsgänge und ähnliche Betriebs- und Produktionsbedingungen sind ein ausgesprochener Feind aller vorausschauenden Normung und Regelung und damit auch aller exakten Kontrolle. Durch die Mannigfaltigkeit und den ständigen Wechsel der Produktion wird die Bestimmung zuverlässiger Soll-Größen erschwert, aus dem gleichen Grund die Soll-Ist-Rechnung kompliziert und, z. B. bei zu weitgehender Kundenberücksichtigung, die Planung sogar bis zu einem gewissen Grad sinnlos. Die Grenzen exakter Kostenkontrolle dürften unter diesen Voraussetzungen sehr schnell erreicht sein.

Nun kann aber in diesem Punkt vom Betrieb verhältnismäßig leicht Abhilfe geschaffen werden. Ebenso wie in der Bestimmung zuverlässiger und angemessener Soll-Vorgaben, der laufenden Kostenaufschreibung von Soll und Ist und der sonstigen mehr rechnungstechnischen Voraussetzungen nur Anfangs- oder Übergangsschwierigkeiten exakter Stellenkontrolle zu sehen sind, so liegen auch in den gekennzeichneten Betriebs- und Produktionsverhältnissen nur Grenzen relativer und vom Betrieb beeinflußbarer Art. Es muß in der Mehrzahl der Fälle möglich sein, durch entsprechend straffere Kunden- und Absatzpolitik, durch weitgehende Normung und Verminderung von Sorten und Serien und durch klare Gliederung des Produktionsganges auch betriebsorganisatorisch die notwendigen Voraussetzungen exakter Kostenkontrolle zu schaffen, um so mehr, als damit zugleich auch produktionstechnische Vorteile erzielt werden. Denn eine fabrikatorische Zersplitterung ist immer unökonomisch. Kostenrechnerische und produktionstechnische Belange ziehen also an einem Strang, und es dürfte nur selten zutreffen, daß sie durch Absatzgesichtspunkte aus dem Felde geschlagen werden.

Wesentlicher als die vorerwähnten Durchführungshemmnisse scheinen uns gewisse Erkenntnisgrenzen zu sein, mit denen auch bei einer Kostenkontrolle der gekennzeichneten Art gerechnet werden muß.

Diese liegen einmal in Funktion und Eigenart gewisser Betriebsabteilungen begründet. Wir haben schon vorstehend die Stellen der unmittelbaren Fertigung und die Stellen des Geschäfts wie Verwaltung, Leitung, Einkauf und Verkauf getrennt behandelt und dabei gewisse Unterschiede in Art und Durchführung der Kostenkontrolle festgestellt. Diese sind aus der verschiedenen Ausrichtung der erwähnten Abteilungen erklärlich: Der Fertigung unmittelbar auf das Betriebsprodukt, der Verwaltung und Leitung auf die Gesamtheit des Betriebes, des Einkaufs und Verkaufs sowohl auf den Betrieb wie auch auf den Markt.

Bei der Kontrolle der Leistungen in der Verwaltung und im Vertrieb ist die Ausrichtung auf den Gesamtbetrieb die Ursache dafür, daß auch die Kostenstellenrechnung keine vollgültige Verantwortungsrechnung darstellt. Erfassen der eigenen, unmittelbaren Stellenkosten reicht zur Kontrolle nicht aus, sondern hierzu muß außerdem die Auswirkung auch auf den Betrieb erfaßt werden, weil dieser Einfluß in einer Stellenrechnung nicht zum Ausdruck gebracht wird.

Gewiß haben wir in der Kostenumbelastung eine Möglichkeit gesehen, diesem Gesichtspunkt bis zu einem gewissen Grad Rechnung zu tragen. Doch kommt diese einmal nur bei Kostenabweichungen von größerem Umfang, ferner auch nur bei eindeutig feststellbarer Vertretbarkeit zum Zuge. Außerdem scheint sie uns auf die Fälle negativer Kostenabweichungen beschränkt zu sein. Wie weiter oben betont, brauchen positive Abweichungen nur nach sachlichen Entstehungsgründen, nicht auch darüber hinaus noch nach der abteilungsmäßigen Vertretbarkeit ergründet zu werden. Das hieße die Analyse weiter treiben, als es im Interesse betrieblicher Einsicht notwendig ist.

Wie ist aber mit den Abteilungen zu verfahren, deren Funktion die ausgesprochene technische oder auch organisatorische Verbesserung des Betriebsablaufs und der Produktion ist? Wir denken hier vor allem an die Abteilungen des technischen Fortschritts und der Entwicklung, wie sie in der Mehrzahl aller Betriebe anzutreffen sind, z. B. Versuchs- und Forschungsabteilungen, Laboratorien, Konstruktionsbüros, Modellentwurfsabteilungen usw. Wir denken bis zu einem gewissen Grad auch an die Abteilungen der betrieblichen Rechnungslegung, wie Betriebsbuchhaltung, Statistik, Planbüro usw., die der rechnerischen Kontrolle, laufenden organisatorischen Verbesserung und betrieblichen Planung dienen.

Für diese Abteilungen kann die Kostengestaltung der eigenen Stelle nur bis zu einem gewissen Grad Leistungsmaßstab sein, abgesehen davon, daß bei den Versuchs- und technischen Entwicklungsabteilungen das Soll nicht mit der zuvor dargestellten Exaktheit vorgegeben werden kann, sondern infolge der nur schwer übersehbaren Risiken und Wagnisse die Limite beweglicher gehalten, zumindest gewisse zeitliche Ausgleiche vorgesehen werden müssen.

Außerdem muß aber der durch technische oder organisatorische Verbesserung der Verfahrensweisen zu erzielende Betriebserfolg zur Beurteilung mitherangezogen werden, wenn diese wirklich von der Aufgabenstellung ausgehen und diese weitestgehend berücksichtigen will.

Dieser Betriebserfolg kann nur sehr schwer gesondert erfaßt werden. Er ist nur an der Kosteneinsparung der beeinflußten, in der Regel der Fertigungsabteilungen zu messen. Doch dürften hierzu, infolge marktwirtschaftlicher und sonstiger betrieblicher Schwankungen, in der Regel die erforderlichen Vergleichsgrundlagen fehlen, so daß Erfolge dieser Art nur mehr oder weniger geschätzt und annähernd überschlagen werden können.

Diese Voraussetzungen führen dazu, einer Leistungskontrolle in den gekennzeichneten Fällen den ausgesprochenen Charakter einer Verantwortungsrechnung abzusprechen und sie lediglich als allgemeine Wirtschaftlichkeitsmessung anzusehen, der es nur darauf ankommt, durch Gegenüberstellung von Abteilungsaufwand und dem hierdurch erzielten, doch wenigstens annähernd bezifferbaren Betriebserfolg (Kosteneinsparung der Fertigung) die wirtschaftliche Berechtigung und Tragbarkeit dieser Abteilungen zu prüfen und zu überwachen. Damit wird man sich in mehr oder weniger allen Fällen begnügen müssen, wo die unmittelbaren Stellenkosten nur einen geringen Teil des erzielten Abteilungserfolges ausweisen können, wie es bei den auf den Betrieb gerichteten Abteilungen unter Umständen der Fall ist.

Eine weitere Grenze der Erkenntnis scheint uns, abgesehen von der Aufgabenstellung der gekennzeichneten Abteilungen, ferner auch in Art und Stellung gewisser leitender Funktionsträger zu liegen. Wir haben die Abteilungsleitung bisher immer als zusammengehörendes Ganzes, als einen summarischen Begriff behandelt. Nun pflegt aber vielfach, vor allem in größeren Betrieben, die Leitung keineswegs in einer Hand zu liegen, sondern ein mehrköpfiges Gremium aus Sach-, Hilfsbearbeitern, Assistenten usw. zu sein. Wenn auch einem von diesen die letzte Verantwortung und oberste Anordnungsbefugnis obliegt, so sind doch auch die übrigen durchaus der Kategorie der dispositiven, leitenden Funktionsträger im Betrieb zuzurechnen. Entsprechend kann ihre Leistung nur auf dem Weg über den Abteilungserfolg erfaßt werden.

Der Abteilungserfolg wird aber nur in sachlicher Gliederung ausgewiesen. Es wird in der Regel auch nur schwer möglich sein, von vornherein außerdem eine persönliche Funktionsteilung zu berücksichtigen. Am ehesten wird dem noch bei einer Abweichungsanalyse Rechnung getragen werden können, indem nicht nur die Ursache sondern zugleich auch der unter mehreren entscheidende Verantwortungsträger ermittelt wird.

Für die Zwecke betrieblicher Leistungskontrolle und Verantwortungsrechnung scheint uns aber eine summarische Stellenkontrolle der gekennzeichneten Art durchaus ausreichend zu sein. Das bedeutet bei mehrköpfiger Stellenleitung Gruppenkontrolle. Diese ist zwar für den einzelnen vielleicht nicht so exakt und so wirksam wie eine Einzelleistungsmessung, doch darf auch ihr Wert keineswegs unterschätzt werden. Die Erfahrungen bei ausführender Arbeit haben das bewiesen. Gemeinschaftsarbeit und organisatorische Arbeitsverbindung, wie sie am deutlichsten und in weitestgehender Form im Gruppenakkord zum Ausdruck kommen, haben häufig anspornender gewirkt und größeren Erziehungswert gehabt als das Sichselbstüberlassen des einzelnen. Auf jeden Fall muß und kann sich auch dispositive Betriebsleistung eine Gruppenkontrolle durchaus gefallen lassen, ohne daß Sinn und Zweck einer Verantwortungsrechnung hierdurch wesentlich beeinträchtigt wird.

Schließlich sei auch noch auf die höheren und höchsten Instanzen im Betrieb hingewiesen. Je größer ein Unternehmen ist, um so mehr Glieder schieben sich zwischen oberste Geschäftsleitung und unmittelbaren Stellenvorstand. Auch sie müssen möglichst in eine Verantwortungsrechnung mit einbezogen werden.

Das ist grundsätzlich in doppelter Weise möglich: entweder es wird vom Gesamterfolg des Betriebes ausgegangen oder die einzelnen Stellenergebnisse werden, entsprechend der Funktionszuteilung, zu einem summarischen Leistungsbild zusammengefügt. Je höher die Instanz ist, um so eher wird man den ersten Weg zu beschreiten haben.

Auch diese beiden Möglichkeiten können angegriffen werden, weil die so ermittelten Leistungsgrößen nicht als in vollem Umfang verantwortlich und beeinflußbar angesehen werden können. Gewiß wirken sich in dem Gesamterfolg die nur zum Teil voraussehbaren und abzufangenden Markt- und Außeneinflüsse aus, sind in den innerbetrieblichen Teilerfolgen die vielleicht vorwiegend von untergebenen und nachgeordneten Instanzen vertretbaren Abweichungen enthalten. Doch beeinträchtigt selbst diese Tatsache Sinn und Wesen einer Verantwortungsrechnung nicht. Wir haben bereits an anderer Stelle betont, daß in eine Verantwortungsrechnung mit den gekennzeichneten Anwendungs- und Auswertungsmöglichkeiten auch eine gewisse Risikobindung miteinbezogen werden muß. Diese muß um so größer sein, je höher die Instanz und je umfassender entsprechend auch die Anordnungsbefugnis ist. Daraus ergibt sich, daß eine Leistungsmessung bei rein ausführender Arbeit immer nur ein Bild des unmittelbaren Arbeitseinsatzes bzw. der hierdurch erzielten Ausbringung zu geben hat, daß aber bei aufsteigender Instanz immer mehr an die Stelle der tatsächlichen die auf Grund der Anordnungsbefugnis mögliche Beeinflussung als Beurteilungsgesichtspunkt treten kann, so daß auch Schlendrian und Mißerfolge untergeordneter Instanzen als mitvertretbar angesehen werden müssen. Bei der obersten Geschäftsführung treten z. B. das Risikomoment und sonstige Außeneinflüsse so sehr in den Vordergrund, daß sie das Übergewicht über die eigentlich verantwortliche und beeinflußbare Betriebslenkung erhalten und so auch der Gesamtbetriebserfolg, wie er sich am Jahresabschluß aus der Geschäftsbuchhaltung ergibt, mit gewisser Berechtigung als Ausgangspunkt und Grundlage einer Verantwortungsrechnung angesehen werden kann. Obschon es fraglich ist, daß dieser weite Inhalt in den Begriffen „Leistungsmessung" und „Verantwortungsrechnung" liegt, so ist doch im Hinblick auf die vom Betrieb verfolgten Ziele[1]) zweifellos eine Berechtigung vorhanden, diese so weit zu fassen.

---

[1]) S. die Ausführungen über „Anwendungs- und Auswertungsmöglichkeiten" S. 15 ff.

Schluß.

Aus den vorstehenden Ausführungen ergeben sich folgende **Thesen betrieblicher Wirtschaftlichkeits- und Leistungsmessung**:

1. Gemeinschafts- und einzelbetriebliche Belange verlangen in gleicher Weise **Wirtschaftlichkeit betrieblicher Leistungserstellung**. Unerläßliche Voraussetzung hierfür ist die **laufende, ins Einzelne gehende Wirtschaftlichkeitskontrolle** durch den Betrieb. Das gilt vor allem in einer **gebundenen Wirtschaft**, wo Entwicklung und Fortschritt nicht den natürlichen und zwangsläufigen Anreiz erfahren wie in der „frischen Luft der freien Konkurrenz".

2. **Voraussetzungen und Möglichkeiten** betrieblicher Wirtschaftlichkeitskontrolle haben sich im Lauf der Zeit wesentlich gewandelt. Mit dem technischen Fortschritt und der Ausweitung betrieblicher Dimensionen habe sich persönliche Überwachung und Inaugenscheinnahme als immer unzureichender erwiesen. An ihrer Stelle hat das **betriebliche Rechnungswesen** die Funktion der Betriebdurchleuchtung und -überwachung übernommen und ist damit zum entscheidenden Mittel wirtschaftlicher Betriebsführung geworden. Das gilt in erster Linie für die **interne Betriebsabrechnung**. Diese ist allerdings in der Mehrzahl der Betriebe heute noch nicht so ausgebaut, daß sie diese Aufgabe voll erfüllen kann. Es ist daher gleicherweise **Aufgabe von Theorie wie auch Praxis**, sich der Entwicklung in dieser Richtung anzunehmen, den Ausbau betriebserhellender Rechnungslegung zu durchforschen, vorwärtszutreiben und zu unterstützen.

3. Betriebliche Kontrollrechnung bekommt höchsten Sinn und vollendetste Form durch den Ausbau zur **Verantwortungsrechnung**, d. h. durch die **Bindung an den betrieblichen Funktionsträger**. Hierdurch ergeben sich Vorteile insbesondere zweierlei Art: einmal der **Nutzbarmachung persönlicher Einzeleinsicht und Spezialerfahrung**, zum anderen der **unmittelbaren Einwirkung auf den Leistungseinsatz** des Funktionsträgers, der als das **lebendige Betriebsglied** zugleich der **entscheidende Betriebsgestalter** ist. Vor allem in einer gebundenen Wirtschaft kann es kein zuverlässigeres Mittel der Wirtschaftlichkeitssteigerung und -erhaltung geben, als **Dynamik und Ansporn von dem Markt in den Betrieb** hineinzuverlegen. Verantwortungsrechnung sollte daher höchstes Ziel und letztes Streben aller betrieblichen Wirtschaftlichkeitsrechnung sein.

4. Verantwortungsrechnung ist praktisch bereits im Rahmen *mechanisch-ausführender Arbeit* in den Betrieben durchgeführt worden, wenn auch hier nur in einem Bruchteil der Fälle der entscheidende Schritt von der allgemeinen Wirtschaftlichkeits- zu einer ausgesprochenen Verantwortungsrechnung vollzogen worden sein dürfte. Das Streben muß dahingehen, diesen *Sektor nach Möglichkeit zu vergrößern*. Ferner muß versucht werden, neben der ausführenden auch die *betriebsdispositive* Leistung, verkörpert durch die leitenden Betriebsinstanzen, in eine Verantwortungsrechnung einzubeziehen. Das ist dadurch möglich, daß *neben der technischen Mengenkontrolle auch die wirtschaftliche Kostenkontrolle an den Funktionsträger* gebunden wird. Ansatzpunkte hierfür finden wir bereits in dem Ausbau der betrieblichen *Kostenstellenrechnung*, also in der Sammlung der Kosten nach betrieblichen Funktionsbereichen. Dabei sehen wir hierin weniger die kalkulatorische Hilfs- als vielmehr die *selbständige Kontroll- und Teilerfolgsrechnung* des Betriebes.

5. *Mengen- und Stellenrechnung* haben sich als *Verantwortungsrechnung* der Funktionsträger nach *den gleichen Grundsätzen* zu vollziehen. Das Ist ist laufend so *exakt* wie möglich zu ermitteln und einem zuvor bestimmten, praktisch erreichbaren *Soll* gegenüberzustellen. Dieses Soll muß die *nicht beeinflußbaren Betriebsbedingungen neutralisieren*, so daß der unmittelbare Leistungseinsatz bzw. der persönlich erzielte Leistungserfolg einwandfrei ersichtlich werden. Das ist dadurch möglich, daß das technische Mengen-Soll auf Grund der technischen Produktionsbedingungen exakt gemessen und unter Verwertung wissenschaftlicher Erfahrung festgelegt wird, daß das Kosten-Soll sich auf weitgehende betriebliche Einsicht und Erfahrung sowie ein reichhaltiges Zahlenmaterial der Vergangenheit stützt. Ferner liegt in der *Analyse und Erforschung der Abweichungen* die Möglichkeit, das Soll dauernd zu überwachen und den tatsächlichen Gegebenheiten anzupassen, sowie *Zufallseinwirkungen* zu berücksichtigen.

6. Die *Problematik* einer *Mengenkontrolle* besteht vor allem in der richtigen *Maßstabsfindung* und der *Angleichung der Mengeneinheiten*, ferner in der möglichst *ökonomischen Durchführung* der laufenden Erfassung und schließlich in der *Auswertung* der gemessenen Mengen und Zeiten zu einem *brauchbaren Soll*.

Die Problematik *stellengebundener Kostenkontrolle* liegt in der richtigen *Verantwortungsabgrenzung*, ferner in der *Anpassung des Soll an die Außenschwankungen und wirtschaftlichen Betriebsgegebenheiten*, die infolge ihrer Unregelmäßigkeit und ihres Willkürcharakters viel schwieriger zu neutralisieren sind als die verhältnismäßig feststehenden technischen Produktionsbedingungen. Infolgedessen spielt die Abweichungsanalyse bei der Kostenkontrolle eine wesentlich größere Rolle als bei der Leistungsmessung an der Menge. Im ersten Fall ist sie wesentlicher, ja sogar maßgeblicher Bestandteil, in zweiten hat sie lediglich Gelegenheits- und Ausnahmecharakter.

7. Die Kostenkontrolle kann sich grundsätzlich auf doppeltem Weg vollziehen: einmal auf der Grundlage frei gebildeter Verhältnisziffern (Kennziffernkontrolle), zum anderen im Rahmen einer systematischen von den Kostenarten über die Kostenstellen zu den Kostenträgern fortschreitenden Betriebsabrechnung. Als Leistungs- und Verantwortungsrechnung bekommt sie im ersten Fall den Charakter zusammenfassender Gewichtungsrechnung (Punktwertung), im zweiten Fall einer analysierenden Soll-Ist-Rechnung (Plankostenrechnung). Die letzte hat vor der ersten den Vorteil erschöpfender Leistungserfassung, elastischer Soll-Kostengestaltung und zuverlässiger wirtschaftlicher Wertung. Sie erscheint daher als die brauchbarere und grundsätzlich zu verfolgende.

8. Die Plankosten-Stellenrechnung ist grundsätzlich nicht im Rahmen der Buchhaltung zu führen, sondern in eine freie statistische Nebenrechnung zu verlegen, deren äußere Erscheinungsform der Plankosten-Stellenbogen ist. Dieser hat sowohl in den Ausgangs- als auch in den Ergebniszahlen mit der Buchhaltung in Verbindung zu stehen, so daß die Garantie rechnerischer Zuverlässigkeit gegeben ist. Auch die Abweichungsanalyse hat auf diesem Stellenbogen aufzubauen. Sie vollzieht sich daher natürlicherweise nach Kostenarten. Die Größenermittlung der Kostenartenabweichungen ist weitgehend eine Frage der Belegführung und verlangt eine zweckmäßige Rechnungsorganisation.

9. Das Verhältnis der drei gekennzeichneten Möglichkeiten betrieblicher Wirtschaftlichkeits- und Leistungskontrolle zueinander kann wie folgt charakterisiert werden:

Mengenkontrolle und Plankostenrechnung ergänzen und unterstützen sich weitgehend in der innerbetrieblichen Verantwortungsrechnung. Die Mengenkontrolle ist gleichsam in der Plankostenrechnung mitenthalten, diese geht nur darüber hinaus, indem sie zu dem Mengen-Soll die Wertnorm fügt und so die rein technische Leistung in das entscheidende Licht wirtschaftlicher Wertung rückt, wie sie für die Beurteilung dispositiver und leitender Betriebsleistung entscheidend ist. Jedoch ist eine enge innere Verwandtschaft und Verbundenheit vorhanden sowohl in der Ziffernerfassung als auch in der Ziffernauswertung.

Die Kennziffernrechnung muß ebenfalls als wertvolle Ergänzung interner Betriebsabrechnung und -kontrolle angesehen werden, jedoch weniger im Sinn einer Verantwortungsrechnung im Rahmen der Betriebsbedingungen als vielmehr allgemeiner Wirtschaftlichkeitsmessung im Vergleich mehrerer Perioden (Zeitvergleich) oder auch mehrerer Betriebe (Betriebsvergleich) zueinander, wo es auf Analyse und Überwachung der betrieblichen Gesamtlage, des Zusammenwirkens von Arbeitsausführung, technischer Organisation und Verfahrensweisen, betrieblicher Marktgegebenheiten usw. ankommt, und nicht speziell auf die interne betriebliche Leistungskontrolle. Für Zwecke ausgesprochener Verantwortungsrechnung scheinen uns Kennziffern nur Einzel- und Gelegenheitswert oder aber Auswertungscharakter zu haben.

10. Auf Grund der vorstehend entwickelten Ziele und der Prüfung ihrer Durchführungsmöglichkeiten können die Richtlinien für den weiteren Ausbau interner Wirtschaftlichkeits- und Leistungsrechnung in den Betrieben in den drei folgenden Hauptforderungen zusammengefaßt werden:

1. Kosten = neben Mengenrechnung!
2. Soll = neben Ist-Rechnung!
3. Stellen = neben, ja vor Trägerrechnung!

Literaturverzeichnis.

a) Bücher.

Alford, Handbuch für Industrielle Werkleitung, Berlin 1930, Übersetzung des „Management's Handbook".

Ausschuß für wirtschaftliche Fertigung beim RKW, Grundlagen der Arbeitsvorbereitung, Zeitstudien. Berlin 1929.

Berets, Das Entlohnungsproblem im Handel, Stuttgart 1930.

Beste, Die kurzfristige Erfolgsrechnung, Leipzig 1930.

Brenken, Die Verwaltungskosten wirtschaftlicher Betriebe, Diss., Köln 1934.

Bodelschwingh, Die Leistungsentlohnung in amerikanischen Betrieben, Diss., Frankfurt 1933.

Bösel, Faktor Mensch in der Wirtschaft, Stuttgart 1933.

Camman, Basic Standard Costs, New York 1932.

Clark, The Economic of Overhead Costs, Chikago 1933.

Eckenberg, Kritik der Auswertung von Zeitstudien und die Grenzen der Anwendung der verschiedenen Auswertungsverfahren, Diss., Berlin 1932.

Koch, Prämienlöhne, Leipzig 1919.

Harrison, Standard Costs, New York 1930.

Henzel, Kostenanalyse, Bühl (Baden) 1937.

Leffingwell, Office Management, Principles and Practice, Chikago and New York 1927.

Maze und Glover, How to analyze Costs, New York 1929.

Mellerowicz, Kosten und Kostenrechnung, Bd. I., Berlin 1933, und Bd. II, 1 u. 2, Berlin 1936.

Michel, Wie macht man Zeitstudien, Berlin 1926.

— Preisvorbereitung, Berlin 1932.

— Handbuch der Plankostenrechnung, Berlin 1937.

Nicklisch, Organisation! Der Weg aufwärts, Stuttgart 1922.

— Die Betriebswirtschaft, Stuttgart 1932.

Nordsieck, Grundlagen der Organisationslehre, Stuttgart 1934.

Prelinger, Arbeitsgestaltung im Büro, Stuttgart 1931.

Rahm, Der Lohn im Fabrikbetrieb, Stuttgart 1929.

Reichsausschuß für Arbeitszeitermittlung (Refa), I. und II. Refa-Buch, Berlin 1928 und 1932.

Reichskuratorium für Wirtschaftlichkeit, Größere Wirtschaftlichkeit durch geordnetes Rechnungswesen und Betriebsuntersuchung, Leipzig 1937.

— Buchhaltungsrichtlinien, RKW-Nachrichten, Nov. 1937.

Rummel, Grundlagen der Selbstkostenrechnung, Düsseldorf 1934.
Schmalenbach, Dynamische Bilanz, Leipzig 1933.
— Selbstkostenrechnung und Preispolitik, Leipzig 1934.
— Der Kontenrahmen, Leipzig 1935.
Schramm, Die betriebliche Funktion und ihre Organisation, Dissertation, Berlin 1935.
Schnettler, Das Rechnungswesen industrieller Betriebe, Berlin 1938.
Unteutsch, Das Bedeauxsystem, Diss., Frankfurt 1933.
Vela, Durchsetzung des Leistungsprinzips in Wirtschaft und Verwaltung. Denkschrift der Reichsarbeitszelle III im Reichsverband der Wirtschaftsleiter, Berlin 1934.
Weigmann, Moderne Fabrikbuchhaltung, Leipzig 1935.
Witte, Leistungs- und Materialkontrolle nach dem Gantt-Verfahren, Berlin 1925.

b) Aufsätze.

Belles, Prämienlohn und Fließarbeit im Verpackungs- und Versandwesen; Wirtschaftlichkeit, Sept. 1931.
Bode, Leistungsmessung im Maschinenschreiben; Zeitschrift für Organisation (Z. f. O.) 1935, S. 108.
— Was können wir von Maschinenschreiberinnen verlangen? Z. f. O. 1931, S. 176 ff.
Bösel, Prämien im Betrieb; Maschinenbau 1933, Nr. 7/8.
— Arbeitsvorbereitung in der Massenfabrikation des Apparatebaues; Maschinenbau 1932/4.
Czermak, Betriebsnachrechnung und Kostenplanung im Stahlwerksbetrieb; Archiv f. Eisenhüttenwesen 1932/33, S. 459 ff.
Faulenbach, Äquivalenzzahlen zur Leistungskontrolle in Textilbetrieben; Betriebsw. Rundschau 1924/25, S. 19 ff.
Geismann, Löhnungswesen und Selbstkostenberechnung in der Brauerei; Z. f. Handelswissenschaftliche Forschung, Jahrg. 7, S. 629 ff.
Herr, Erfolgsbeteilung der Verkaufsabteilung; Z. f. O. 1932/5.
Heller, Die Festsetzung von Normalleistungen und Steigerung der Arbeitsintensität; Taylor-Zeitschrift 1926, S. 22.
Hörschelmann, Warum im Betrieb soviel zählen? Werksleiter 1928, S. 279.
Höselbarth, Wirkungsgradkontrolle in Webereibetrieben; Z. f. O. 1934, S. 442.
Kreide, Betriebsabrechnung und Kostenplanung; Z. f. O. 1935, S. 183.
Kunze, Die Durchführung der Plankostenrechnung in der Einzel-, Reihen- und Massenfertigung; Maschinenbau-Betrieb 1935, S. 450 ff.
Lechner, Praktische Durchführung der Budgetrechnung in einem gemischten Hüttenwerk; Archiv f. Eisenhüttenwesen 1933/34, S. 373 ff.
Lutz, Indexrechnung über den Geschäftsumfang einer Bank; Zahlungsverkehr und Bankbetrieb 1937/1.
Michel, Wirtschaftlichkeit durch Erfolgshonorar im Betrieb; Der Textil-Betrieb 1934, Nr. 9.

— Kostenplanung und Vorrechnung; Deutsche Bergwerks-Zeitung Nr. 180, 8. August 1934.

— Plankostenrechnung als Mittel zur Stärkung des persönlichen Erfolgswillens; Maschinenbau, Juni 1935.

— Industrielles Rechnungswesen am Scheidewege: Selbstwertermittlung und Erfolgsrechnung unter dem Gesichtspunkt der Plankosten; Deutsche Bergwerks-Zeitung Nr. 47, 24. Februar 1935.

Miller, Paying quality premiums; Industrial and Factory Management 1929, S. 1346.

Nicklisch, Wirtschaftlichkeitsmessung; Die Betriebswirtschaft 1932, S. 53 f.

Neumayer, Verwaltungs- und Vertriebskostenumlage im Rahmen kostenstellenweiser Gemeinkostenverrechnung; Deutsche Bergwerks-Zeitung, 26. September 1937.

— Plankostenrechnung auch im Mittel- und Kleinbetrieb; Z. f. O. 1934, S. 421 f.

— Warum Plankostenrechnung im Industriebetrieb? Z. f. O. 1935, S. 149.

— Durchsetzung des Leistungsprinzips in Wirtschaft und Verwaltung; Deutsche Bergwerks-Zeitung, 23. September 1934.

— Bessere Betriebsführung durch Plankostenrechnung; Maschinenbau 1934/1.

Reitell, Overhead Expense Controll Through Standard Costs and Flexible Budget; Factory and Maintenance 1935, May.

Rummel, Mittlere Betriebskennziffern; Archiv f. Eisenhüttenwesen 1928/29, S. 49 ff.

— Der Einfluß betriebswirtschaftlicher Gedankengänge auf die Stoffwirtschaft; Stahl und Eisen 1936, S. 221.

— Die Ordnung der Kosten nach ihrer Abhängigkeit von betrieblichen Zeitgrößen; Die Betriebswirtschaft 1930, S. 33.

Schäfer, Die Technik des Löhnungswesens in der Papierindustrie; Zeitschr. f. Handelsw. Forschung, Jahrg. 7, S. 303 ff.

Schlatter, Das Verfahren der Standardkosten an Hand eines praktischen Beispiels; Die Betriebswirtschaft 1932, S. 12 ff.

Schönwandt, Leistungsmessung und Festsetzungsmenge; Wertschrift 1933/5, S. 1366.

Schwarz, Prämiensystem bei der Vertreterentlohnung; Wirtschaftlichkeit, 20. 6. 1928.

Seim, Kostensenkung durch Prämien für Betriebsangestellte; Werkstatttechnik 1931/15.

Steele, Bonus for supervisors too; Ind. and Factory Management 1933, S. 494 ff.

Stein, Arbeiter bestimmen selbst Zeitvorgaben und Stückpreis; Z. f. O. 1937, S. 15 und 133 ff.

VDI, Ausschuß für industrielles Rechnungswesen: Leitsätze über Richtzahlen und Wirtschaftsplankontrolle, Merkblatt 5; Technik und Wirtschaft 1931, Nr. 9.

Ferner eine Reihe weiterer Veröffentlichungen aus:

Maschinenbau,
Archiv f. d. Eisenhüttenwesen,
Werkstattechnik und Werksleiter.
Zeitschrift für Organisation,
Die Betriebswirtschaft,
Wirtschaftlichkeit und
Deutsche Bergwerks-Zeitung.

FSC
www.fsc.org
MIX
Papier | Fördert
gute Waldnutzung
FSC® C083411

Kolibri 360 GmbH
Ferdinand-Jühlke-Straße 7
99095 Erfurt, Deutschland
produktsicherheit@kolibri360.de